国家软科学重大项目（2013GXS2B013）
北京市长城学者支持项目（CIT&TCD20140319）

中国出版业转型与升级战略研究报告

王关义　等著

中国财政经济出版社

图书在版编目（CIP）数据

中国出版业转型与升级战略研究报告／王关义等著．—北京：中国财政经济出版社，2016.4

ISBN 978－7－5095－6723－4

Ⅰ.①中…　Ⅱ.①王…　Ⅲ.①出版业－研究报告－中国　Ⅳ.①G239.2

中国版本图书馆 CIP 数据核字（2016）第 084463 号

责任编辑：周桂元　　责任校对：刘　靖

封面设计：逸品文化　　版式设计：董生平

中国财政经济出版社 出版

URL：http：//www.cfeph.cn

E－mail：cfeph@cfeph.cn

社址：北京市海淀区阜成路甲 28 号　邮政编码：100142

营销中心电话：88190406　北京财经书店电话：64033436　84041336

北京京华虎彩印刷有限公司印刷　各地新华书店经销

787×1092 毫米　16 开　17 印张　266 000 字

2016 年 6 月第 1 版　2016 年 6 月北京第 1 次印刷

定价：40.00 元

ISBN 978－7－5095－6723－4/G·0163

（图书出现印装问题，本社负责调换）

质量投诉电话：010－88190744

打击盗版举报热线：010－88190492，QQ：634579818

目　　录

绪　论 ……………………………………………………………………（1）
一、党和国家战略重心的重大调整：以文化建设为中心 ………………（3）
二、新闻出版业：国家文化产业的重心 ………………………………（17）
三、转型升级：迈向世界出版强国的必由之路 ………………………（26）

上篇　总报告

一、中国出版业发展：现状分析与评估 ………………………………（39）
二、中国出版业发展中存在的问题分析 ………………………………（67）
三、中国出版业转型与升级战略研究的背景、理论和现实意义 ………（74）
四、中国出版业转型与升级分析及其评估 ……………………………（88）
五、中国出版业转型与升级内容 ………………………………………（98）
六、中国出版业转型与升级战略模式 …………………………………（111）
七、中国出版业转型与升级战略对策 …………………………………（123）

下篇　专题报告

专题报告一：中国出版业计划管理色彩依然浓厚、财税扶持政策不配套 ……………………………………………………………（143）
专题报告二：中国出版业市场化转型尚未完成，亟待持续推进

更深层次的改革 …………………………………………………… (153)
专题报告三：中国出版业技术素质较低，数字化转型进程缓慢 ……… (162)
专题报告四：中国出版业管理素质低，不能适应企业长远发展的需要，
科学化管理水平亟待提高 ………………………………………… (170)
专题报告五：中国出版企业上市后出现不少新问题　相关政策法规体系
亟待建立和完善 …………………………………………………… (180)

附录：我国出版产业转型与素质调查问卷 ………………………… (189)

参考文献 ……………………………………………………………… (257)

后记 …………………………………………………………………… (263)

绪　论

文化产业是朝阳产业，出版业是文化产业的核心部分，体制机制改革是牵引中国出版业发展的“火车头”。改革开放38年以来，与社会主义市场经济体制改革的总体目标相一致，中国出版业管理体制也进行了一系列重大改革，体制机制改革取得重大突破，社会主义市场经济体制建立并逐步得以完善。改革不仅确立了新闻出版业管理主体、市场主体、服务主体各自的边界，也促进了政府职能、体制机制和发展方式的转变，进而形成了支持改革发展的政策机制、加快技术创新的推进机制和参与国际竞争的激励机制，一批出版单位的发展潜能得到有效释放和激发。

通过多年持续不断的改革和转型，中国出版业逐步摆脱了传统计划经济条件下的发展模式。无论是经营性出版单位转企改制还是出版事业单位内部的机制改革，中国出版业正在经历由成长期向成熟期的跨越，发展的动力也逐渐从投资驱动转向技术驱动和消费需求市场拉动，发展方式逐步从数量规模型走向质量效益型，出版物市场已从总体上的“短缺状态”转向“短缺”与“过剩”状况并存，出版物品种日益丰富，出书品种和出版码洋持续增长，以出版业为核心的文化产业对GDP增长的贡献率以及对国民经济增长的促进作用日益明显。近年来，伴随着中国经济发展新常态阶段的到来，新闻出版业也进入了转型升级的关键阶段。

从总体上来看，中国出版业在体制机制变革的历程中正在实现战略转型和升级。经营性图书、音像、电子出版社转制工作基本完成，组建了一批出版传媒集团和报业、期刊、发行集团。转制后的出版企业成为市场主体，竞争能力显著增强，投融资渠道不断拓宽，跨媒体、跨行业、跨地区、跨国界和跨所有制的并购重组取得突破性进展，社会资本进入新闻出版的领域和规模不断扩大，以公有制为主体、多种所有制共同发展的格局正在形成。中国出版业得到了迅猛发展，出版业规模迅速增长和扩大。2013 年，全国新闻出版业产值超过 1.8 万亿元，较 2012 年增加 1611.1 亿元，增长 9.7%；利润总额 1440.2 亿元，较 2012 年增加 122.8 亿元，增长 9.3%；新闻出版业产值占据了文化产业产值的 70% 以上。2014 年，新闻出版业持续保持强劲的增长势头，全国出版、印刷和发行服务业的营业收入为 19967.1 亿元，较 2013 年增长 9.4%；利润总额 1563.7 亿元，增长 8.6%；增加值 5512.3 亿元，增长 9.0%。出版物已进入世界 190 多个国家和地区，报刊发行覆盖 80 多个国家和地区，全年出版图书 44.84 万种，期刊 9966 种、报纸 1912 种，已经形成比较完整的出版产业体系。

一、党和国家战略重心的重大调整：以文化建设为中心

（一）文化是启动人类社会文明进程的钥匙

文化是一个民族的精神和灵魂，是国家发展、民族振兴的强大力量，文化具有巨大的辐射力和影响力，可以不战而屈人之兵。一个强大的国家，一定具有强大的文化，一个国家的核心竞争力和软实力，归根到底取决于这个国家的文化和国民素质。

在人类历史发展的长河中，文化始终是启动人类社会文明进程的钥匙，是增强民族凝聚力、向心力和内生动力的重要元素。文化使人类告别野蛮与愚昧，塑造了民族、国家、社会的精神，催生了无穷无尽的创新力、创造力和生产力，带来高度发达的物质文明和精神文明。关于文化与国家和民族发展之间的关系，有这样精彩的论述："国民之魂，文以化之；国家之神，文以铸之。"从游牧文明到农耕文明，从农业文明到工业文明，从工业文明到现代信息社会和现代文明，文化始终是人类文明不断攀升的本源和云梯。

文化是催生新产业、新创意、新业态的牵引机。文化产业是富有吸引力、竞争力和生命力的新业态，赋予劳动者更高文化素养，赋予生产资料更多文化元素，赋予生产工具更强文化塑造功能，赋予产品更多文化内涵，所

有这些都是人类社会文明进程提升的需要。中华民族的伟大复兴，离不开中华文化的伟大复兴，民族的复兴一定要以民族文化的复兴为支撑，没有民族文化的复兴，民族的复兴是难以想象的。五千年的中华文化，应该生生不息、代代相传、传承创新、发扬光大。就中国当前的现实情况来看，全面建设小康社会，需要高度的精神文明。正如习近平总书记在联合国教科文组织总部的演讲中深刻阐述的那样："每一种文明都延续着一个国家和民族的精神血脉，既需要薪火相传，代代守护，更需要与时俱进，勇于创新"。中国社会的文明和进步既要体现为物质进步，也要体现为文化的进步。全面建成小康社会，不仅需要强大的物质基础，而且需要高度的精神文明。因此，在经济社会发展顶层设计中，要始终重视发展文化产业。

（二）文化是推动经济增长的引擎

当今社会，文化软实力已成为国家间竞争战略中的重要因素。随着科学技术的进步，人类发展进入了信息社会时代，全球范围内的生产方式发生了巨大变化，新崛起的文化产业成为进一步刺激社会消费、满足社会文化需求的有效手段和经济发展的新增长点。习近平总书记指出："一个国家、一个民族的强盛，总是以文化兴盛为支撑的，中华民族伟大复兴需要以中华文化发展繁荣为条件。"当今时代，伴随着技术进步和变革，信息技术突飞猛进，文化已渗入经济社会的方方面面。《中共中央关于制定国民经济和社会发展第十三个五年规划的建议》指出："推动物质文明和精神文明协调发展。坚持两手抓、两手都要硬，坚持社会主义先进文化前进方向，坚持把社会效益放在首位、社会效益和经济效益相统一，坚定文化自信，增强文化自觉，加快文化改革发展，加强社会主义精神文明建设，建设社会主义文化强国。

文化承载着经济与政治的双重功能。文化孕育出的产品作为兼有物质和精神双重价值的商品，作为国家间物质文化和精神文化交流融通的媒介，打破了民族、肤色、宗教、语言、国家等各种禁锢，拓展出广阔的市场，展现出巨大的商机和经济能量，文化产业发展成为大势。

（三）文化产业是拉动国民经济发展的“火车头”

文化产业是拉动国民经济发展的“火车头”，是促进经济社会转型升级的重要力量。文化与经济的联姻，使得经济在文化的基因中裂变，文化在经济的承载下绽放，其构建形成的产业，以文化为魂，能够更好地融入社会、链接市场、亲和大众，并因经济效益与社会效益的兼容性而充满生命力。当前，中国的经济发展进入了新常态，客观上需要培育出经济发展的新增长点和新动力。而文化创意产业作为新兴朝阳产业，具有消耗少、污染低、附加值高、渗透性强等特点，可以促进第一、二、三产业的整合与提升，有利于推动经济转型升级和主动适应与把握经济新常态。随着经济发展和人民生活水平的提高，人们对文化消费的愿望和能力不断增强，对文化产品和服务的需求日益扩大。

文化产业本质上属于“内容产业”，文化产业发展离不开国民经济体系支撑。从文化生产及其再生产过程看，文化产业包括三个类别：一是文化内容生产。这是文化产业的“发动机”，类似于人体的“心脏”，决定着文化产业发展的方向和质量。目前，文化内容生产体系较为完备，从文学创作到艺术生产，从音乐制作到书报刊出版。二是文化传播渠道。它与文化内容生产相衔接，是实现文化最终消费的重要“推手”。目前，文化传播渠道已有多条，包括出版物发行、广电节目传输、电影放映和剧场连锁等。三是文化生产服务。它贯穿于文化生产及再生产各环节，辅助文化生产。印刷复制、软件开发属于典型的文化生产服务，要素市场意义上的文化产权交易所以及经纪代理、评估鉴定、投资咨询、金融担保等中介服务也在此列，其作用都在于优化生产要素配置。

党的十七届五中全会提出，要推动文化产业成为国民经济的支柱性产业，使中华文化影响持续扩大。这一奋斗目标的提出，充分体现我们党站在新的历史制高点上，审时度势、高瞻远瞩。不仅确定了发展方向，而且为文化产业的进一步发展提出了具体要求和路线图。

就中国的实际情况来看，根据国家统计局的定义，文化产业是指为社会公众提供文化产品和文化相关产品的生产活动的集合。2004 年，国家统计局发布了《文化及相关产业分类》，并于 2012 年进行了修订。该文件把文化产业分为两大部分、十个大类（见表1－1）。

表1－1　国家统计局文化及相关产业分类（2012）

两大部分	十个大类
文化产品的生产	新闻出版发行服务
	广播电视电影服务
	文化艺术服务
	文化信息传输服务
	文化创意和设计服务
	文化休闲娱乐服务
	工艺美术品的生产
文化相关产品的生产	文化产品生产的辅助生产
	文化用品的生产
	文化专用设备的生产

文化产业属于知识密集型新兴产业，它的特征可概括为：

（1）文化产业具有高知识性特征。文化产品一般是以文化、创意理念为核心，是人的知识、智慧和灵感在特定行业的物化表现。文化产业与信息技术、传播技术和自动化技术等的广泛应用密切相关，呈现出高知识性、智能化的特征。

（2）文化产业具有强融合性特征。文化产业作为一种新兴的产业业态，它是经济、文化、技术等相互融合的产物，具有高度的融合性、较强的渗透性和辐射力。

（3）文化产业具有高附加值特征。一方面，文化产业处于技术创新和研发等产业价值链的高端环节，是一种高附加值的产业。另一方面，科技是文化产业发展的催化剂，“文化＋科技”会大大拓展文化产业的发展空间。

（四）建设社会主义文化强国已上升为国家重大战略

18世纪至19世纪的法国大革命和英国工业革命，使西方在经济上和政治上发生了重大变化。自那时起，中国很快就落后了，随着时间的推移，中国同西欧和美国的差距越拉越大，以致后来一直受到列强的侵略和奴役，一百多年间长期处于半殖民地、半封建社会。新中国成立之后，在中国共产党的坚强领导下，中国经济社会发生了翻天覆地的变化，尤其是1978年十一届三中全会之后，中国经过改革开放，经济保持了长达30多年的高速增长。2013年底，世界经济总量约为65万亿美元，其中美国约16万亿美元，占24.60%；中国GDP总量达到568845亿元（约合9万多亿美元），占13.84%，人均GDP由1952年的119元增加到2013年的41908元（约合6767美元），中国已成为全球仅次于美国的第二大经济体，外汇储备已接近4万亿美元，这一数字已是全球第二大外汇储备国日本的两倍，人民币作为全球支付货币的地位不断提升，国民经济始终处于高位增长区间，中国模式、中国道路得到越来越多国家的关注和认同，中国对世界的影响力日益加大。

国家统计局统计数据表明，近几年来，中国居民人均文化消费支出逐年增长，文化消费支出占消费总支出的比重整体呈逐年提高趋势，但绝对水平依然较低，远远低于发达国家10%—12%的一般水平，增长潜力巨大。不同层次消费需求的释放，必将使市场竞争逐渐转向质量型、差异化为主的竞争，也必然要求文化生产企业进一步提高资源配置效率，由内生性要求引导文化产业升级。在中国经济进入新常态的大背景下，经济转型和产业升级已经被提升到国家战略层面，这意味着中国的生产性服务业将得到快速发展，而生产性服务业最前沿的就是文化产业。文化产业的发展将带动文化科技、文化金融、文化旅游等多个融合产业的快速兴起，也将进一步推动中国经济结构的转型升级。在2015年全国经济下行、增速发展放缓的情况下，文化产业的增速仍维持在10%左右，其中北京、上海等地的增速保持在16%左右。以北京市为例，自2005年启动文化创意产业以来，文化创意产业已发展成为首都服务业当中的第二大支柱产业。北京市发改委提供的数据显示，从2005年至2013年，北京市文化创意产业增加值增长了257%，占GDP的比重由9.7%上升到12.3%。

经济的蓬勃发展必将促进信息和文化产品的需求，中国巨大的市场潜力成为世界各国竞相追逐的目标。国际经验表明，当人均GDP达到3000美元以上时，文化消费将会出现跳跃式的“井喷”，并且保持长期的增长势头。2015年，中国人均GDP已经超过7600美元，进入中等收入国家行列，这就意味着城乡居民精神文化需求急剧增长，消费结构将不断升级，文化消费的比重将大幅增加，这为文化产业创造了良好发展机遇。

当前的现实情况是：中国在经济规模上已稳居世界第二，已成为名副其实的经济大国，国际影响力显著增强。与经济方面形成的影响力相比，中国文化领域在全球的影响力逊色不小，或者说文化方面的影响力远远滞后于经济方面的影响力，很难与经济大国的地位相匹配。因此，加大文化领域的国际影响力，大力发展包括出版业在内的文化产业，推动文化“走出去”（出版业实施的“走出去”战略），在全球范围内兴办孔子学院等都是扩大中华文明影响力、繁荣中华文化的重大举措。

关于发展文化产业的思想，中国于“十五”时期正式提出。2000 年《中共中央关于制定国民经济和社会发展第十个五年计划的建议》中第一次提出发展文化产业的意见，由此拉开了中国文化产业发展的序幕。2003 年，中央启动了文化体制的改革，2009 年 7 月国家颁布《文化产业振兴规划》，标志着发展文化产业上升为国家战略。2011 年 10 月 18 日中国共产党第十七届中央委员会第六次全体会议通过的《中共中央关于深化文化体制改革推动社会主义文化大发展大繁荣若干重大问题的决定》提出，要努力建设社会主义文化强国，促使“文化产业成为国民经济支柱性产业，整体实力和国际竞争力显著增强，公有制为主体、多种所有制共同发展的文化产业格局全面形成”，并提出了建设文化强国的号召，这一纲领性文件的出台，表明党和国家把发展文化产业，提高国家文化软实力上升到了国家战略的高度，也标志着党和国家战略重心逐步转向以文化建设为中心的新阶段。

中央提出推动文化产业成为国民经济支柱性产业，使文化产业发展上升为国家战略，为新闻出版业发展提供了难得的历史机遇。党的十八大、十八届三中全会对文化改革发展作出了新的重大战略部署，特别是将“文化产业成为国民经济支柱性产业”列入 2020 年全面建成小康社会的指标体系，明确了文化产业的发展目标。2014 年以来，国家密集出台了一系列支持政策，为文化产业发展注入了新的强大动力，国家在宏观战略和微观政策上的强力支持，文化产业迎来了发展的“大时代”。在这种背景下，作为文化产业重要组成部分的出版业迎来了新的发展时期。《国务院关于推进文化创意和设计服务与相关产业融合发展的若干意见》提出，要加快促进文化创意与制造业、信息科技、城镇化、旅游、农业、健康服务等产业的融合；2014 年 3 月，文化部、财政部和中国人民银行共同出台了《关于深入推进文化金融合作的意见》，明确文化与金融合作已成为中国文化产业持续快速健康发展的重要动力，文化产业总量迅速增长，资本市场运作活跃，2015 年以来，国家新闻出版广电总局更是将 30 多个出版融合发展项目列入新闻出版改革发展项目库，通过文化产业发展专项资金优先给予支持。2014 年、2015 年，中央文化产业发展专项资金支持新闻出版转型升级项目总额超过 13 亿元。2014 年 10 月，国家新闻出版广电总局印发《深化新闻出版体制改革实施方案》，要求出版业转换思想，转换思维方式，用新观念推动出版金融合作，推动出版产业发展。要在促进出版产业投融资体系在新常态下实现持续发展，扩大出版企业的直接融资规模和比重。加速推动文化产业成为支柱性产业，加速文化产业发展是提升文化综合竞争力的重要内容，是更好地满足人民群众精神文化需求的重要途径，是推动经济结构调整的重要举措。出版业作为文化产业的主体部分目前已经进入关键的转型和变革时期。

文化产业是文化建设的重要方面，是国民经济的有机组成部分。文化产业既直接推动文化产品创作、生产、传播、消费，也日益与旅游、体育、信息、物流、建筑、设计等产业相融合，在经济社会发展中的地位和作用越来越突出。《中共中央关于制定国民经济和社会发展第十三个五年规划的建议》在文化建设方面一个很重要的目标要求就是："文化产业成为国民经济支柱性产业"，这是继党的十七届六中全会《决定》后，中央全会文件再次提出推动文化产业成为国民经济支柱性产业，充分反映了以习近平同志为总书记的党中央对文化建设的高度重视和对社会主义文化发展规律的深刻把握，反映了全面建成小康社会、保持经济持续健康发展对发展文化产业的迫切需求。

相比于其他产业，文化产业具有创意性、低投入、低消耗的鲜明特点，以产业的形式推动文化加快发展，是文化发展的必然要求，也是世界各国的普遍做法。在社会主义市场经济条件下搞文化建设，必须遵循市场经济规律和文化发展规律，重视发挥市场在文化资源配置中的积极作用，调动各方面参与文化建设的积极性，丰富文化产品创作生产的形式和载体，拓宽文化产品传播消费的渠道和空间，更好地满足人民群众多方面、多层次、多样化的精神文化需求。可以说，没有文化产业的发展，中国社会主义文化就不可能真正繁荣。

党的十八大和十八届三中全会对深化文化体制改革作出部署。2014 年 2 月中央全面深化改革领导小组第二次会议审议通过了《深化文化体制改革实施方案》，新一轮文化体制改革开始进入全面实施阶段，中央先后出台了一系列深化文化体制改革的政策举措，从《关于印发文化体制改革中经营性文化事业单位转制为企业和进一步支持文化企业发展两个规定的通知》到《关于金融支持文化产业振兴和发展繁荣的指导意见》，从《关于大力支持小微文化企业发展的实施意见》到《关于推动国有文化企业把社会效益放在首位、实现社会效益和经济效益相统一的指导意见》，以建立有文化特色的现代企业制度为重点，以落实和完善文化经济政策、强化国有文化资产监管为保障，建立健全确保国有文化企业把社会效益放在首位、实现社会效益和经济效益相统一的体制机制，打造一批具有核心竞争力的骨干文化企业，推动社会主义文化大发展大繁荣。伴随着这些政策的密集出台，文化体制改革的步伐进一步加快，包括出版业在内的文化产业改革的推进和发展成为当今国家产业发展和经济增长的新亮点和新动力。

统计数据显示，1980 年，按汇率法计算，中国人均 GDP 为 220 美元，属于极低收入组，在世界 188 个国家中居第 175 位。2001 年，中国人均 GDP 达到 1000 美元，进入下中等收入组，在世界 207 个国家或地区中居第 141 位；2010 年，中国人均 GDP 达到 4240 美元，进入上中等收入组，在 215 个国家或地区中居第 120 位；2014 年，中国人均 GDP 达到 7593 美元，在世界 213 个国家和地区排名第 96 位，并且中国已有 8 个地区人均 GDP 进入 10000 美元（居世界第 88 位）。按照这一发展趋势，中国将在 2020—2023 年期间，跨越“中等收入陷阱”，进入高收入国家行列。这就意味着，届时中国的消费将从解决温饱转变到更多关注精神层面、文化层面需求的新阶段。

国家统计局发布的数据显示，自 2004 年以来，中国文化产业的年均增长率都在 15% 以上，比同期国内生产总值的增速高 6 个百分点。2010 年中国文化产业增加值为 11052 亿元，占同期 GDP 的 2.75%。2013 年文化企业数量已达 130 多万家，比 2012 年增长近 20%。一方面是骨干文化企业不断做大做强，另一方面中小微文化企业如雨后春笋一般涌现，中国文化产业发展蕴藏着蓬勃生机和巨大潜力。根据最新的统计，文化产业对 2015 年经济总量增长的贡献率有望超过 5.5%。人民群众快速增长的精神文化需求，十三亿人的文化消费潜力，为新闻出版业发展提供了巨大的市场空间。整个“十二五”期间，中国文化产业增加值年平均现价增长速度高于 20%，2015 年比 2010 年至少翻一番，实现倍增。目前，中国文化产业的增加值超过 1.6 万亿元，占国内生产总值的比重接近 3%。预计到 2020 年，中国 GDP 约为 111 万亿元，中国文化产业的增加值可能达到或超过 5.5 万亿元，占 GDP 的比重达到 5%，有可能真正成为支柱性产业。因此，未来文化产业发展的空间巨大（见图 1 – 1）。

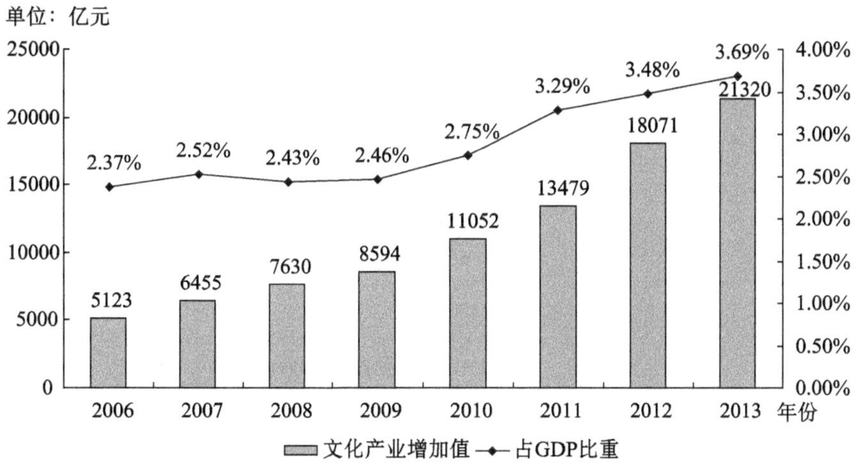

图 1－1　2006—2013 年中国文化产业增加值占 GDP 比重变化情况

大力发展文化产业不仅是经济社会发展的必然趋势，也是当前中国经济转型升级的战略选择，重视文化产业应成为国家意识和全民意识，必须站在国家发展战略和中华民族伟大复兴的高度审视发展文化产业的意义。在西方国家，文化产业不仅是其重要的产业门类之一和国力支撑，文化产品更成为他们输出价值观的工具。日本制定的《文化产业国家战略》则更加直白地说："文化产业不仅直接关系到我国的经济利益，更关系到我国的外交利益"；2014 年，美国总统奥巴马把创意产业、创意经济提升到国家创新竞争力的战略高度，宣布每年 6 月 18 日为"国家创客日"。从国际范围来看，文化产业已发展成为新兴的朝阳产业。当今主要发达国家文化产业产值占 GDP 的份额分别是：美国 31%、日本 20%、欧洲国家 10%—15%、韩国 15%。在中国，文化产业已发展成为经济较发达地区的支柱产业和核心经济支撑。以北京和上海为例，北京 2014 年为 13.1%，上海 2013 年为 11.5%。统计数据表明，中国目前的网络视频、网络音乐、网络文学、网络游戏等用户的规模达 4.81 亿人，与 5 年前相比增加 1 亿人；网络文化产业的规模达 1500 亿元，同比增长 200%，网络原创文学作品超过当代文学纸质媒体发表作品 50 年的总和。借助互联网在生产要素资源配置中的优化和集成作用，促进文化产业的创新力、生产力不断增强，带来文化产业提质升级的新业态。当前，政府已将文化产业作为中国国民经济支柱产业纳入国家发展规划，作为文化产业中极具发展潜力的新兴业态，"十三五"时期推动产业转型升级已成为重点任务（见图 1－2、图 1－3）。

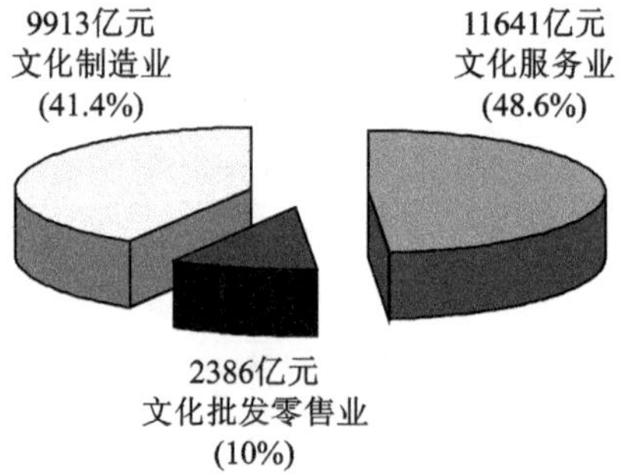

图 1－2　中国文化及相关产业增加值构成

图 1－3　2015 年中国文化产业发展重点

纵观新中国成立 60 多年的发展历程，党和国家战略重心是在根据不同社会发展阶段的主要矛盾不断调整的。总体上来看，先后经历了三次大的调整和转变，即以政治建设为中心的社会主义国家政权建设和巩固时期（1949—1977 年），这一时期的战略重点是巩固新生的人民政权；以经济建设为中心的社会主义国家经济发展和复苏时期（1978—2011 年），这一时期的战略重点是改革开放、解放和发展生产力，彻底解决民生问题；以文化建设为中心、文化与经济协调发展的社会主义国家经济社会和文化全面繁荣和兴旺时期（从 2011 年开始），这一时期的战略重点是与国家经济方面形成的世界大国相匹配推动文化大国文化强国建设。因此，目前，国家正处于“以文化建设为中心”重大战略转型调整期，文化与政治、文化与经济等如何实现协调发展是我们面临的重大问题。具体调整如图 1－4 所示。

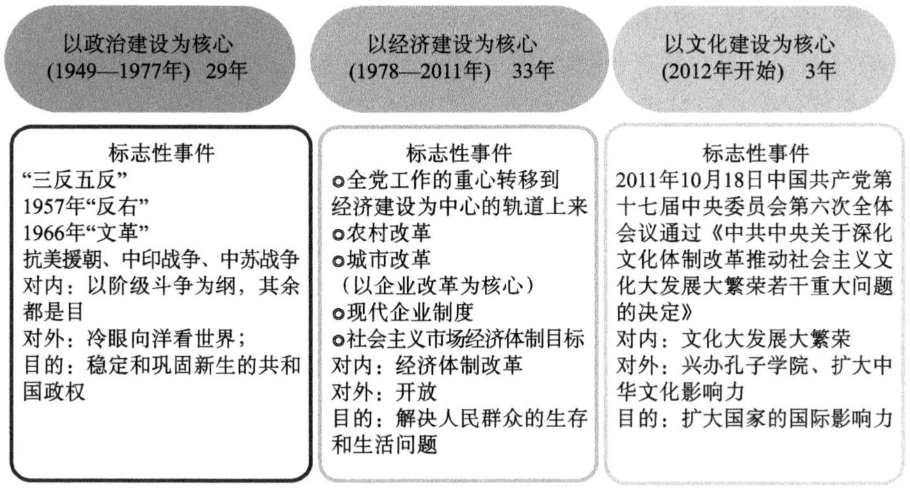

图 1－4　国家战略重心在改革探索中的转移和调整

经过十多年的发展，中国文化产业已经初步形成了门类齐全的产业体系，文化内容生产、文化传播渠道和文化生产服务等方面不断发展壮大，文化产业主体部分的经营实力大为增强。如果从 2003 年算起，只用了 8 年时间，文化产业增加值就突破了万亿元大关，成为国民经济新的增长点，这在产业发展史上是个奇迹。2010 年是个分水岭，以 2013 年文化产业增加值的年均增量在千亿元上下，但以后年份的年均增量超过了两千亿元。

从文化产业增加值占国民经济的比重来看，也在稳步上升。据统计，中国文化产业 2004 年实现增加值 3440 亿元，占 GDP 的 2.15%；2013 年实现增加值 21351 亿元，首次超过 2 万亿元，占 GDP 的比重为 3.63%；2014 年，文化产业占国民经济比重达到 3.77% 左右，其增长速度明显高于同期国内生产总值增长速度。从 2004 年到 2010 年，中国文化产业增加值从 3440 亿元增加到 11052 亿元，年均增长率为 23.6%。截至 2011 年年底，全国国有文化企业共 10365 户，资产总额 15966.44 亿元，全国文化产业法人单位增加值为 13479 亿元，比 2010 年增长 21.96%，国有文化企业已成为国有经济的一支新生力量。以北京市为例，从业人员达到 161 万多人，文化企业 17 万家，文化产业增加值达到 2400 多亿元；文化产业在 GDP 中占比达到 13.1%，仅次于金融业。目前，全国共有 91.8 万家文化产业法人单位，其中小微文化企业（指企业法人单位，不含个体工商户）77.3 万个，占全部文化企业的

98.5%。2013年，中国小微文化企业从业人员979.9万人，占全部文化企业的63.3%。中国文化产业增加值站上第一个万亿元台阶用了8年时间，站上第二个万亿元台阶只用了3年时间，文化体制改革激发了产业的活力，在许多行业增速都在放缓时，文化产业的发展增速却依然能达两位数，高于GDP增速，“跑赢”了其他行业，体现出文化产业作为新兴行业发展的潜力和活力，体现了人民群众对文化生活的渴望，也表明文化产业在国民经济发展中的地位已经举足轻重（见图1－5、图1－6、图1－7）。

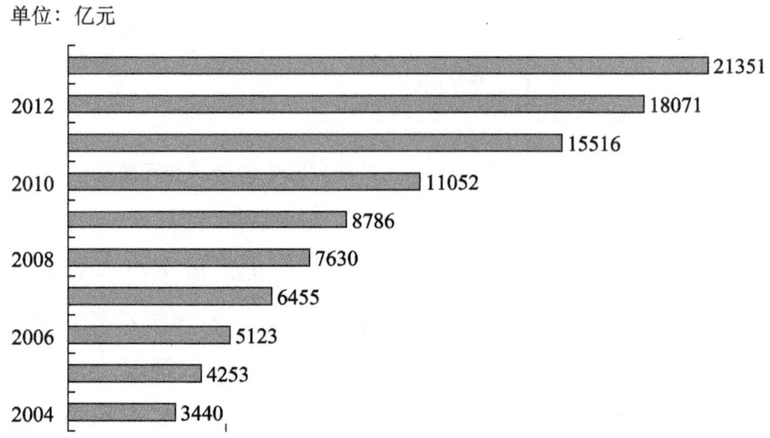

图1－5 2004—2012年中国文化产业增加值变化情况

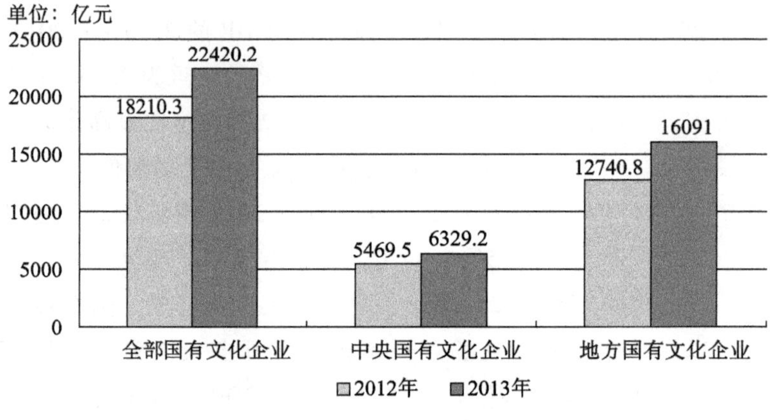

图1－6 2012—2013年国有文化企业资产总额增长图

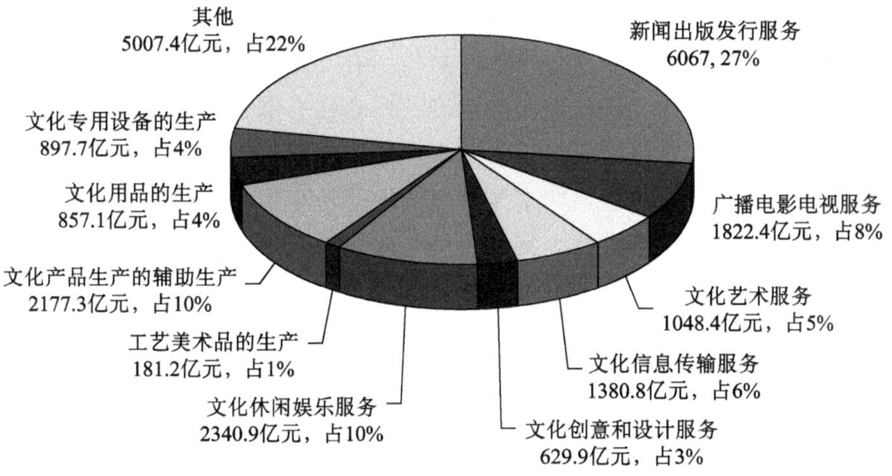

图 1－7　2013 年各类别国有文化企业资产总额及占比

（五）中国文化产业发展的特点

第一，政策推动效应显著。近年来中国文化产业政策体系和法规体系初步形成并逐步完善，营造了公平健康的发展环境。从《国务院关于推进文化创意和设计服务与相关产业融全发展的若干意见》到《国务院关于加快发展对外文化贸易的意见》，对文化产业进行了顶层设计。从《关于大力支持小微文化企业发展的实施意见》到《关于推动特色文化产业发展的指导意见》，各部门也行动起来为文化产业发展营造良好的政策环境。要加快完善和实施有利于文化企业兼并重组、文化科技创新、文化走出去等的政策措施，完善加强知识产权保护、体现文化创新权益的政策措施，更好地引导文化产业发展，进一步健全文化法规体系，提高文化领域依法管理水平，为文化产业健康发展提供有力保障。

第二，以培育骨干文化企业为龙头。文化企业是文化产业的主体，加快文化产业发展，核心是要培育一批有实力、有竞争力的骨干文化企业，要毫不动摇地支持和壮大国有或国有控股文化企业。近年来，党和政府在推进国有经营性文化单位转企改制基础上，加快公司制、股份制改造，完善现代企业制度，加强对国有重点文化企业的扶持，鼓励符合条件的国有文化企业上市融资，加快培育一批核心竞争力强的国有或国有控股大型文化企业或企业集团，使之成为发展产业和繁荣市场的主导力量。在国家许可范围内，引导社会资本以多种形式投资文化产业，参与国有文化单位转企改制，参与重大文化产业项目实施和文化产业园区建设，调动社会资本投资文化产业的积极性。政府出台相关政策鼓励各类文化企业以资本为纽带进行联合重组，推动出版、发行、影视、演艺集团交叉持股或进行跨地区跨行业跨所有制并购重组，提高文化产业的规模化、集约化和专业化水平。

第三，在打造市场主体方面取得实质性突破。“十二五”时期新闻出版业在国家产业政策扶持下，成功组建了130多家出版传媒集团，其中，中国出版集团、中国教育出版传媒集团、凤凰出版传媒集团、中南出版传媒集团4家单位已进入全球出版企业收入50强行列，全国资产总额超过100亿元的集团有16家（出版集团11家，发行集团3家，报业集团2家），有52家出版、印刷、发行以及新媒体企业在境内外成功上市。统计资料显示，截至2014年年底，全国建有城乡阅报栏（屏）9万个，建成“农家书屋”60万家（覆盖了全国具备基本条件的行政村），全国城乡有8亿人次参加了各类全民阅读活动，国民综合阅读率从2010年的77.1%提高到2014年的78.6%。2014年中国著作权登记总量达121.1万件，比2013年增加20.2万件，增长20%。

第四，文化市场体系日趋完善。现代文化市场体系是文化产业发展的必要条件，近年来，党和政府出台了一系列文件和政策，以培育多方面、多层次文化产品和要素市场，提高文化资源配置的质量和效率，加强文化产品市场建设，积极发展图书报刊、电子音像、动漫游戏等传统文化产品市场，建设以网络为载体的新兴文化产品市场，培育大众性文化消费市场，打造综合性、专项性、区域性文化产品和服务交易平台。积极发展连锁经营、物流配送、电子商务等现代流通组织，加快建设一批大型现代文化流通企业和若干文化产品物流基地。加强了文化生产要素市场建设，有序发展文化产权、版权、人才、技术、信息等要素市场，建立健全文化资产评估体系和文化产权交易体系，发展以版权交易为核心的各类文化资产交易市场。加强了文化行业组织和中介机构建设，积极发展版权代理、文化经纪、评估鉴定、技术交易、推介咨询、投资保险、担保拍卖等各类文化市场中介服务机构，健全行业规范、完善行业管理，为各类文化市场主体提供全方位服务，为文化产业健康发展营造良好市场环境。

二、新闻出版业：国家文化产业的重心

众所周知，出版活动是一种文化传承和传播的活动，出版业是一个重要的产业门类，在文化产业的构成类别中，新闻出版业是文化产业的重要组成部分，新闻出版业作为国家文化软实力的重要方面，在传播中华文明、增强综合国力等方面的重要作用更加突出。大力发展出版业是提高中国文化软实力和国际传播力的需要。中国的文化发展从总体上讲与中国的综合国力和国际地位是不相称的，在联合国教科文组织评选的世界上最有影响力的100本图书中，中国没有一本入选。中国至今也没有产生具有世界影响力的期刊、报纸、音乐、电影以及数据库产品。为此，中央已明确提出，要利用高新技术和先进手段提高中国文化的软实力和传播能力，满足人民群众多层次、多方位的文化需求，提高中国的影响力和竞争力。在2014年8月中央全面深化改革领导小组第四次会议审议通过的《关于推动传统媒体和新兴媒体融合发展的指导意见》指引下，2015年4月国家新闻出版广电总局与财政部联合出台了《关于推动传统出版和新兴出版融合发展的指导意见》，为进一步推进新闻出版业的转型升级、推进传统出版与新兴出版融合发展指明了方向，标志着新闻出版业数字化转型升级、融合发展已经从统一思想认识步入实质性建设的新阶段。

从我国的实际情况来看，改革开放38年以来，作为文化产业主要构成

部分的中国出版业得到了迅猛发展。据统计，2011 年中国新闻出版业产值超过 1.5 万亿元，占文化产业产值的 70% 以上。2014 年全年出版图书达到 44.84 万种，期刊 9966 种、报纸 1928 种，已形成比较完整的出版产业体系。到 2012 年年底，除少数保留公益性出版单位外，中央各部门各单位、地方、高校出版社都已转企改制，上千家非时政类报刊出版单位转制和注册为企业法人，文化体制改革走向纵深，在此基础上，组建了 100 多家报刊集团和出版传媒企业集团，中国出版业管理体制机制改革取得了全面进展，出版单位企业化、企业管理科学化、出版企业集团化、出版市场国际化、出版载体数字化、民营国有联合化、出版边界模糊化的趋势越来越明显。2014 年，全国新闻出版业总营业收入达到 1.9967 万亿元，占文化产业总产出的 60% 以上，目前，中国年出版图书数量、图书出版品种、出版总量、日报发行量均位居世界第一，电子出版物、网络学术出版物总量位居世界第二，成为名副其实的出版大国，出版业成为中国文化产业的主力军，成为国民经济中一个重要的产业，可以说出版业已发展成为文化产业的重中之重，新闻出版业对文化强国建设作用凸显（见图 2－1、表 2－1、图 2－2）。

图 2－1 “十二五”期间中国新闻出版业成就

“十三五”时期是全面建成小康社会的决胜阶段，国家提出了文化强国建设的战略，其中很多是与出版业有密切联系的。按照国家“十三五”规划，未来五年也是中国建设出版强国的关键时期，按照宏观层面的规划和要求，2020 年，文化产业要成为国民经济支柱性产业，按照 2010 年翻一番的计算，文化产业增加值要达到 4 万亿元，原国家新闻出版总署 2010 年年初提出，要在今后10年实现由新闻出版大国向新闻出版强国的转变，使新闻出版业增加值占到GDP的5%，成为名副其实的支柱性产业。按照2014年出版产业占文化产业23%的比例计算，2020年新闻出版产业增加值9200亿元，要实现这个目标，新闻出版业的增加值年均增速要达到8.91%，差距不小。

（一）从发展现状来看，中国已成为名副其实的世界出版大国

新闻出版业在社会主义文化强国建设中显示出越来越重要的地位和作用。从历史发展的视角看，美国出版史专家约翰·曼曾统计过，1455年以前，整个欧洲出版的图书约为3万种，册数也很少，装在一辆马车里就能拉走，而同期中国累计出版的图书约为4万种，比欧洲多出整整1/3，出版册数更令西方望尘莫及。而到了1600年，西方拥有的图书是125万种，中国拥有的图书是1.4万种，前者是后者的89倍。而到了1900年，西方的图书种类达到1125万种，中国的图书种类则是12.6万种，同样是89倍，中国出版业在近代明显落伍了，经过新中国成立以来67年的发展，中国出版业取得了历史性突破。

1. 中国出版业规模巨大

从目前发展现状来看，中国已成为名副其实的世界出版大国。“十一五”时期累计生产图书135.8万种、338亿册，是“十五”期间的两倍，稳居世界之首。目前，中国新闻出版业发展方式转变基本到位，新兴业态蓬勃发展，数字出版等战略性新兴产业领域的发展达到世界先进水平。中国建设新闻出版强国的战略目标是：到2020年，新闻出版业总产值占当年全国GDP的5%左右，基本实现人均消费图书6册、期刊3.2册，数字媒体等新兴产业的发展达到世界先进水平。

“十二五”时期，中国新闻出版产业规模持续增长，新闻出版业在转型升级、融合发展方面亦取得了较大突破，对文化产业贡献日益增大，产业实力得到进一步壮大。相关研究显示，2012年全国新闻出版业总产出达到1.65万亿元，较2011年增长13.6%；2013年，全国出版、印刷和发行服务

表 2-1　　2008—2014 年中国出书品种与总印数的情况

年份	种数（种）	较上年增长（%）	印数（万册）	较上年增长（%）
2007	248283	—	629331	—
2008	275668	6. 12	693570	10. 21
2009	301719	11. 03	703675	1. 46
2010	328387	9. 45	717051	1. 90
2011	369523	8. 84	770518	7. 46
2012	414005	12. 53	792464	2. 85
2013	444427	7. 35	831048	4. 87
2014	448400	0. 90	818500	-1. 50

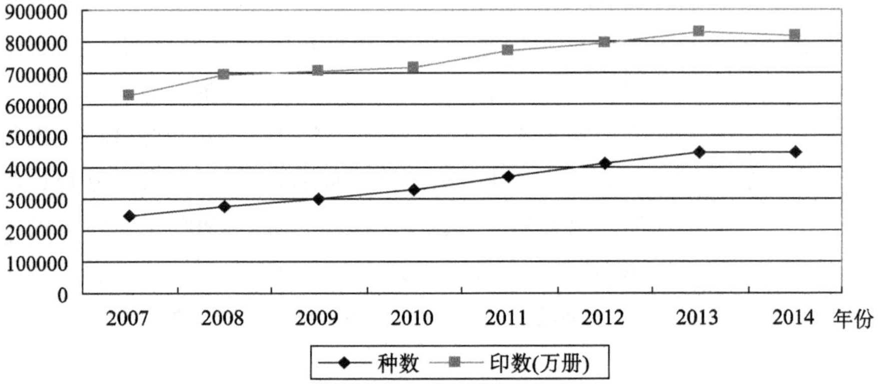

图 2-2　2008—2014 年中国出书品种与总印数变化情况

实现营业收入 18246. 4 亿元，较 2012 年增加 1611. 1 亿元，增长 9. 7%，利润总额 1440. 2 亿元，较 2012 年增加 122. 8 亿元，增长 9. 3%；2014 年，全国出版、印刷和发行服务业的营业收入为 19967. 1 亿元，较 2013 年增长 9. 4%，利润总额 1563. 7 亿元，增长 8. 6%。新闻出版产业主要经济指标平稳增长，产业规模继续扩大，反映出在经济发展进入新常态、经济下行压力加大的情况下，新闻出版业依然保持健康发展的势头。

2. 传统出版单位转型升级更加深入，融合发展成效初显

2015 年，国家先后出台了《关于积极推进“互联网 +”行动的指导意见》、《关于促进大数据发展的行动纲要》等一系列政策文件，对出版产业起到有力的助推作用。2015 年国家财政下拨文化产业发展专项资金 50 亿元，共支持项目834项，比2014年度的800项增加34项，其中重点项目478项，一般项目356项，用于推动新闻出版业数字化转型升级的项目进一步增多，由2014年的77项增加至2015年的98项，并将传统媒体和新兴媒体融合发展也纳入重点支持范围，支持项目为36项。以政策为引导，以项目为抓手，2015年新闻出版业转型升级、融合发展取得了实质性突破。继2013年6月公布了首批70家传统出版单位转型示范名单，2015年7月公布了第二批100家转型示范单位名单，转型示范单位已达到170家，传统出版在转型升级方面思路日渐清晰，方法和路径日趋明确。这些包括出版集团、报业集团，以及图书、报纸、期刊出版单位在内的传统出版数字化转型升级示范单位，在内容聚集、技术应用、产品创新，以及探索数字化商业模式等方面为产业发展作出表率，带动整个行业转型升级、融合发展取得实质性进展。

3. 中国出版业的国际影响力显著提升

（1）新闻出版“走出去”取得明显成效。2014年，图书、报纸、期刊、音像制品、电子出版物和数字出版物等实物产品出口首次突破1亿美元大关，2倍于“十二五”确定的出口目标。除传统的纸质图书版权外，以期刊数据库、电子出版物、网络游戏为代表的数字产品海外销售收入从2010年的2.3亿美元增长到2014年的近20亿美元，超出“十二五”目标近10亿美元。出版单位主动走出国门参与国际竞争的意识不断增强，国际竞争力显著提升，实现了从政府助推到企业发力的转变。对于出版企业自身来说，走出去也越来越成为其发展的需要。2014年5月，江苏凤凰出版传媒集团下属子公司江苏凤凰教育出版社有限公司以8500万美元收购美国出版国际有限公司，这是中国出版企业迄今为止最大的一次跨国并购，凤凰传媒通过收购获得了国际性的童书资产和销售渠道，快速打入国际主流出版市场，有力地提升了其国际竞争力。一年之后的2015年，凤凰出版传媒集团进入世界出版企业50强，排名十强之列。

（2）中国图书版权输出数量屡创新高。一大批中国出版机构纷纷参与到国际版权贸易中来，不少中国出版机构都建立起了稳定的版权输出客户群，版权输出项目也由单本图书输出向成系列、成规模、有特色方向发展。据数据显示，经过10多年的努力，版权贸易大幅升级，贸易逆差大幅缩小，目前中国图书引进输出比例已从2010年的3:1到2014年的1.6:1。贸易结构不断优化，输出的产品形态从过去单一的图书、期刊版权拓展到报纸、音像电子、数字版权等多种形态。版权输出的区域结构、内容结构、语种结构、形态结构不断升级，一大批中国主题内容，特别是反映当代中国价值观、中国梦、中国道路、中国模式和中国优秀传统文化的出版物进入国际市场。版权贸易不断升级，输出形式也更加多元。

（二）立足现状：中国依然不是世界出版强国

中国虽然已发展成为世界出版大国，但是距离出版强国的目标还有很长的路要走，中国远未攀上世界出版业的高山之巅，中国出版业的核心技术实力和管理水平仍将长期屈居发达国家之后。

1. 从国际范围的比较来看，包含出版业在内的文化产业发展滞后

据最新统计资料显示，文化产业已经占到全球生产总值的7%，约为1.3万亿美元，以创意为核心的文化产业一直是世界贸易中最有活力的产业之一，出版业是一个国家或地区文化创意产业的重要组成部分，世界主要国家的情况是：

（1）英国：政府优先发展文化创意产业，经过十多年的发展，包含出版业在内的创意产业已成长为英国仅次于金融服务业的第二大产业。

（2）美国：确立了文化产业强国的战略，作为文化产业强国，美国文化产业总量约占GDP的10%。美国政府认为，文化产业与钢铁、汽车等其他关系民生的产业部门没有区别，因此应为文化企业的经济活动创造提供一个公平合理、充分竞争的舞台。近年来，美国的文化产业飞速发展，2009年产值达到2784亿美元。

（3）日本：政府从战略高度关注文化产业，进入21世纪以来，由于日本以制造业为主体的经济迟迟未能走出低迷，日本经济政策制定者将目光投向文化产业。2007年5月，日本政府出台《日本文化产业战略》，在国内以政策引导和扶持的方式，鼓励企业在文化产业方面的创新和走出去，同时从知识产权保护、文化产业国际标准、创新人才培养等方面为文化产业保驾护航。

（4）德国：德国是图书之国，拥有2000多家出版社，每年新出版发行约9.5万种新书。2007年德国图书市场实现了大约96亿欧元（约合132亿美元）的销售额，占本国文化产业总销售额10%左右，同年还向海外转让了9000多个图书许可证。近年来，德国文化产业蓬勃发展，成为推动经济增长最强劲的产业之一。以会展为媒介促进文化产业发展是德国的一大特色，德国作为会展大国，形形色色的书展促进了出版业的兴盛和繁荣。法兰克福国际图书展是世界最大规模的书展，为世界各国的出版商、代理商和经销商提供了一个洽谈版权贸易、出版业务和展书订书的平台，每年吸引了全球100多个国家和地区的业内人士前来参展。

2. 从国内发展现状来看，出版业发展中面临不少问题

（1）图书出版绝对量大，但人均书籍消费水平低。从出版业总量来看已位居世界前列，但人均出版物消费和人均印刷品占有量却相对落后。2012年，中国18—70周岁国民人均纸质图书的阅读量仅为4.39本。据英国媒体2014年10月22日报道，英国出版商在2013年出版的新书和再版书共计18.4万种（其中6万种为电子书，相当于每百万居民出版2875种新书），英国人均书籍出版量高过其他国家，居世界第一位。目前，中国人均出版物消费约为35美元，而德国是300美元；人均印刷品年消费量为10—13美元，而日本为470美元，美国为316美元；人均年纸张消费量26—27公斤，而日本和美国分别为240公斤和340公斤。出版业之所以能够存在，根本因素是一代代读者孜孜不倦的阅读。如果没有阅读行为，出版业就成了无源之水，终将枯竭。

（2）图书库存积压严重，生产与读者需求脱节严重。目前，中国每年出版的图书品种数全球第一，达44万种，是美国的2倍还多。从2005年到2013年，全国出版的图书品种数从22.25万种增至44万种，增幅接近100%；在同一个时间区段，全国新华书店系统、出版社自办发行单位纯销售册（张、份、盒）数增长的幅度却不到4%，也就是说，100%的品种增长，只带动不到4%的销量增加，如此悬殊的生产销售比势必一路推高库存。另据相关媒体报道，目前中国出版机构的库存码洋居然超实际销售码洋150亿元以上，实际差距比统计更惊人。存销比（库存码洋与销售额的比例）从账面的1.23:1拉大到1.77:1，此即意味着每一元销售额的实现，都要以近2元的库存额为代价。全国新华书店系统、出版社自办发行单位纯销售额从2005年的403.95亿元增长到2011年的653.59亿元，而年末库存则从482.92亿元飞涨到804.05亿元。6年时间，两者的“剪刀差”从近79亿元增长至150亿元——库存跑赢了销售，更多图书只能在仓库中蒙尘。无效库存的高占比更让人忧心，“死书”越滚越多，甚至有媒体提醒：再这样下去，就会逼近产业坍塌的红线。有媒体也发出“第一出版大国也是第一库存大国”的惊叹（见图2－3、图2－4）。过高库存量可以毁掉一个行业。日本资深出版人小林一博所著的《出版大崩溃》，记录了1997—2003年日本出版业的“崩盘”历程，其中一个重要症状就是高库存、高退货：图书退货率平均在50%左右，高的可达90%；而仓库里堆积如山的无效库存，令日本出版人叹惜“死书累累”。

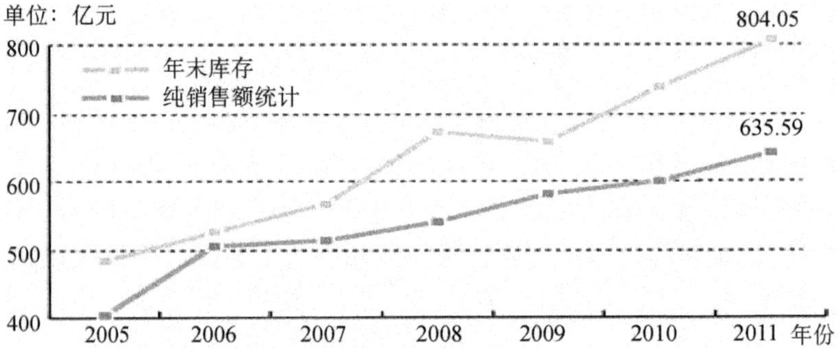

图2－3　2005—2011年图书年末库存、纯销售额统计

数据来源：国家新闻出版广电总局网站。

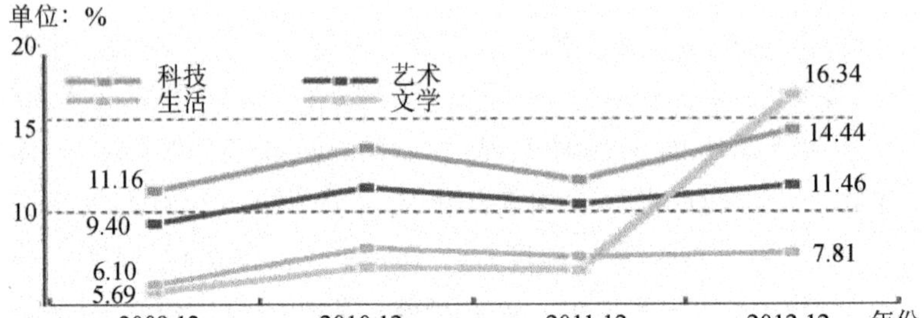

图2－4　2009—2012年12月全国图书零售重点卖场存销比

数据来源：北京开卷信息技术有限公司。

（3）管理体制机制科学化水平不高。中国传统出版产业以劳动密集型制造业为主，传统出版业依托劳动力成本低的比较优势实现快速发展，并推动经济总量快速增长。与此同时，由于沉淀成本、规模经济和既得利益的作用，传统出版业发展具有较强的路径依赖。随着中国经济规模的扩大和资源要素成本的提高，如果任由产业结构定型在较低层次，就会严重制约出版产业发展和质量效益提高，中国出版业就会丧失国际竞争优势。因此，当前亟待打破路径依赖，加快传统出版业的转型升级，推动出版业持续健康发展。未来，随着传统新闻出版单位转型升级、融合发展的步伐逐步加快，将逐步构建以互联网思维和全新的产业发展视角为指引、以先进技术为支撑、以内容建设为根本的产业发展新格局，从而实现传统媒体和新兴媒体的优势互补、一体化发展。随着出版管理体制改革的推进，中国出版业竞争力大幅提升，但传统管理体制中存在的管办不分、政企不分、政事不分、政资不分、条块分割等弊端仍在一定范围内存在。

三、转型升级：迈向世界出版强国的必由之路

实践证明，出版业体制机制改革成为中国出版业持续增长的发动机，自1978年开始，中国经济发展迅速，出版企业的内、外部生存环境发生了显著变化，出版企业在走向市场化的进程中，既获得了快速发展，也面临着信息技术高速发展，新兴媒体对图书市场的冲击。目前，科技已经渗透到新闻出版创作、生产、传播、消费的各个层面和关键环节，在改造提升传统新闻出版业的同时，还催生了一大批新的媒介形态和媒介应用，有力地推动了新闻出版业的转型升级，成为新闻出版业发展的核心支撑和重要引擎。中国出版业的转型升级表现在如下方面：

（一）从传统的计划经济体制向市场经济体制转型

新中国成立之后，长期实行高度集中的计划经济管理体制。出版业也不例外，属于上层建筑和意识形态，更是实行严格的计划经济体制，强调政治属性，忽视其经济和产业属性，出版单位的设立、资金的来源、人员的招聘、书号、刊号、出版物的发行等完全按照上级主管部门下达的指令性计划办事，出版单位没有任何自主权。改革开放以来，中国出版业逐步摆脱了传

统的计划管理体制，逐步向市场化方向转型。体制改革使坐吃“皇粮”的文化事业单位转变成面向市场的企业，“事业人”变成了“企业人”，从此走向一条全新的道路，出版业逐渐突破束缚文化生产力发展的制度性障碍，充分发挥市场在文化资源配置中的基础性作用，确立出版市场主体，健全出版市场体系，完善出版产业政策，使整个出版管理体制与社会主义市场经济体制相适应。

（二）由传统的出版事业逐步转向出版产业

长期以来，中国出版单位属于事业体制，属于意识形态领域，国家对出版业实行事业单位管理或事业化单位企业化管理。改革开放以来，中国出版业逐步改变了原来国有事业单位的体制格局，开始了市场化和产业化改革的进程。自2003年起，出版管理体制改革坚持一手抓公益性出版事业、一手抓经营性出版产业，把出版单位区分为公益性和经营性两种类型，推动经营性出版事业单位转制为企业，建立现代企业制度，使其成为真正的出版市场竞争主体。一批经营性出版单位转企改制成为出版物市场主体，变成了谋求社会效益和利润最大化相结合的企业。通过改革，市场竞争环境、投融资环境、财政税收环境、国际合作环境极大改善。据统计，截至目前，全国共核销事业编制29万多个，全国共注销经营性文化事业单位6900多家，全国承担改革任务的580多家出版社、3000多家新华书店、38家党报党刊发行单位，已经转企改制。全国2103家承担改革任务的文化系统国有文艺院团（不含保留事业体制院团），已有2100家完成和基本完成转企改制、撤销或划转任务，占总数的99.86%。地方1177家首批非时政类报刊出版单位中，1147家已完成和基本完成转企改制，占总数的97.5%，其余30家正在按已批复方案积极实施；中央和地方的应转企改制的重点新闻网站已于2012年年底完成全部改革任务。经过多年的改革实践和探索，在出版发行、文艺表演以及电影制作、发行和放映等重点领域，除个别单位继续保留事业体制外，绝大多数都已作为经营性文化单位转制为企业，中国出版业的市场环境也发生了巨大变化，出版业市场化程度不断提高。

（三）出版业态更加多元化发展，传统出版逐渐向数字出版转型

科技进步特别是信息网络技术的迅猛发展，为新闻出版业发展提供了重要支撑。在出版业，信息技术已渗透到各个领域：编辑方面有计算机选题管理和发稿系统，校对方面有专门的校对软件，发行方面有数据库交换技术，成本核算有 ERP 系统，日常管理有 OA 系统。另外，出版单位也正在利用互联网技术进行信息查询、网上图书销售等。具体表现在：

1. 传统出版增长趋于缓慢

据统计，2012 年全国传统出版物的产出情况是：图书出版约 41.4 万种，较 2011 年增长 12.0%，图书总印数约 79.3 亿册，增长 2.9%；期刊总印数 33.5 亿册，较 2011 年减少 1.9%；报纸总印数约 482.3 亿份，较 2011 年增长 3.2%；2013 年全国传统出版物的产出情况是：图书出版约 44.44 万种，较 2012 年增长 7.35%，图书总印数约 83.10 亿册，增长 4.87%，总印张增长 6.83%，定价总金额增长 8.95%；期刊总印数约 32.7 亿册，较 2012 年减少 2.3%；报纸总印数约 482.4 亿份，较 2012 年增长 0.03%；2014 年全国传统出版物的产出情况是：图书出版约 44.84 万种，较 2013 年增长 0.9%，图书总印数约 81.85 亿册，减少 1.5%；期刊总印数约 31.0 亿册，较 2013 年减少 5.4%；报纸总印数约 463.9 亿份，较 2013 年减少 3.8%。数据表明，近年来，传统出版增速呈现逐渐下降的态势，传统出版业已经从高速增长进入中速增长阶段。

2. 实体书店生存愈益困难，网络书店发展迅猛

近年来，随着网络等新媒体技术的出现，网上阅读和网上书店发展迅速，实体书店受到挤压，有些已经倒闭。与此相反，网络书店却异军突起，发展迅猛。从长远发展趋势研判，随着国内受教育人群的增长和民众对于文化知识消费需求的提高，传统图书市场仍然会有持续增长的空间；另外，在图书零售市场上，图书购买需求也依靠内容供给拉动，一些热点话题带动的超级畅销书会极大刺激图书消费量的扩容。

3. 数字出版发展成为新的出版业态且增长势头迅猛

数字出版产业规模持续扩大，数字内容市场需求日益旺盛。数字出版作为新兴产业，已经成为继书报刊、发行、印刷复制和音像电子出版之后的又一新闻出版主体产业。随着技术应用的不断深化，数字出版逐渐形成包括电子图书、数字报纸、数字期刊、数字音乐、原创网络文学、网络游戏、数据库、手机出版等众多产品在内的较为完备的数字出版产品体系。从出版业漫长的发展历程不难看到，技术往往是出版业发展的重要推动力。面对数字化、互联网所带来的影响。随着互联网和移动互联网的快速发展，我国国民的消费理念、消费意愿、消费习惯、消费渠道日益多元化，为数字出版的内容生产、技术应用、产品开发、运营模式提供了源源不断的创新动力。在互联网时代，数字化已成为出版产业最精彩、最时尚、最具冲击力的代名词，成为驱动出版产业持续变革、发展的强大动力。表现为：一方面传统出版增长缓慢，传统的出版在降速，尽管还存在持续增长的巨大空间，但竞争和“洗牌”会趋向剧烈。而另一方面，随技术进步和变革的加快，数字出版异军突起，发展迅猛。近年来，西方新闻出版业数字化进程不断加快，大型出版传媒集团数字出版比重不断提升，在国内，2010 年后，随着移动互联网和移动数字终端技术发展取得突破，出版业数字化掀起了新一轮高潮。据中国新闻出版研究院编撰的《2013—2014 年中国数字出版产业年度报告》一书显示，从发展动态来看，2006 年，中国数字出版产业收入为 213 亿元，2014 年增长到 3387 亿元，8 年间增加近 15 倍；互联网期刊收入从 2006 年的 5 亿元增长至 2014 年的 14. 3 亿元，8 年增加近 2 倍；电子图书（e－book）收入，2006 年为 1. 5 亿元，2013 年为 31 亿元，2014 年为 45 亿元，8 年间增加了 29 倍；数字报纸收入，2012 年 15. 9 亿元，2013 年 11. 6 亿元，2014 年 10. 5 亿元；手机（移动）出版收入，2012 年 472. 21 亿元，2013 年 579. 6 亿元，2014 年 784. 9 亿元。

2013 年，在互联网思维的深刻影响下，全球数字出版产业发展势头依然迅猛，传统出版转型升级步伐进一步加快。互联网企业则持续全产业链布局，移动互联网发展迅猛，成为数字出版主阵地。据新闻出版广电总局发布的信息，2011 年中国数字出版业的整体产值已经突破 1300 亿元大关，数字出版总产值超过纸质出版产值，2013 年国内数字出版产业整体收入规模为 2540. 35 亿元，比 2012 年整体收入增长了 31. 25%。其中，互联网期刊收入达 12. 15 亿元，电子书（含网络原创出版物）收入达 38 亿元，数字报纸（不含手机报）收入达 11.6 亿元，博客收入达 15 亿元，在线音乐收入达 43.6 亿元，网络动漫收入达 22 亿元，手机出版（含手机彩铃、铃音、手机游戏等）收入达 579.6 亿元，网络游戏收入达 718.4 亿元，互联网广告收入达 1100 亿元。

2014 年，中国数字出版产业规模已达到 3387.7 亿元，增长 222%，在新闻出版营业收入中所占比重由 2010 年的 8.5% 增加到 2014 年的 17%，成为中国新闻出版业所有门类中增速最快的领域。“十一五”时期，中国数字出版产业开始起步，“十二五”期间，数字出版成为中国出版业未来的发展方向之一和新的经济增长点的态势更趋明显，中国数字出版产业的收入规模始终保持着 30% 以上的增长幅度。过去 5 年中，中国数字出版业收入规模由 2011 年的 1377.9 亿元、占全行业收入的 9.5%，提升到 2014 年的 3387.7 亿元、占全行业收入的 17%，增速在新闻出版行业中名列第一，经济规模跃居行业第二。中国数字化阅读接触率为 58.1%，已超过纸质阅读率的 58%，其中以手机为代表的移动互联网发展迅猛，成为产业革新的有力助推器。工信部公布数据显示，截至 2015 年 9 月，中国的移动用户规模已接近 13 亿，使用手机上网的用户已突破 9 亿，用手机看书、看报、看视频已成为人们进行内容消费的习惯。不可否认，数字出版作为中国新闻出版业的战略发展重点和产业转型升级、融合发展的重要支撑的地位和作用日益凸显。具体情况如图 3－1、图 3－2、图 3－3 所示。

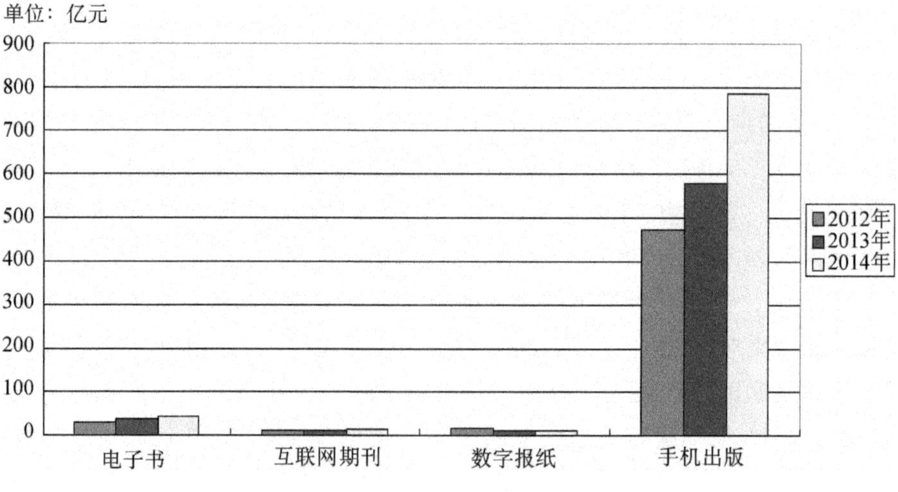

图 3－1　2012—2014 年部分数字媒体收入变动情况

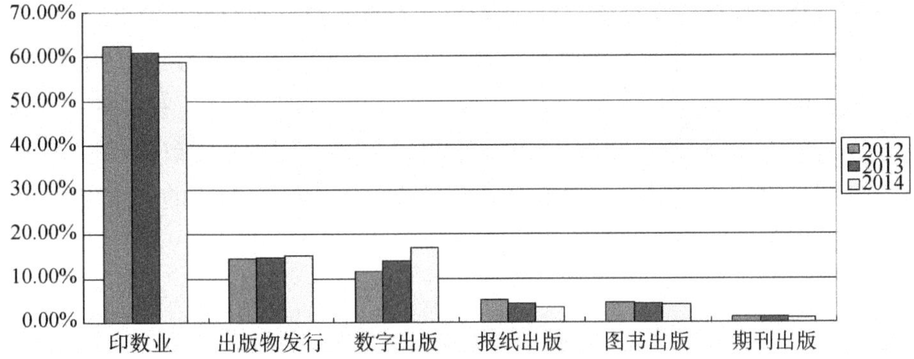

图 3－2　2012—2014 年各类出版业态发展情况

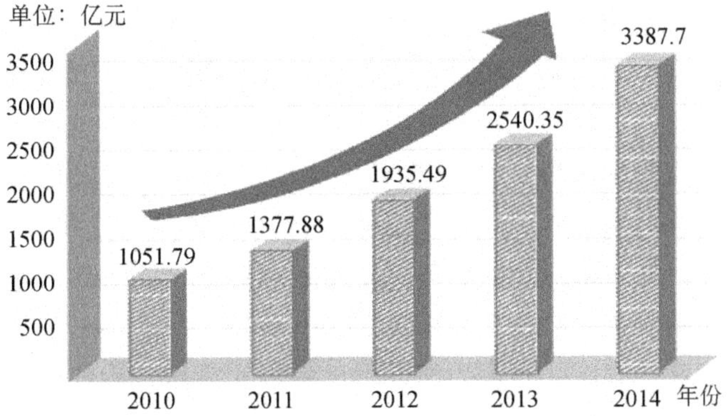

图 3－3　2010—2014 年数字出版发展变动情况

“十二五”期间，国家新闻出版广电总局和财政部先后印发《关于推动新闻出版业数字化转型升级的指导意见》和《关于推动传统出版与新兴出版融合发展的指导意见》，将与数字出版相关的项目列入文化产业发展专项资金支持重点。国家新闻出版广电总局先后推出《关于加强数字出版内容投送平台建设和管理的指导意见》和《关于推动网络文学健康发展的指导意见》等一系列行业政策文件，为产业发展创造了良好环境。统计资料显示，全国现有的 14 家国家级数字出版基地中，有 11 家在“十二五”期间建成挂牌。其中，江苏国家数字出版基地扬州园区目前电子纸的产量占全球产量的 90% 以上。2013 年 6 月，国家新闻出版广电总局公布首批全国 70 家数字出版转型示范单位，2015 年 2 月，30 家中央出版转型示范单位公布。传统出版企业数字化转型升级项目的全面启动，带动了全行业加快转型升级步伐。与“十一五”传统出版单位对于数字出版的观望、纠结态度不同，“十二五”

期间，传统出版单位在走数字化转型升级道路上已经取得高度共识，在资本市场上，数字出版成为被追捧的对象。2015 年 1 月，中文在线登陆 A 股市场，成为国内“数字出版第一股”。这不仅是中文在线发展历程中的一大步，也是中国数字出版行业跨出的具有里程碑意义的一小步，上市体现了资本市场对数字出版行业的认可。对数字出版行业来说，整个行业的长远发展立足于科技与资本的突破。

（四）出版业向资本化、集团化转型

在出版业转企改制进入到深水区的时候，整个出版产业都开始了以集团化和股权改制为中心的新一轮改革，目前几乎所有的省份都自行建立了出版集团和发行集团。近年来，转企改制后的中国出版企业，已进入依托市场配置资源大发展大跨越阶段。进入 21 世纪以来，品牌和集团化成为出版业培育自身核心竞争力的关键，中国出版业由此进入集团化发展和运作的阶段。大批出版、发行集团纷纷组建，不少集团还通过股份制改造上市进入资本市场融资发展，出版企业的经济规模和实力有所增长。目前，加快重组，推动融合发展，培育具有国际竞争力的大型出版传媒集团，构建现代出版传媒体系是当务之急。相关统计显示，2014 年国内公司共发生 169 起文化传媒企业并购案例，涉及资本约 1605 亿元，几乎每隔一天就发生一起文化传媒公司并购案例。2014 年文化产业的并购整合涉及出版、影视、游戏、广告、有线和卫星电视等多个方面，既有国内的并购，又有国外的收购；既有业外传统企业转型的需求，又有互联网企业扩张的冲动；既有民营企业与国有企业的联姻，又有民营企业的“自由恋爱”。出版传媒企业上市融资的步伐进一步加快，规模进一步扩大，出版集团纷纷投资建立新媒体平台，并购新媒体公司，与新媒体公司进行战略合作，实现协同发展。

（五）出版业向国际化转型

在全球经济一体化的大环境下，出版业面临着国外强势媒体的竞争和挑战。具体说，随着对外开放程度的增大，出版物生产与营销的不同环节将受到国外媒体集团的冲击；同时，国际化的生产方式加剧了对文化资源的争夺。由于历史和现实客观情况，中国出版业走出国门参与国际竞争起步较晚，参与国际竞争的能力还比较弱，但伴随着全球范围内文化产业的快速发展，中国出版业“走出去”融入全球出版业的步伐正在加快，国内出版市场与国际出版市场呈现出加速融合的态势。党的十八大以来，中国出版业不断积累经验，“走出去”的步伐日益加快，利用国际书展平台，积极参与国际市场竞争，已成为出版业今后发展的一大着力点。目前，中国参加了遍布五大洲30多个综合性和专业性书展。2014年，国家新闻出版广电总局即组织国内出版单位参加了32个国际书展，参展总人数达到1306人次，参展图书3万余种，版权输出量3289项。国内出版商参与国际书展的积极性进一步提高，出版企业与国际出版商合作更加务实，更好地学习国际出版的先进经验，快速提升中国出版企业的综合实力。中国出版企业在国际业界的地位和实力排名不断提高。统计资料表明，2003年至2013年，中国文化产品进出口额从60.9亿美元攀升至274.1亿美元，年均增长16.2%；文化服务进出口额从10.5亿美元增长到95.6亿美元，年均增长24.7%。以“走出去”为契机，版权输出持续增长。据国家新闻出版广电总局的统计，“十二五”时期，中国已成功打开190多个国家和地区的出版物市场。中国出版物版权贸易逆差大大缩小，图书版权输出和引进品种比例从2010年的1∶2.9提高到2014年的1∶1.6，2014年各类印刷品出口额31亿美元，数字出版产品海外市场收入超过30亿美元。2013年版权输出10401项，超出“十二五”规划目标3000项；2014年共输出版权10171项，比2013年增加95项，年输出图书版权超万种已成为常态。中国出版集团公司通过多年经营，目前已拥有遍布美、英、俄、日等多国的28家海外出版发行网点，已形成中国出版业跨地区、跨国、跨所有制经营的全球最大出版发行网络。据统计，在海外办社、办报、办刊、办店、办厂的中国出版企业数量如今已发展到300多家。2015年，在美国书展中国主宾国活动中，中国出版代表团成功输出版权1328项，实现了扩大中美文化贸易、推动图书版权输出和讲好中国故事、传播中国声音的目标。其实，美国书展仅是中国出版业走向世界的多个成功案例之一。在实物出口取得成效的同时，在境外办实体的新闻出版企业也明显增多，目前中国新闻出版企业在境外投资或设立分支机构超过400家，已探索出境外市场化、商业化、产业化运作方式。

（六）出版业由传统的单业经营逐步向混业经营方向转型

近年来，随着市场经济的发展，中国出版业开始向混业经营的方向转变。图书、报纸、期刊、音像、电子出版物等传统出版持续发展，出版物发行呈现多元化趋势，出版产业已经从传统的“分业发展”向融合发展的方向迈进，甚至出现一批跨行业融合发展的出版集团。随着“事转企”改革的完成，出版单位逐步与主管部门脱钩，成为独立的市场主体，出版领域的混业经营和跨界发展成为常态。以往图书市场的竞争是书与书之间、出版社与出版社之间的竞争，但现在战场已经转移了，书的竞争对手发生了变化，要和游戏、视频疯狂竞争孩子的时间——这才是最可怕的。出版业适应这种变化，用未来的阅读方式赢得阅读的未来。新闻出版业与现代科学技术加速融合，数字出版、数字印刷、数字发行等新业态发展迅猛，新闻出版业发展空间逐步拓展，产业规模迅速扩大，产业结构不断优化，产业链日趋完善，基本形成以图书、报纸、期刊、音像、电子、网络、手机等媒体的出版、印刷、复制、传播、外贸等为主，包括教育、科研、版权代理、物资供应、国际合作等在内的完整产业体系。以建筑类图书为例，最早全国出版这类图书的出版社仅有几家，而近几年已有100多家出版社同时出版这类图书，其中包含了地方科技出版社、各高校出版社等。具体表现在如下两个方面：

1. 从传统出版向传统出版与新兴出版融合发展转型升级

就传统出版业而言，5%以下的中低速增长将成为发展的新常态。另外，随着中国出版业数字化、网络化、信息化进程的加快，特别是移动互联网时代的到来，传统出版与新兴出版的融合蓄势待发，新的商业模式不断涌现。

2. 出版业向跨界融合转型

出版产业链不断延伸，出版业跨界合作拓展新领域。一批出版物的出版传播对装备制造业、消费品工业、建筑业、信息业等各行各业都产生一定的促进作用，出版业与经济的融合更加紧密。出版企业由内容提供商向内容服务提供商转型成为潮流，大众出版商正在进入大众服务产业，专业出版商正在进入专业服务产业，教育出版商正在进入教育服务产业。出版业与其他行业的跨界合作逐渐兴起，使文化内涵与实体产业实现了有机嫁接，如地产引进书店及书店衍生服务，将读书生活融入商业文化和社区文化，出版单位与电视台、影视制作企业合作成立全国校园电影院线、影视创作公司，等等，跨界合作使出版业与其他行业实现了联动发展。

上篇

总报告

在全球经济一体化的宏观大背景下，出版产业作为中国战略性新兴产业，面临着国外市场与国际文化资源的竞争与冲击。经过多年的发展，中国已成为名副其实的出版大国，年出版图书品种数量和日报发行量均位居世界第一，电子出版物总量位居世界第二，印刷业总产值位居世界第三。但与世界发达的新闻出版强国相比，无论发展规模、发展格局，还是发展方式、发展质量，都存在着较大差距。激发出版产业的创新动力，要从产业结构、市场机制、技术融合、拉动消费、人才培养等多个方面加快出版业转型和升级，这也是提升国家文化软实力，增强出版产业国际竞争力的重要路径和战略选择。

近年来，随着中国国民经济的稳健发展和新型工业化、信息化进程的加快，以出版业为核心内容的文化创意产业贯穿于社会经济各的各个领域和各个行业，呈现出多向交叉融合发展的态势。推进出版产业可持续发展，促进与实体经济深度融合，是培育国民经济新的增长点、提升国家文化软实力和产业竞争力的重大举措，是促进经济结构调整和发展方式转变、实现由“以经济建设为核心”向“以文化建设为核心，文化与经济协调发展”转变的内在要求，是促进催生新兴业态、满足多样化消费需求、提高人民生活质量的重要途径。

一、中国出版业发展：现状分析与评估

（一）中国出版业发展概况

1. 总体情况

改革开放38年以来，随着社会主义市场经济体制的逐步确立和完善，中国出版业也开启了转企改制的步伐。通过市场化、产业化、国际化等一系列转型，出版业获得了长足的发展，取得了令人瞩目的成就。根据中国新闻出版研究院发布的《2014年新闻出版产业分析报告》中的数据，2014年，全国共有新闻出版单位32.51万家。其中，法人单位15.18万家，非法人单位0.86万家，个体经营户16.47万家。2014年新闻出版单位的构成情况见图1－1。

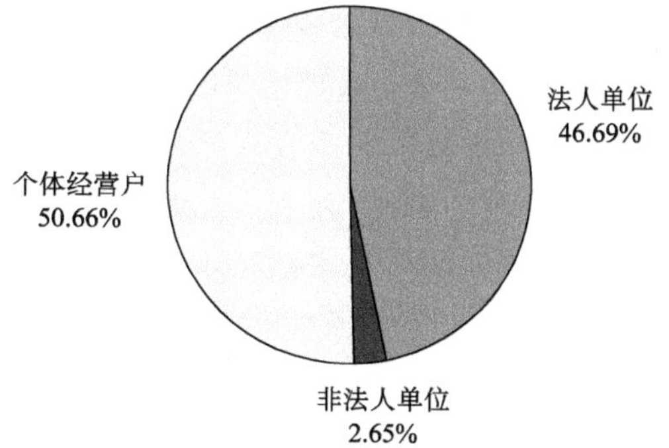

图1－1　2014年新闻出版单位的构成情况

数据来源：《2014年新闻出版产业分析报告》。

注：未包括数字出版单位、版权贸易与代理单位和行业服务与从事其他新闻出版业务的单位。

2014 年，全国新闻出版业直接就业人数为 461.6 万人（不包含数字出版、版权贸易与服务、行业服务与其他新闻出版业务单位就业人员），较 2013 年降低约 3.7%；其中男性 248.2 万人，女性 213.4 万人，分别占全行业直接就业人数的 53.8% 和 46.2%，男女比例基本平衡。就业人员在各产业类别中的分布情况见表 1－1。

表 1－1　2014 年新闻出版产业就业人数的产业类别构成

产业类别	人数（万人）	较 2013 年增减（%）	比重（%）
图书出版	6.61	1.97	1.43
期刊出版	11.13	2.04	2.41
报纸出版	24.59	－6.54	5.33
音像制品出版	0.49	17.29	0.11
电子出版物出版	0.20	－11.52	0.04
印刷复制	343.42	－5.15	74.40
出版物发行	74.88	3.26	16.22
出版物进出口	0.27	－13.52	0.06
合计	461.60	－3.68	100.00

数据来源：《2014 年新闻出版产业分析报告》。

2014 年，全国出版、印刷和发行服务实现营业收入 19967.1 亿元，较 2013 年增长 9.4%；利润总额 1563.7 亿元，增长 8.6%；不包括数字出版的资产总额为 18726.7 亿元，增长 8.8%；所有者权益（净资产）为 9543.6 亿元，增长 5.8%。2014 年，中国出版业实现了平稳增长，在整个国民经济中继续保持了上扬势头。从近五年的发展情况来看，出版产业规模正在持续扩大，营业收入和利润总额都在持续增长，呈现出持续发展的态势，见图 1－2。

当然，从增长率的角度来看，营业收入增长率呈下降趋势，自 2010 年到 2014 年间，从 19.7% 降至 9.4%；而利润总额增长率则有所波动，最高时的增长率达到 20.4%，最低时的增长率低至 4.8%。因此，在看到出版产业持续稳定增长现状的同时，其增长情况也值得关注。

2014 年，全国共出版图书、期刊、报纸、音像制品和电子出版物 583.5 亿册（份、盒、张）。在各类出版物中，报纸所占比重最大，占总量的 79.5%；与 2013 年相比，电子出版物降低为 0.6%，增速为第一。各类出版物在全部出版物总量中的比重情况见表 1－2。

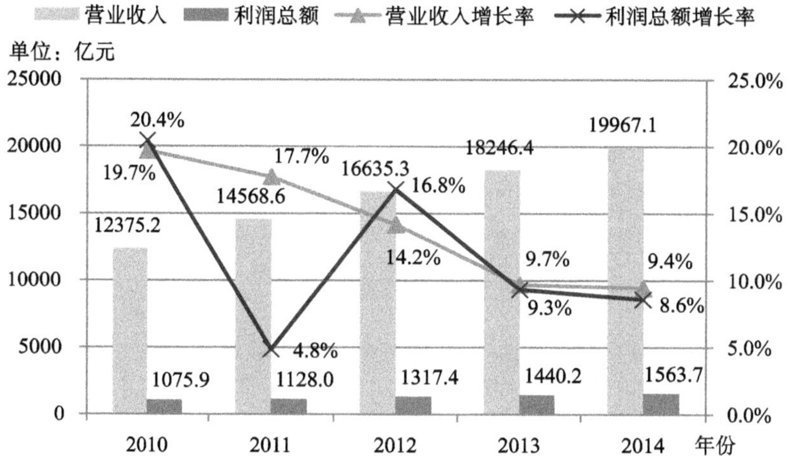

图 1－2　2010—2014 年中国出版产业增长情况

数据来源：2010—2014 年《新闻出版产业分析报告》。

表 1－2　2014 年各类出版物在全部出版物总量中所占比重　单位：%

出版物类型	总印数（出版数量）比重	总印张比重	定价（出版）总金额比重
图书	14.03	25.06	65.66
期刊	5.30	6.53	12.01
报纸	79.50	68.41	21.36
录音制品	0.38	—	0.48
音像制品	0.18	—	0.49
电子出版物	0.60	—	—
合计	100.00	100.00	100.00

数据来源：《2014 年新闻出版产业分析报告》。

2. 图书出版状况

2014 年，全国共出版图书 44.8 万种，较 2013 年增长 0.9%。总印数 81.9 亿册（张），降低 1.5%；总印张 704.3 亿印张，降低 1.2%；定价总金额 1363.5 亿元，增长 5.8%。图书出版实现营业收入 791.2 亿元，增长 2.7%；利润总额 117.1 亿元，降低 1.3%，图书出版呈现稳定增长。从新版和重版图书情况来看，2014 年，新版图书 25.6 万种，降低 0.04%；重版、重印图书 19.3 万种，增长 2.2%。

从近五年的情况来看，全部图书品种增长率经历了先升后降的变化，目前，图书品种较稳定；新版图书和重印重版图书品种增长率在近五年都处于波动状态，2014 年增速趋缓，见图 1-3。从图书出版情况来看，尽管重印重版品种增长率持续波动，但重印重版品种一直提升，也从一个侧面反映出出版业整体素质的提升。同质化出版、跟风出版等不良现象得到有效遏制，不少出版单位正在由传统的追求规模数量扩张到追求质量转变。

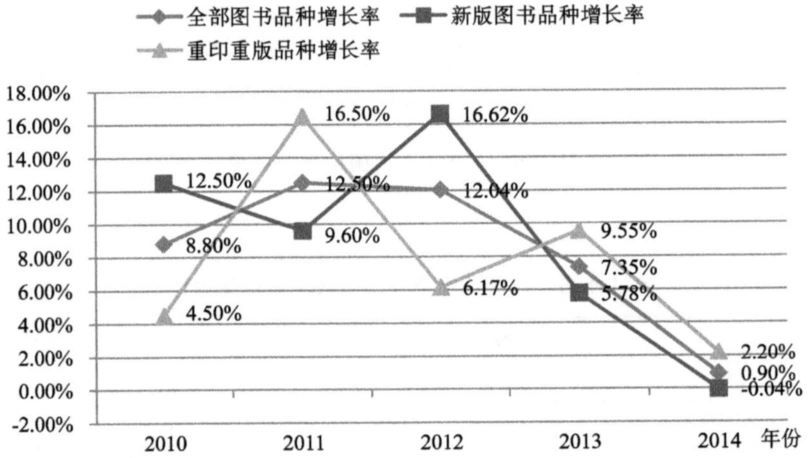

图 1-3　2010—2014 年全部图书品种、新版图书、重印重版图书增长情况

数据来源：各年度《新闻出版产业分析报告》。

从各类别图书品种尤其是文化科学教育体育类图书品种的变化情况来看，自 2013 年增速显著回落（增速回落 4.7 个百分点，其中新版图书回落 10.8 个百分点）后，2014 年该类图书品种增长率为负值（比 2013 年减少 0.2 万种），见图 1-4。这些都是整顿图书出版特别是教辅类图书出版秩序的成果；此外，也从一个侧面反映出图书出版品种结构正在向更合理的目标调整。

从近五年来图书品种、总印数、总印张等重要指标的增长率来看，2013 年之前，总印数和总印张数量都在增长（增长率为正值），2014 年，总印数和总印张都在下降，增长率为负值；图书品种则持续增长。从图 1-5 可以看出，图书出版总印数和总印张的增长率指标在近五年来呈现波动，其中，总印数增长率最高达到 7.5%（2011 年），总印张增长率最高达到 6.9%

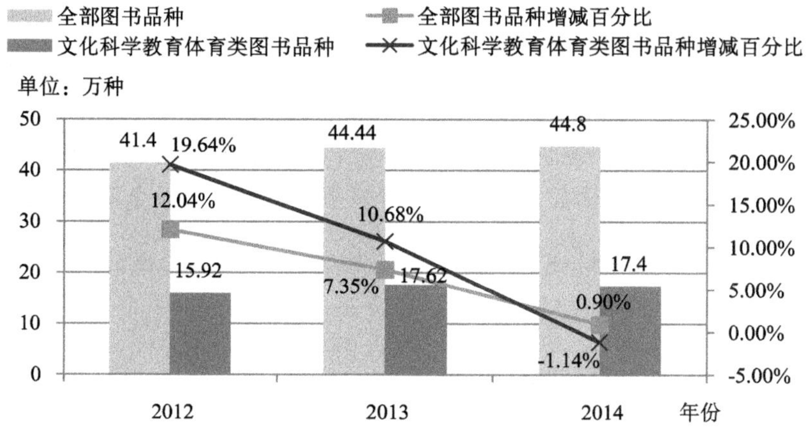

图 1－4　2012—2014 年全部图书品种、文教图书品种及其增长情况

数据来源：各年度《新闻出版产业分析报告》。

（2010 年），二者在 2014 年都达到最低值，分别为－1.5% 和－1.2%；图书品种增长率则先升后降，最高值为 12.5%（2011 年），最低值同样出现在 2014 年，为 0.9%。而整体来看，总印数增长率、总印张增长率在这五年里都一直不及图书品种增长率。

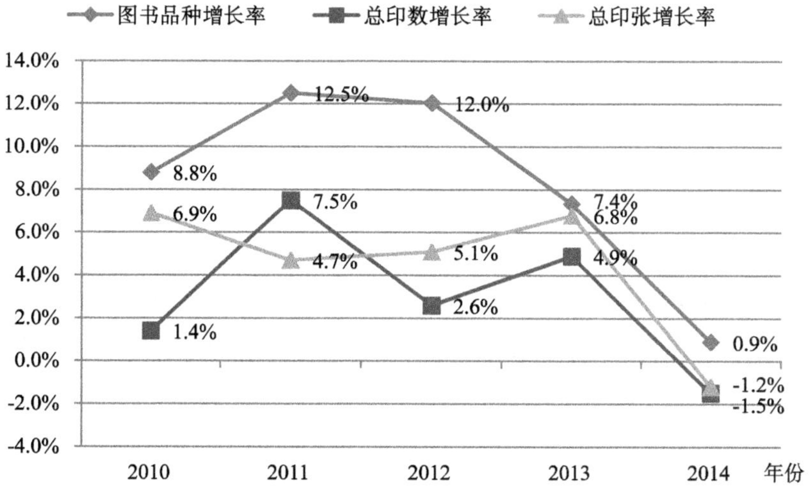

图 1－5　2010—2014 年图书品种、总印数、总印张指标增长率

数据来源：各年度《新闻出版产业分析报告》（对原数据进行四舍五入，保留至小数点后一位）。

从近五年来定价总金额、营业收入、利润总额等重要指标的增长率来看，图书出版业的这几项指标都在增长（增长率均为正值），持续显现出增长的态势，见图1-6。在2010年到2014年间，营业收入、利润总额等指标增长率都出现了波动；定价总金额则呈现出先升后降的情况。将图1-5和图1-6结合来看，总印数、总印张的增长率都不及定价总金额的增长率。

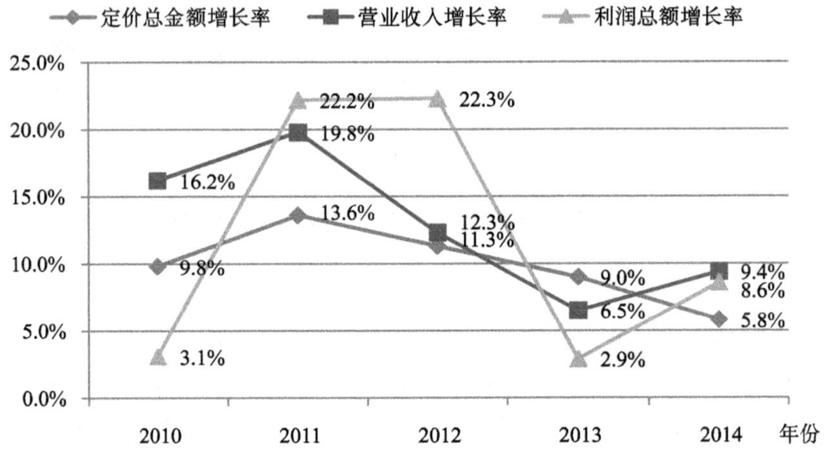

图1-6 2010—2014年图书出版定价总金额、营业收入、利润总额指标增长率

数据来源：2010—2014年《新闻出版产业分析报告》（对原数据进行四舍五入，保留至小数点后一位）。

将总印数增长率、总印张增长率低于图书出版品种增长率、定价总金额增长率的这一情况放在更长一些的时间范围来看，也有同样的发现，见图1-7。在2005年到2014年的10年间，图书出版品种、定价总金额的增长率明显高于总印数和总印张的增长率（在图1-7中，曲线更倾斜）。在这种情况下，通过简单分析可以得知，图书的平均印数呈逐年递减趋势；而定价总金额的不断增加，其原因不在于印数增长，而主要在于图书定价的上涨。那么，在图书品种增长的同时，图书销量却没有同步增长，库存积压仍然是值得关注的问题，尽管图书出版正从追求数量向追求质量转变，也有图书品种结构合理发展的趋势，但图书出版业蓬勃发展的背后仍存在不可忽视的问题。

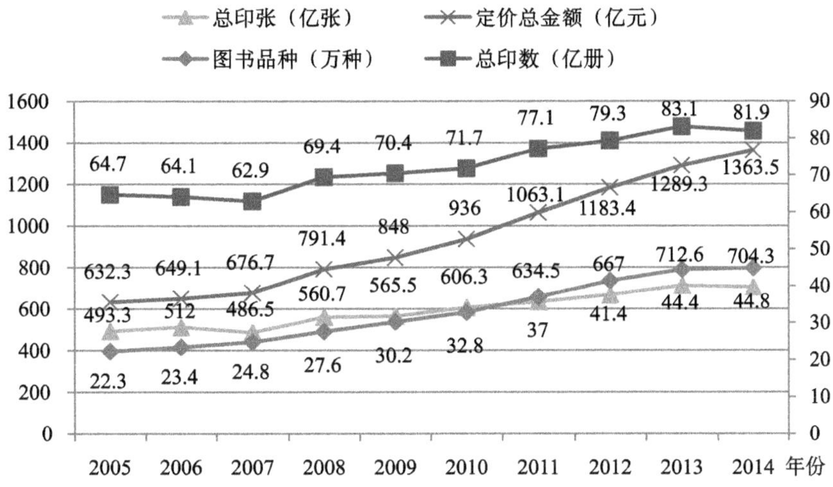

图 1-7　2005—2014 年全国图书出版主要指标数据

数据来源：各年度《新闻出版产业分析报告》。

3. 期刊出版状况

2014 年，全国共出版期刊 9966 种，较 2013 年增长 0.9%；总印数 31.0 亿册，降低 5.4%；总印张 183.6 亿印张，降低 5.7%；定价总金额 249.4 亿元，降低 1.6%。期刊出版实现营业收入 212.0 亿元，降低 4.5%；利润总额 27.1 亿元，降低 5.4%。

从近五年的期刊出版情况看，期刊出版品种经历了先降后升的变化，在 2014 年达到了最高点，为 9966 种。期刊总印数、总印张和期刊定价总金额则都经历了先升后降的变化，分别在 2012 年和 2013 年达到最高值，最低值则分别出现在 2014 年和 2010 年，见图 1-8。从图 1-9 指标增减率中还能直观看到，在 2010 年到 2014 年间，期刊品种变化较为平稳，期刊总印数、总印张和定价总金额的增减率都下降明显。到 2014 年，三项指标的增减率都达到负值，在表 1-3 中也有具体数值。

从图 1-10 可以发现，从 2010 年到 2014 年，期刊出版的营业收入和利润总额呈现先升后降的变化，最高值均出现在 2013 年。从利润总额的增减率来看，近年来呈现下降的趋势；从营业收入的增减率来看，则是在 2012 年达到峰值 35.8% 之后迅速下降。

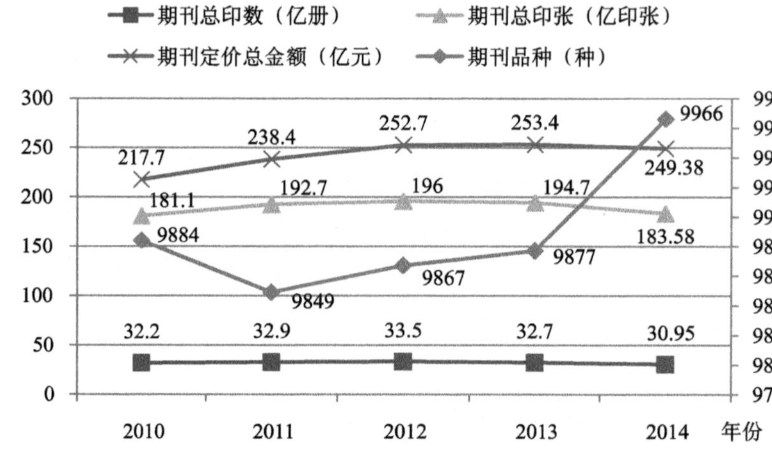

图 1－8　2010—2014 年全国期刊出版品种、总印数、总印张及定价总金额情况

数据来源：各年度《新闻出版产业分析报告》。

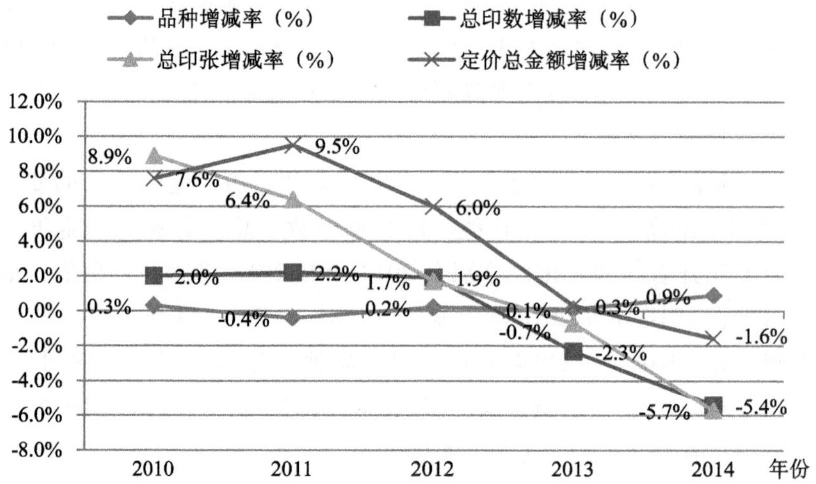

图 1－9　2010—2014 年全国期刊出版品种、总印数、总印张及定价总金额增减率

数据来源：各年度《新闻出版产业分析报告》。

表 1－3 2010—2014 年全国期刊出版品种、总印数、总印张及定价总金额增减率

年份	2010	2011	2012	2013	2014
品种增减率（%）	0.3	－0.4	0.2	0.1	0.9
总印数增减率（%）	2.0	2.2	1.9	－2.3	－5.4
总印张增减率（%）	8.9	6.4	1.7	－0.7	－5.7
定价总金额增减率（%）	7.6	9.5	6.0	0.3	－1.6

数据来源：各年度《新闻出版产业分析报告》。

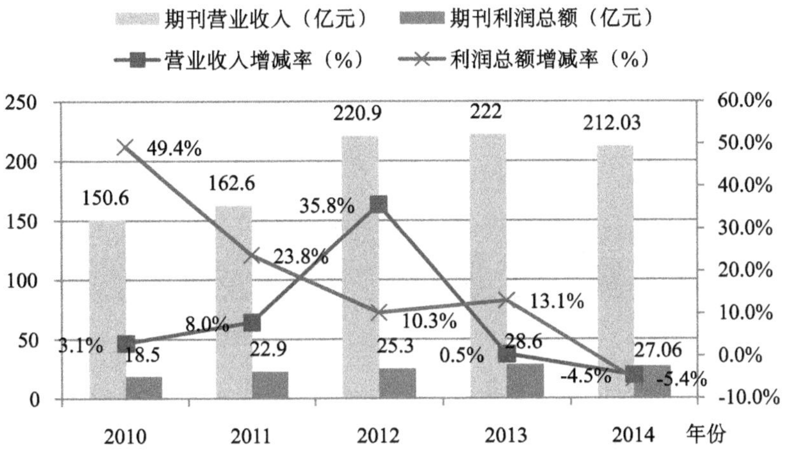

图 1－10 2010—2014 年全国期刊出版营业收入、利润总额及其增减率

数据来源：各年度《新闻出版产业分析报告》。

期刊出版的大部分重要指标在 2010 年到 2014 年间呈现下降的趋势。如何在数字化阅读习惯和网络信息易获取的环境下推动期刊业升级，开展数字化探索、推动新业态发展等问题，都值得我们深入思考。

4. 报纸出版状况

2014 年，全国共出版报纸 1912 种，较 2013 年降低 0.2%；总印数 463.9 亿份，降低 3.8%；总印张 1922.3 亿印张，降低 8.4%；定价总金额 443.7 亿元，增长 0.8%。报纸出版实现营业收入 697.8 亿元，降低 10.2%；利润总额 76.4 亿元，降低 12.8%。

从近五年的报纸出版情况看，报纸出版品种经历了缓慢下降的过程，在 2014 年达到了近五年的最低点，为 1912 种。报纸总印数和总印张都经历了

先升后降的变化，分别在2013年和2011年达到了近五年来的最高值。报纸定价总金额则一直处于上升态势，见图1－11。从图1－12指标增减率中也能直观看到，在2010年到2014年间，报纸品种变化较为平稳，报纸总印数、总印张和定价总金额的增减率都呈下降态势。到2014年，品种增减率、总印数增减率和总印张增减率均为负值，见表1－4。

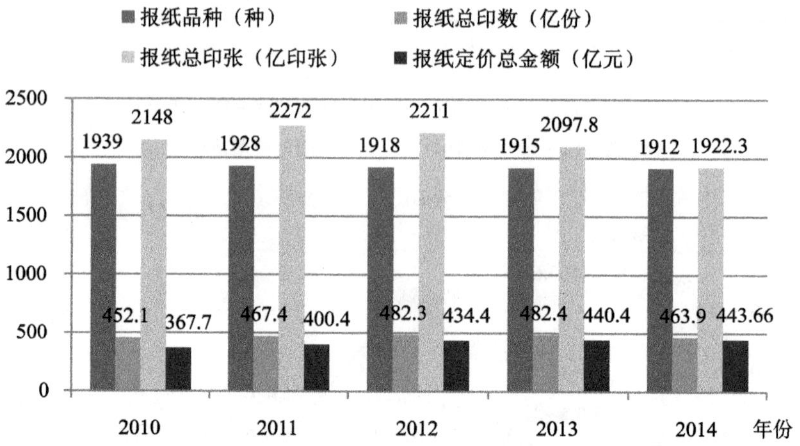

图1－11　2010—2014年全国报纸品种、总印数、总印张及定价总金额情况

数据来源：各年度《新闻出版产业分析报告》。

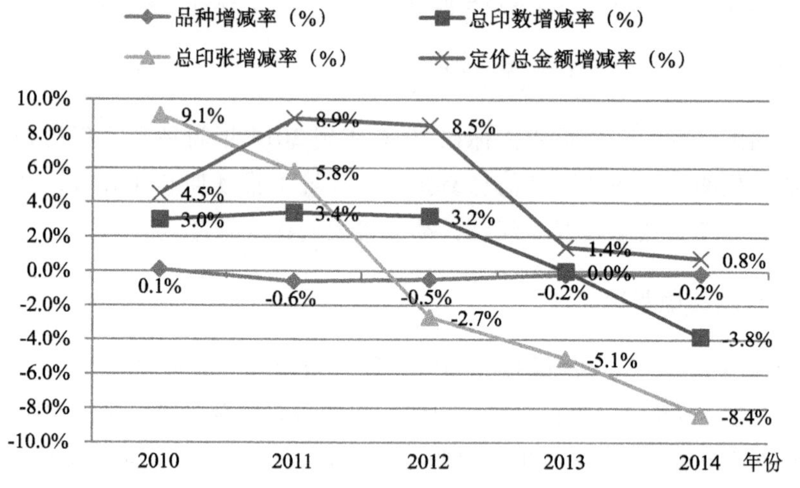

图1－12　2010—2014年全国报纸品种、总印数、总印张及定价总金额增减率

数据来源：各年度《新闻出版产业分析报告》。

表 1－4　2010—2014 年全国报纸出版品种、总印数、总印张及定价总金额增减率

年份	2010	2011	2012	2013	2014
品种增减率（%）	0.1	－0.6	－0.5	－0.2	－0.2
总印数增减率（%）	3.0	3.4	3.2	0.0	－3.8
总印张增减率（%）	9.1	5.8	－2.7	－5.1	－8.4
定价总金额增减率（%）	4.5	8.9	8.5	1.4	0.8

数据来源：各年度《新闻出版产业分析报告》。

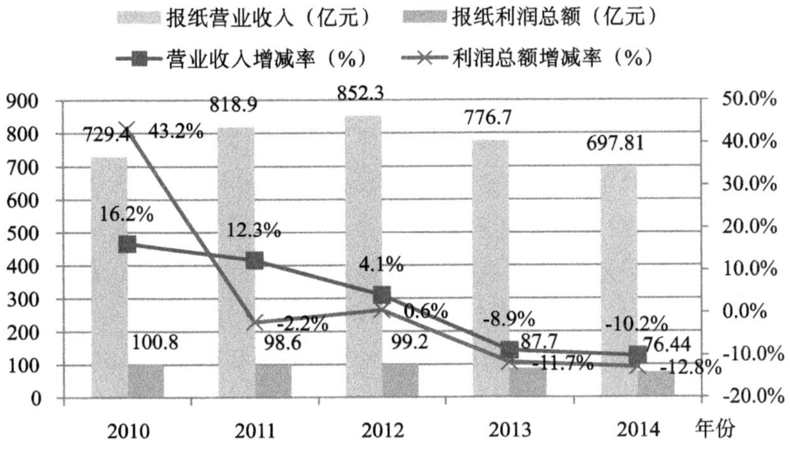

图 1－13　2010—2014 年全国报纸营业收入、利润总额及其增减率

数据来源：各年度《新闻出版产业分析报告》。

从图 1－13 可以发现，从 2010 年到 2014 年，报纸出版的营业收入呈现先升后降的变化，最高值出现在 2012 年；报纸出版的利润总额则在 2012 年有波动，整体呈现出下降的趋势。从营业收入的增减率来看，近年来呈现下降的趋势；从利润总额的增减率来看，整体上呈现出下降的趋势。两个指标的增减率都在 2013 年和 2014 年呈现负值。

结合上述分析可以发现，报纸出版的多项重要指标自 2012 年之后呈现下降的趋势，2014 年的多项指标达到近五年来的最低值。这也是数字化阅读逐渐普及、信息传播与获取方式逐渐改变给报纸出版带来冲击的具体表现。

尽管在 2010 年和 2011 年，在品种数量略有下降的情况下，报纸总印数和总印张都有明显增长，产品结构更趋优化。但从 2012 年到 2014 年，报纸出版的局势越发严峻。尤其在 2014 年，报纸出版平均期印数超过 100 万份的报纸减少 3 种，46 家报刊出版集团主营业务收入与利润总额分别降低

1.0%与16.0%，报业集团中有17家营业利润出现亏损，较2013年增加2家。报纸出版面临愈发严峻的发展形势，如何使报纸出版在质量效益型的发展道路上获得成效，需要特别关注。

5. 音像制品出版状况

2014年，全国共有音像制品出版单位371家，共出版音像制品15355种，较2013年降低9.5%；出版数量3.3亿盒（张），降低19.2%；发行数量3.6亿盒（张），增长5.5%；发行总金额20.1亿元，增加17.8%。音像制品出版实现营业收入29.2亿元，增长18.2%；利润总额4.1亿元，增长22.7%。

从2010年到2014年五年间的相关数据来看，音像制品品种持续下降，在2014年达到了近五年的最低点，即15355种；音像制品出版数量有所波动，最高值为2011年的4.6亿盒/张，最低值为2014年的3.3亿盒/张；音像制品发行数量也在五年间有所波动，最高值为2011年的3.9亿盒/张，最低值为2013年3.4亿盒/张；发行总金额也是在一直波动的，最高值是2010年和2014年的20.1亿元，最低值是2013年的17.1亿元，见图1-14。从图1-15指标增减率中也能直观看到，在2010年到2014年间，除品种增减率是先升后降外，其他指标的增减率均在五年间持续波动。而且，大部分指标增减率为负值，图1-15和表1-5中都反映出这一情况。

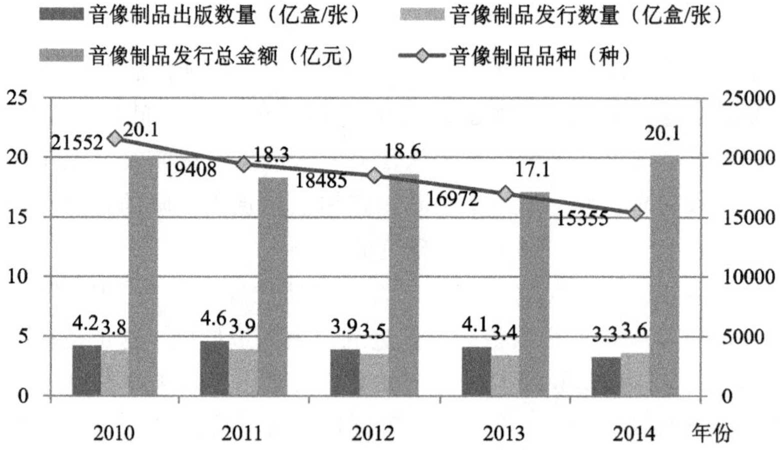

图1-14 2010—2014年全国音像制品品种、出版及发行数量、发行总金额情况

数据来源：各年度《新闻出版产业分析报告》。

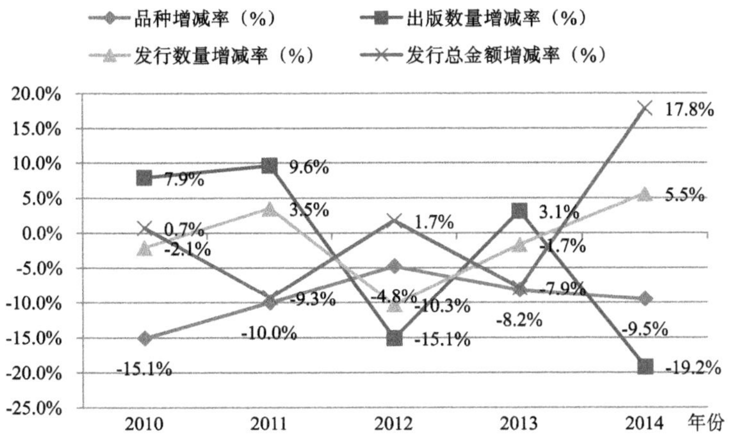

图 1－15　2010—2014 年全国音像制品品种、出版及发行数量、发行总金额增减率

数据来源：各年度《新闻出版产业分析报告》。

表 1－5　2010—2014 年全国音像制品品种、出版及发行数量、发行总金额增减率

年份	2010	2011	2012	2013	2014
品种增减率（%）	－15.1	－10.0	－4.8	－8.2	－9.5
出版数量增减率（%）	7.9	9.6	－15.1	3.1	－19.2
发行数量增减率（%）	－2.1	3.5	－10.3	－1.7	5.5
发行总金额增减率（%）	0.7	－9.3	1.7	－7.9	17.8

数据来源：各年度《新闻出版产业分析报告》。

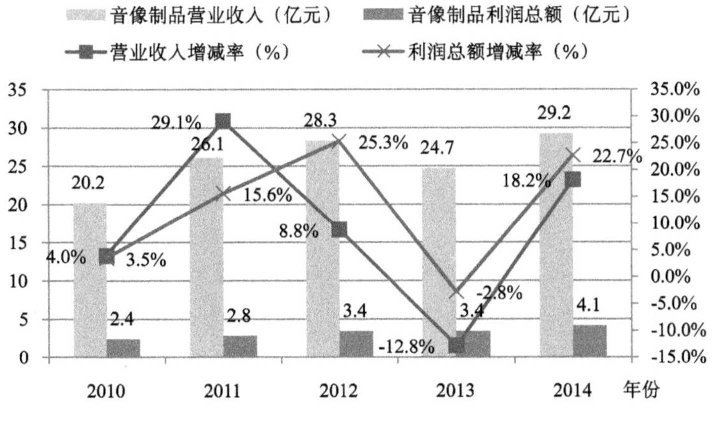

图 1－16　2010—2014 年全国音像制品营业收入、利润总额及其增减率

数据来源：各年度《新闻出版产业分析报告》。

从图 1－16 可以发现，从 2010 年到 2014 年，音像制品的营业收入呈现波动状态，最高值出现在 2014 年，为 29. 2 亿元，而且波动的总体趋势是上升的；利润总额则在五年间呈现上升的趋势，2014 年达到 4. 1 亿元。从营业收入和利润总额的增减率指标来看，二者五年间都在波动。通过上述分析发现，尽管音像制品品种在减少，出版数量、发行数量和发行总金额在波动，但其营业收入的波动趋势是上升的，利润总额也是持续上升的，反映出音像制品出版重质量，也更受市场欢迎的现状。

6. 电子出版物出版状况

2014 年，全国共有电子出版物出版单位 285 家，共出版电子出版物 11823 种，较 2013 年增长 1. 0%；出版数量 3. 5 亿张，降低 0. 6%。电子出版物出版实现营业收入 10. 9 亿元，增长 6. 5%；利润总额 1. 8 亿元，降低 33. 6%。

从 2010 年到 2014 年五年间的相关数据来看，全国电子出版物品种有波动，整体上呈上升态势，2014 年达到近五年的最高值，为 11823 种；品种增减率也呈现出持续波动的状态，见图 1－17。电子出版物数量在 2010—2014 年间呈现波动，但整体上是一种上升的趋势，最高值出现在 2013 年，为 3. 52 亿张；出版数量增长率也在五年间呈现波动，见图 1－18。

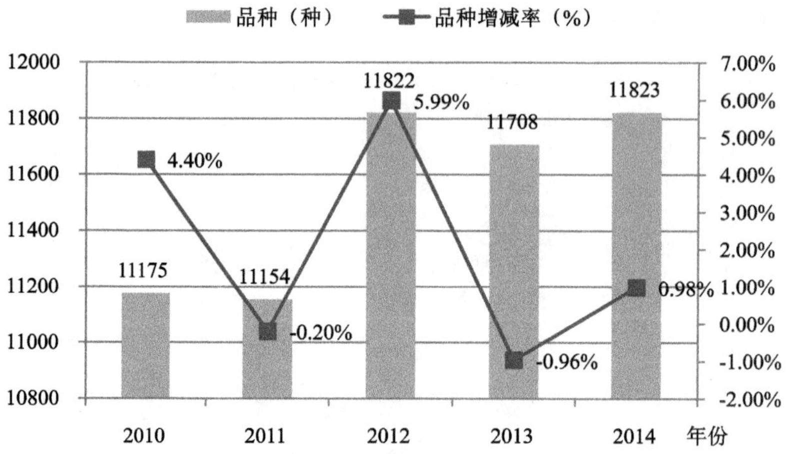

图 1－17　2010—2014 年全国电子出版物出版品种及其增减率

数据来源：各年度《新闻出版产业分析报告》。

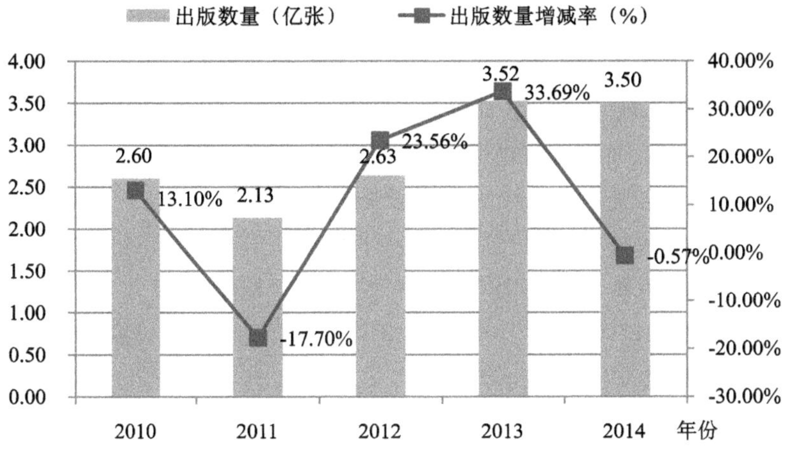

图 1－18　2010—2014 年全国电子出版物出版数量及其增减率

数据来源：各年度《新闻出版产业分析报告》。

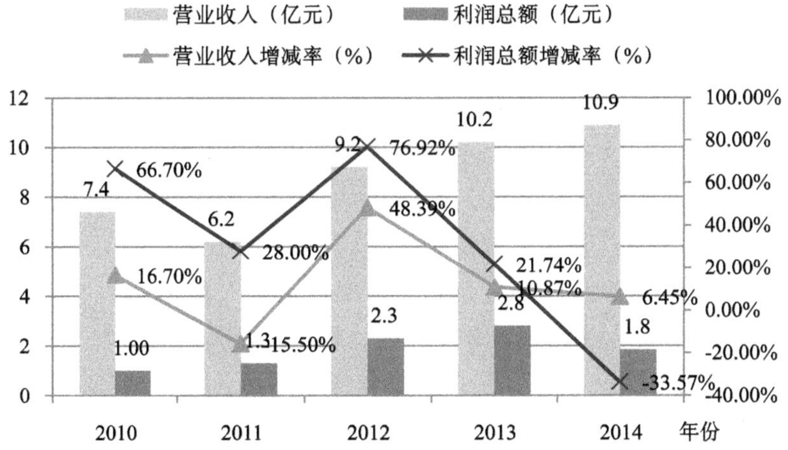

图 1－19　2010—2014 年全国电子出版物营业收入、利润总额及其增减率

数据来源：各年度《新闻出版产业分析报告》。

从图 1－19 可以发现，从 2010 年到 2014 年，全国电子出版物的营业收入呈现出先降后升的状态，最高值出现在 2014 年，为 10.9 亿元；最低值出现在 2011 年，为 6.2 亿元。利润总额则呈现先升后降的趋势，最高值出现在 2013 年，为 2.8 亿元。从营业收入和利润总额的增减率指标来看，二者在五年间都在波动。

通过上述分析发现，全国电子出版物的主要指标数据（如出版品种、出版数量和营业收入）在近年来虽然有所波动，但多呈现上升的趋势。从销量较好的电子出版物来看，2014 年，《显示器驱动光盘》、《Lenovo 驱动程序》、《牛津高阶英汉双解词典（第 8 版）配套写作软件 iWriter》等 6 种一般电子出版物当年累计出版数量超过 100 万张，绝大多数为 IT 产品配套程序或工具书配套软件等。电子出版物出版的重要指标不断增长，电子出版物的服务型功能体现，这些都与数字化发展环境密不可分，同时也反映出产业融合发展的趋势，电子出版物的发展仍有较大的空间。但同时也要看到，利润总额指标在 2010 年到 2013 年持续上升，到 2014 年则下降较多，说明电子出版物市场在扩大，但是 2014 年利润降低的事实也不容忽视，需要对电子出版物出版给予一定关注。

7. 出版物发行状况

2014 年，全国共有出版物发行网点 169619 处，与 2013 年相比下降 1.64%。其中新华书店及其发行网点 8922 处，与 2013 年相比下降 3.60%；供销社发行网点 700 处，与 2013 年相比下降 16.57%；出版社自办发行网点 444 处，与 2013 年相比下降 0.67%；文化、教育、广电、邮政系统发行网点 37785 处，与 2013 年相比下降 0.73%；上述系统外批发网点 8462 处，与 2013 年相比增长 5.99%；集体、个体零售网点 112582 处，与 2013 年相比下降 2.21%。2014 年，全国出版物发行业从业人员 71.93 万人，与 2013 年相比下降 0.81%。其中新华书店及其发行网点从业人员 13.05 万人，与 2013 年相比下降 6.12%；文化、教育、广电、邮政系统发行从业人员 9.30 万人，与 2013 年相比下降 9.27%；集体、个体零售网点从业人员 32.01 万人，与 2013 年相比下降 1.20%。全国出版物发行网点和从业人员的数量都有所下降。

2014 年，全国新华书店系统和出版社自办发行单位实现出版物总销售额 2415.5 亿元，较 2013 年增长 3.0%；全国共有出版物发行网点 17.0 万处，降低 1.6%。出版物发行实现营业收入 3023.8 亿元，增长 11.6%；利润总额 254.9 亿元，增长 15.3%。

从 2010 年到 2014 年五年的情况来看，全国出版物发行业营业收入持续增加，而利润总额则呈现先降后升的状态，最低值为 2011 年的 185.1 亿元，最高值为 2014 年的 254.9 亿元，见图 1－20。从两项指标的增减率情况来看，营业收入增减率在五年间稍有波动，最低值为 2010 年的 8.0%，最高值为2011年的13.9%；利润总额增减率则先降后升，最低值为2011年的-10.5%，最高值出现在2014年，为15.3%。尽管出版物发行网点和从业人员数量有所下降，但营业收入和利润总额都呈上升态势，近五年的最高值都出现在2014年。这也表明，即使受到数字化冲击，图书出版与销售仍存在一定的市场发展空间，出版物发行业业内调整也提高了行业质量，有利于应对变化的环境与市场。

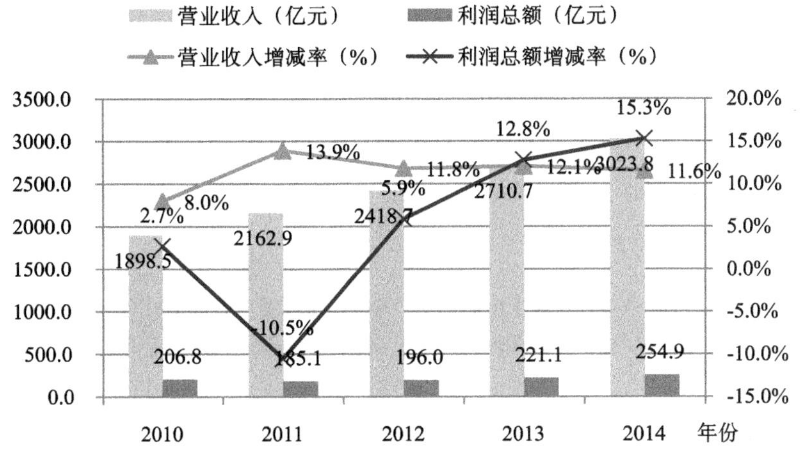

图1-20　2010—2014年全国出版物发行业营业收入、利润总额及其增减率

数据来源：各年度《新闻出版产业分析报告》。

8. 出版物外贸与版权贸易

2014年，全国累计出口图书、报纸、期刊、音像制品、电子出版物、数字出版物数量2147.5万册（份、盒、张），较上年降低10.1%；金额10044.9万美元，较上年降低4.0%。全国累计进口图书、报纸、期刊、音像制品、电子出版物、数字出版物数量2552.3万册（份、盒、张），较上年增长6.8%；金额49381.7万美元，较上年增长2.7%。进出口总额59426.6万美元。

从2010年到2014年五年的相关情况来看，除2013年出版物进出口数量持平外，进口数量都高于出口数量，见图1-21。在进出口金额方面，从2010年到2014年，进口金额不断上升，出口金额先上升后稍有下降，最高值出现在2013年，为10462.4万美元，见图1-22。

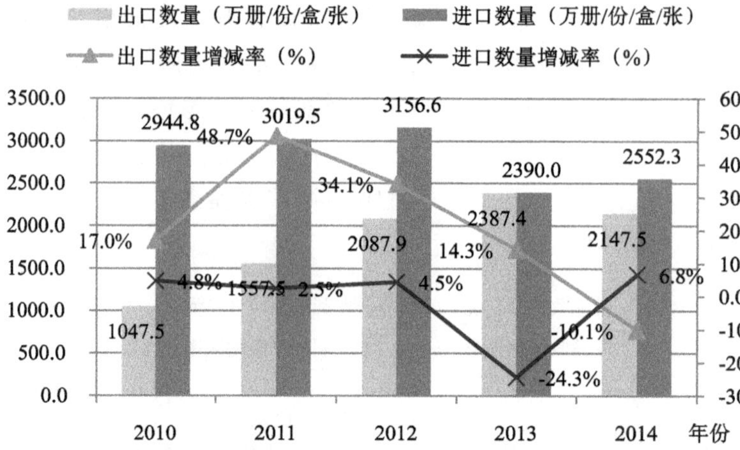

图 1－21　2010—2014 年全国出版物进出口数量及其增减率

数据来源：各年度《新闻出版产业分析报告》。

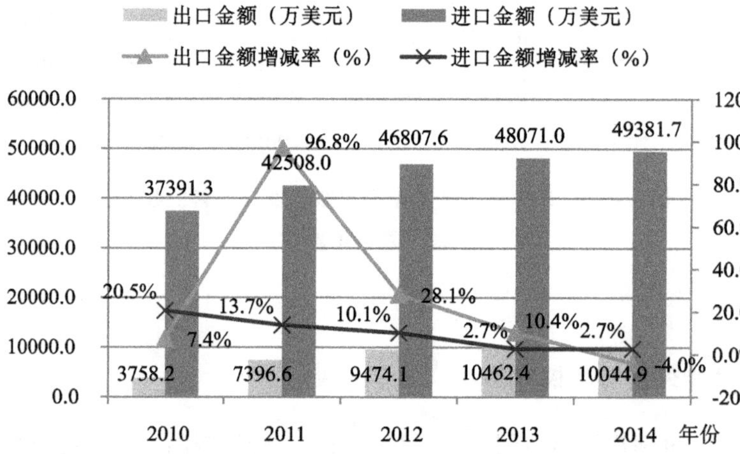

图 1－22　2010—2014 年全国出版物进出口金额及其增减率

数据来源：各年度《新闻出版产业分析报告》。

2014 年，全国共输出版权 10293 种（其中输出出版物版权 8733 种），降低 1.0%（其中输出出版物版权增长 3.4%）；引进版权 16695 种（其中引进出版物版权 16321 种），较 2013 年降低 8.1%（其中引进出版物版权降低 7.3%）；版权输出品种与引进品种比例由 2013 年的 1∶1.7 提高至 1∶1.6。

从 2010 年到 2014 年五年的相关情况来看，全国引进版权经历了一个先升后降的过程，最高值出现在 2013 年，为 18167 种，最低值出现在 2014 年，为16695种；输出版权则是先上升后微降，最高值为2013年的10401种，2014年稍有下降，为10293种，见图1－23。从引进版权和输出版权的增减率情况来看，二者都是整体下降的趋势，而且输出版权增减率始终高于引进版权增减率，见图1－24。此外，版权输出引进比在2010年到2014年间不断提高也是中国版权贸易不断发展的体现，见表1－6。

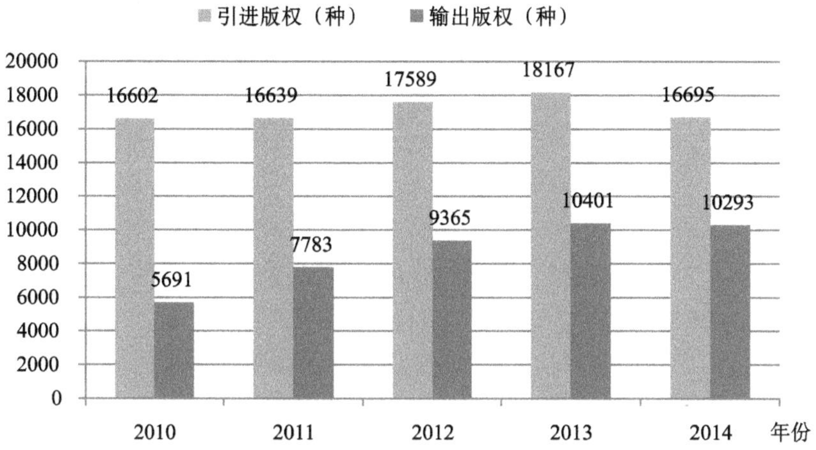

图1－23　2010—2014年全国引进及输出版权情况

数据来源：各年度《新闻出版产业分析报告》。

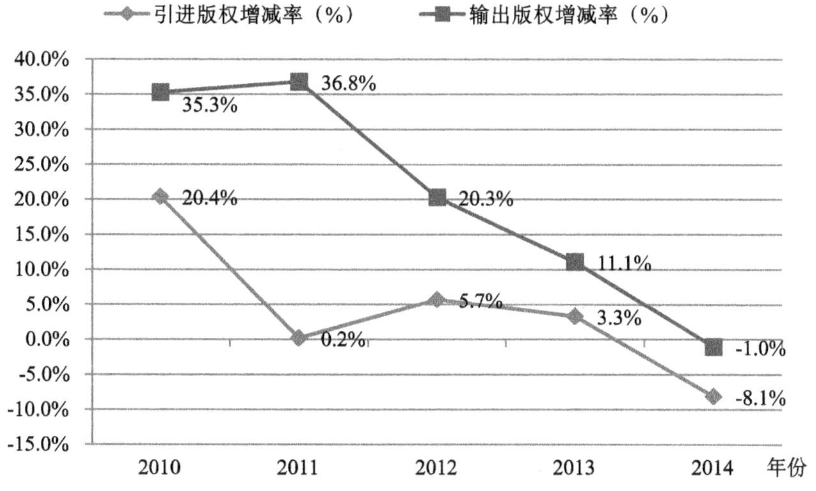

图1－24　2010—2014年全国引进及输出版权增减率

数据来源：各年度《新闻出版产业分析报告》。

表 1－6　　2010—2014 年版权输出与引进比例

年份	2010	2011	2012	2013	2014
版权输出引进比	1∶2.9	1∶2.1	1∶1.9	1∶1.7	1∶1.6

数据来源：各年度《新闻出版产业分析报告》。

通过上述分析可以发现，出版物对外贸易现状依然严峻，但版权贸易的相关指标变化已经初步显现了“走出去”战略的成果。持续推动“走出去”战略，引导中国出版企业、实物产品、出版版权等走向世界，参与国际竞争，传播当代中国主流文化，提高中国出版业的影响力，是中国出版业未来发展的关键领域。

（二）数字阅读与数字出版

1. 数字阅读

从 2008—2014 年的各年度《全国国民阅读调查报告》可以看出，数字化阅读率呈现逐年上升的趋势，到 2014 年已经达到了 58.1%，见图 1－25。

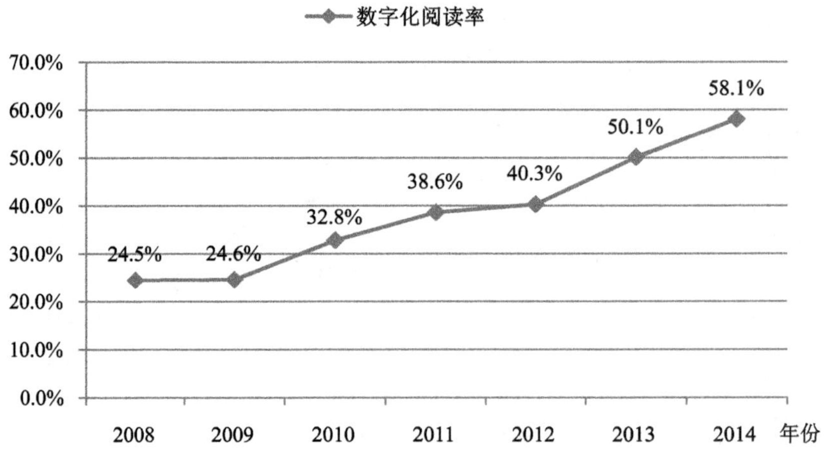

图 1－25　2008—2014 年数字化阅读率情况

数据来源：各年度《全国国民阅读调查报告》。

在数字化阅读越来越普遍的今天，数字化阅读载体的使用也有所发展和变化。图 1－26 显示的是在 2008 年到 2014 年间，数字化阅读载体——手机、网络在线以及电子阅读器的使用情况，其中，手机和网络在线两种阅读载体的使用在近年来一直保持持续增长；电子阅读器的使用情况虽然稍有波动，但也呈现出整体上升的趋势。通过图 1－26 可以看出，在这三种阅读载体中，手机及网络在线的使用比例远远高于电子阅读器的使用，而且，手机和网络在线的使用增长率也远高于电子阅读器使用的增长率（体现在图 1－26 的折线斜率上），2014 年，手机和网络在线的使用比例分别高达 51.8% 和 49.4%。

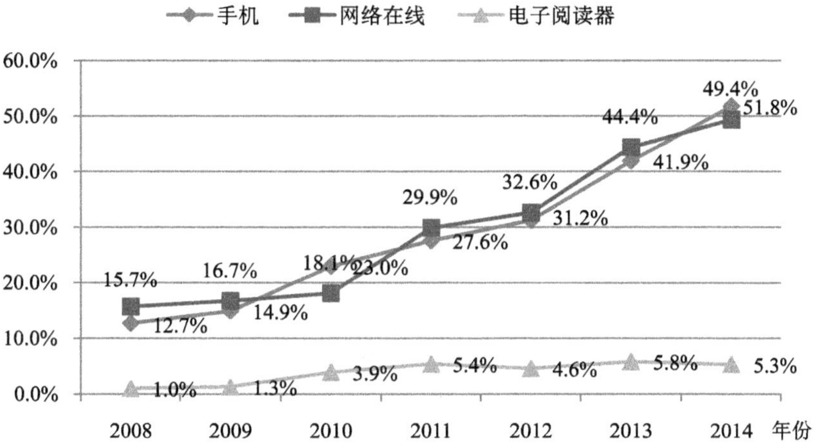

图 1－26　2008—2014 年数字化阅读载体使用情况

数据来源：各年度《全国国民阅读调查报告》。

数字化阅读率的提升、数字化阅读载体使用比例的提升，都为数字出版提供了优良的市场环境和消费保障，也对出版产业转型与升级提出了更多更新的要求。

2. 数字出版

2014 年，数字出版实现营业收入 3387.7 亿元，较 2013 年增加 847.4 亿元，增长 33.4%，占全行业营业收入的 17.0%，提高 3.1 个百分点。增长速度在新闻出版各产业类别中继续名列前茅，总体经济规模超过出版物发行，跃居行业第二。2014 年，数字出版的利润总额 265.7 亿元，增长 33.3%，这些都表明新兴出版的蓬勃活力，传统出版与新兴出版的融合发展进一步深入。

从2010年开始的五年时间范围来看，数字出版仍然延续着2010年以前的快速增长势头，逐年迅猛增长，到2014年，营业收入达到3387.7亿元，利润总额达到265.7亿元；从营业收入增减率来看，近五年来一直保持高于31.00%的高速增长；从利润总额增减率来看，除2011年增减率为19.1%外，其他年度利润总额增减率都达到31%以上，见图1－27和图1－28。

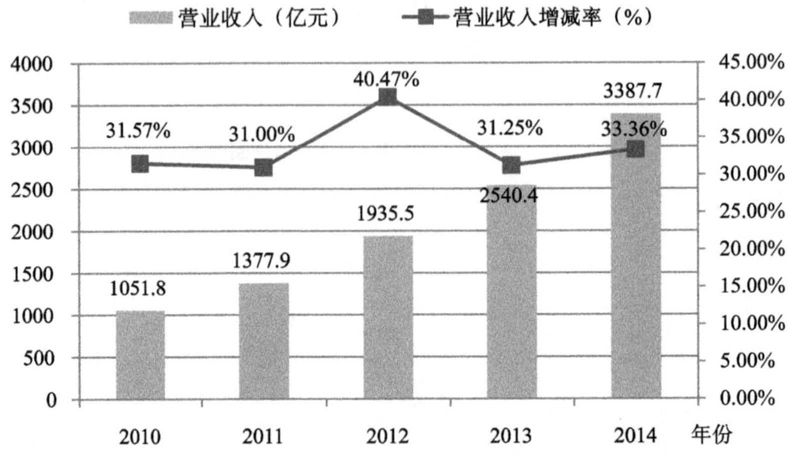

图1－27　2010—2014年全国数字出版营业收入及其增减率情况

数据来源：各年度《新闻出版产业分析报告》。

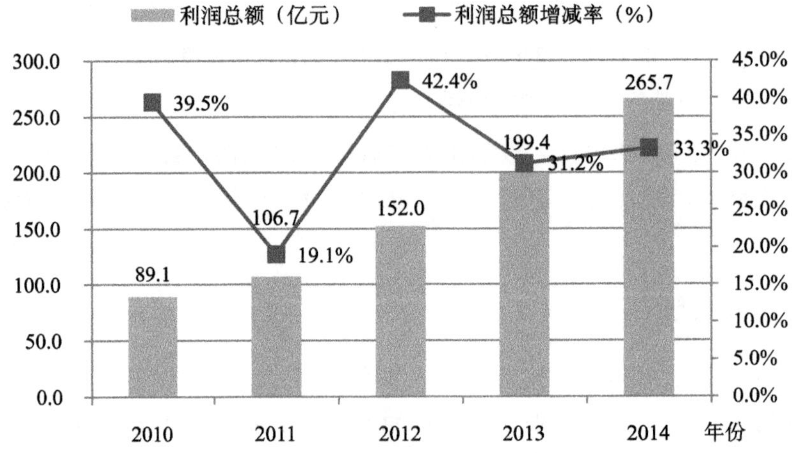

图1－28　2010—2014年全国数字出版利润总额及其增减率情况

数据来源：各年度《新闻出版产业分析报告》。

在传统出版业持续平稳发展的同时，数字出版发展迅速。而数字出版营业收入在全行业比重持续提升，新型数字化内容服务营业收入增势较强。从图1－29可以发现，从2010年到2014年，数字出版营业收入占比从8.5%提升到17.0%，也反映出数字出版在整个行业中的良好发展势头。

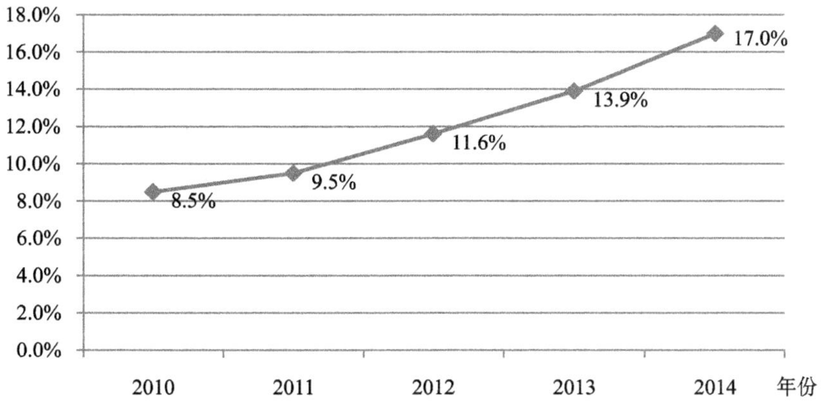

图1－29 2010—2014年全国数字出版营业收入占全行业营业收入比重

数据来源：各年度《新闻出版产业分析报告》。

在看到数字出版业繁荣发展的同时，再具体看其中的多个领域发展情况：2014年，网络动漫营业收入增长72.7%，领跑数字出版，反映出新型数字化内容服务在出版业数字化转型过程中的先锋作用；同时，移动出版增长35.4%，高于数字出版总体水平，也是值得不断拓展的板块；而互联网期刊与电子书增长18.2%，远高于新闻出版业总体水平，但又低于数字出版整体的增长速度，传统出版物的数字化转型尚需进一步加强。

3. 数字出版基地

以推动数字出版及相关产业发展为核心，整合并利用相关资源，多家数字出版基地（园区）投入使用并不断获得发展。在数字出版基地中，有对数据库出版物、按需出版和数字印刷等新兴业态的重点建设，有对电子图书、数字音乐、数字视频、网游动漫和网络教育等产业的支持与发展，有对数字出版企业孵化、数字阅读公共服务、数字出版技术创新、数字版权保护及贸易等多种功能的落实，并且搭建数字出版科研、版权交易、信息共享等资源平台，是有一定规模的产业集聚区。

依据21家国家新闻出版产业基地（园区）报送的数据汇总，上述基地（园区）2014年共实现营业收入1424.1亿元，资产总额1368.1亿元，利润总额217.7亿元。

在21家产业基地（园区）中，营业收入超过200亿元的有2家，排序依次为上海张江国家数字出版基地和江苏国家数字出版基地。在100亿—200亿元的有1家，为广东国家数字出版基地。在50亿—100亿元的有5家，降序依次为安徽国家数字出版产业基地、杭州国家数字出版产业基地、西安国家数字出版基地、中南国家数字出版基地和重庆北部新区国家数字出版基地。前9家基地（园区）营业收入合计占到21家基地（园区）的74.6%。2014年，前12家国家数字出版基地（园区）共实现营业收入1118.7亿元，较2013年增长24.0%；拥有资产总额938.5亿元，增长23.6%；实现利润总额197.1亿元，增长43.1%，见表1－7。

表1－7　国家数字出版基地（园区）的营业收入情况

排名	基地（园区）	营业收入（万元）	在全体中所占比重（%）	
			比重	累计比重
1	上海张江国家数字出版基地	280.00	25.03	25.03
2	江苏国家数字出版基地	227.10	20.30	45.33
3	广东国家数字出版基地	168.25	15.04	60.37
4	安徽国家数字出版基地	95.85	8.57	68.94
5	杭州国家数字出版产业基地	84.25	7.53	76.47
6	西安国家数字出版基地	65.22	5.83	82.3
7	中南国家数字出版基地	58.77	5.25	87.55
8	重庆北部新区国家数字出版基地	50.45	4.51	92.06
9	天津国家数字出版基地	33.08	2.96	95.02
10	海峡国家数字出版产业基地	28.38	2.54	97.55
11	青岛国家数字出版产业基地	26.41	2.36	99.91
12	华中国家数字出版基地	0.97	0.09	100.00
合计		1118.73	100.00	—
平均		93.23	—	—

资料来源：2014年新闻出版产业分析报告。

（三）集团化发展情况

1998 年，中国出版行政主管部门开始实施集团化战略，以期推动出版业又好又快发展；1999 年，中宣部与当时的国家新闻出版署开始批准成立试点出版集团，出版业集团化在国家政策的推动下进入了快速发展时期，为推动出版业集团化的工作进展，一系列宏观指导政策陆续出台，推动集团化发展进程。

在这些相关政策中，原新闻出版总署出台的《关于新闻出版业集团化建设的若干意见》（2002 年 6 月）以及《出版集团组建基本条件和审批程序》和《发行集团组建基本条件和审批程序》（2002 年 8 月），这些是直接对出版业集团化建设明确相关政策和规划，提供政策指导和规范要求。中宣部、原新闻出版总署出台的《关于进一步加强和改进出版工作的若干意见》（2002 年 7 月），国务院办公厅发布的《关于印发文化体制改革试点中支持文化产业发展和经营性文化事业单位转制为企业的两个规定的通知》（2003 年 12 月），中共中央、国务院下发的《关于深化文化体制改革的若干意见》（2005 年 12 月），原新闻出版总署出台的《关于深化出版发行体制改革工作实施方案》（2006 年 7 月）以及《关于进一步推进新闻出版体制改革的指导意见》（2009 年），中央政治局常委会发布的《关于深化中央各部门各单位出版社体制改革的意见》（2009 年），这些则是从改进出版工作、出版业体制改革的角度对出版集团化进行政策指导。

在各级政府部门的支持和政策指导下，经过多年的集团化发展，到 2014 年，全国 32 家图书出版集团实现主营业务收入 1563.0 亿元，较 2013 年增长 8.1%；利润总额 150.0 亿元，增长 15.4%；拥有资产总额 2660.6 亿元，增长 9.3%；所有者权益 1466.6 亿元，增长 11.0%，资产总额超过 100 亿元的图书出版集团由 2013 年的 5 家增加到 6 家。全国 27 家发行集团实现主营业务收入 774.2 亿元，增长 0.3%；利润总额 60.6 亿元，增长 24.4%；拥有资产总额 1135.0 亿元，增长 10.0%；所有者权益 522.2 亿元，增长 8.4%。出版、发行集团利润总额的增长均快于主营业务收入，表明销售利润率有所提高，盈利能力增强；出版发行集团实力稳步壮大，规模化程度进一步提高①。

根据《2014年新闻出版产业分析报告》，列入统计的出版传媒集团总数117家，其中图书出版集团32家、报刊出版集团46家、发行集团27家、印刷集团12家。报告中选取集团合并报表中的主营业务收入、资产总额、所有者权益和利润总额4项经济规模指标，采用主成分分析法，对图书出版集团的总体经济规模进行综合评价，前10名图书出版集团的情况见表1－8。使用2014年期初资产总额、期末资产总额和利润总额，计算各图书出版集团平均资产总利润率，前10名图书出版集团的情况见表1－9。此外，报刊出版集团的排名情况见表1－10和表1－11，发行集团的排名情况见表1－12和表1－13。

表1－8　　图书出版集团总体经济规模前10名

综合排名	集团名称	2013年排名	排名变化
1	江苏凤凰出版传媒集团有限公司	1	0
2	湖南出版投资控股集团有限公司	2	0
3	中国教育出版传媒集团有限公司	4	1
4	江西省出版集团公司	5	1
5	浙江出版联合集团有限公司	8	3
6	河北出版传媒集团有限责任公司	9	3
7	安徽出版集团有限责任公司	6	－1
8	中国出版集团公司	7	－1
9	山东出版集团有限公司	3	－6
10	中原出版传媒投资控股集团有限公司	10	0

资料来源：《2014年新闻出版产业分析报告》。

表1－9　　图书出版集团平均资产总利润率前10名

综合排名	集团名称
1	英大传媒投资集团有限公司
2	贵州出版集团公司
3	云南出版集团有限责任公司

① 2014年新闻出版产业分析报告综述［EB/OL］．中国出版网，2015－07－16. http://cips.chinapublish.com.cn/chinapublish/yw/201507/t20150716_168590.html.

续表

综合排名	集团名称
4	湖南出版投资控股集团有限公司
5	中国科技出版传媒集团有限公司
6	河北出版传媒集团有限责任公司
7	青岛出版集团有限公司
8	中国教育出版传媒集团有限公司
9	中国出版集团公司
10	山西省出版集团公司

资料来源：《2014 年新闻出版产业分析报告》。

表 1－10　　报刊出版集团总体经济规模前 10 名

综合排名	集团名称	2013 年排名	排名变化
1	上海报业集团	—	—
2	成都传媒集团	1	－1
3	浙江日报报业集团	2	－1
4	山东大众报业（集团）有限公司	3	－1
5	广州日报报业集团	4	－1
6	河南日报报业集团有限公司	7	1
7	湖北日报传媒集团	9	2
8	南方报业传媒集团	8	0
9	重庆日报报业集团	15	6
10	江苏新华日报报业集团有限公司	11	1

资料来源：《2014 年新闻出版产业分析报告》。

表 1－11　　报刊出版集团平均资产利润率前 10 名

综合排名	集团名称
1	湖南日报报业集团
2	甘肃日报报业集团
3	四川党建期刊集团
4	河南日报报业集团有限公司
5	广西日报传媒集团有限公司
6	江苏新华日报报业集团有限公司
7	长江日报报业集团

续表

综合排名	集团名称
8	贵州日报报业集团
9	湖北知音传媒集团有限公司
10	浙江日报报业集团

资料来源：《2014 年新闻出版产业分析报告》。

表 1－12　　发行集团总体经济规模前 10 名

综合排名	集团名称	2012 年排名	排名变化
1	安徽新华发行（集团）控股有限公司	1	0
2	四川新华发行集团有限公司	2	0
3	湖南新华书店有限责任公司	3	0
4	浙江省新华书店集团有限公司	4	0
5	江西新华发行集团有限公司	5	0
6	山东新华书店集团有限公司	7	1
7	上海新华发行集团有限公司	6	－1
8	河南省新华书店发行集团有限公司	9	1
9	河北省新华书店有限责任公司	8	－1
10	重庆新华书店集团公司	10	0

资料来源：《2014 年新闻出版产业分析报告》。

表 1－13　　发行集团平均资产利润率前 10 名

综合排名	集团名称
1	湖南省新华书店有限责任公司
2	云南新华书店集团有限公司
3	江西新华发行集团有限公司
4	山东新华书店集团有限公司
5	广西新华书店集团股份有限公司
6	河北省新华书店有限责任公司
7	河南省新华书店发行集团有限公司
8	湖北省新华书店（集团）有限公司
9	吉林省新华书店集团有限责任公司
10	安徽新华发行（集团）控股有限公司

资料来源：《2014 年新闻出版产业分析报告》。

二、中国出版业发展中存在的问题分析

在经济全球化、文化多元化、信息网络化的背景下，近年来，中国出版产业发展势头良好，在产业规模、运行机制、技术研发、人员素质等方面都卓有成效，但作为国家战略性新兴产业的重要组成部分，无论是从出版业的整体情况来看，还是分别从图书出版、期刊出版、报纸出版、出版发行等出版业态的发展情况来看，中国出版业都处于稳健发展的成长阶段，在发展过程中也存在一系列问题，制约了出版业的持续健康发展。

（一）出版观念转变缓慢

一般来说，出版业的制度以及物质硬件设备等都可以通过人为的、外在的安排来获得，但出版观念却无法直接规定，它是一个内在的渐变过程。中国出版产业的转型是社会环境、出版产业内部诸因素相互作用的复杂过程，这一过程不仅取决于市场经济体制等硬性制度安排，也取决于国家、企业、出版从业人员的观念转变。

首先，出版管理观念的转变。随着国际环境、社会经济、市场主体和科学技术的不断变化，政府主管部门对出版业管理的政策设计中传统的计划管理色彩依然浓厚，对如何有效发挥市场的作用考虑不够，在如何激发出版单位的积极性方面依然缺乏行之有效的政策和管理制度。

其次，企业出版观念的转变。一方面，企业管理层主动适应市场的意识不足，导致深层改革进展缓慢；另一方面，有些传统出版企业没有认识到数字出版的重要性，抵制自身的数字化转型，也有些出版企业希望在数字出版和传统出版方面面面俱到，却导致两败俱伤。

再次，出版从业人员的观念转变。转企改制完成后，一些老员工的观念仍然停留在以前事业编制管理时期，出版积极性不高并且存在一些不满情绪，导致出版效率不高、内容质量较差等问题。而且，一些出版从业人员不重视飞速发展的数字出版，缺乏对自身综合出版素质的提升。

最后，读者阅读观念和习惯方面的转变。如今，数字化阅读、碎片化阅读越来越普遍，在数字化阅读载体中，手机阅读和网络在线阅读的比例在近年来持续上升，读者对这些阅读载体的使用率越来越高。2014 年，手机和网络在线的使用比例分别高达 51.8% 和 49.4%。基于移动终端的数字阅读已成为一种重要的阅读方式。受到数字化阅读的冲击，传统纸质阅读受到一定影响。此外，包括出版物消费在内的整体文化消费水平还有待提高，出版物消费的观念和市场还需培育。

（二）制度因素形成制约

出版物既具有物质形态，同时兼具精神产品与商品的双重属性，这一特性使得出版业相较于其他产业而言，受制度因素的影响更大。结合出版产业的实际情况，可以从宏观和微观角度将影响产业发展的制度因素具体划分为国家制度因素和企业制度因素。

国家制度因素方面：首先，文化全球化的发展使中国出版产业的开放性增强，管理体制也发生了一定的变化，但政府与出版主体之间的权、责关系仍不够明晰，审批与市场调控之间的矛盾依然存在，政府权力的高度集中导致出版产业的市场化程度较低，资源大多集中在国有企业、事业单位手中，市场在资源配置中的决定性作用没有得到充分发挥。其次，中国出版业体制改革以政府为主导力量，出版制度虽然经过了逐渐修改但仍然存在很多限制出版业的自由发展的因素，出版产业化、市场化的程度仍有较大的提升空间。再次，政府在促进出版产业化发展方面的法律法规建设仍然是薄弱环节。法规不完善、不配套，执法力度也有待加强。尤其是版权保护方面的法律法规及制度的滞后性带来不少问题。进入转型期后，中国版权保护制度的建设步伐才开始加快。但是由于长期以来的版权意识淡薄，部分消费者的消费观念滞后，网络技术又飞速发展等原因，导致很多版权问题得不到解决。版权保护的缺位使盗版、“山寨”等不法行为盛行，公众仍偏爱“免费的午餐”，不愿为文化、知识和创意买单，市场的良性循环受阻。最后，整个产业发展由于缺乏成熟的产权法律法规的运用与实践，无形资产、品牌商誉的评估系统仍无法进入金融市场发挥抵押担保的效能，小微型出版企业正常融资仍然受到限制。

企业制度因素方面：首先，企业内交易成本过高。从新制度经济学角度来看，出版单位需要通过转企改制来降低逐步增加的交易费用，增强主体的竞争力。然而，事业单位的传统观念和管理模式导致转制在一定程度上只是完成了法律意义上的公司注册和税务登记，在经营管理方式上没有实质性的进展和突破。出版单位无法拥有自主权，管理水平达不到企业所需，企业内部责任、权利和义务意识模糊，交易的主体地位不明确，造成出版业内外部控制重合，浪费了出版资源，致使出版企业内部交易成本依然高居不下，同时外化为社会成本，造成严重的资源浪费，给社会带来负担。其次，产权改革不到位。清晰的产权关系可以使企业做到政企分开、政事分开，同时也是企业建立现代企业制度的首要要求。中国出版业国有产权制度存在严重的缺陷，成为企业体制制约出版业进一步转型发展的瓶颈之一，主要表现在：产权主体缺位导致激励和约束机制不到位、忽略企业内部体制改革、委托代理结构不合理。最后，出版企业组织结构不合理。企业组织是企业管理的基础和载体，企业组织结构是企业生产经营管理功能的具体表现，某种程度上来说，企业之间的竞争就是组织的竞争。中国出版产业的特殊性使其受计划经济的影响较其他产业要深。因此，中国出版业的产业化进程相对来说也较为缓慢。

（三）出版产业结构不尽合理

中国出版产业存在着比较明显的结构失衡问题。出版产业结构是指出版产业中各个出版门类之间的联系和比例关系，出版产业结构失衡主要是指出版产业中各个组织结构、地区结构、出版门类之间的比例关系不协调，不符合产业发展的规律。中国出版产业结构失衡主要有四个方面的表现：

第一，出版产业区域布局过于均衡。现在，中国图书出版社的数量和规模仍然在一定程度上呈现出地区均衡发展的态势，各个省市区均设有人民出版社、科技出版社、儿童出版社、教育出版社等，出版社性质和业务范围比较雷同。出版产业地区和规模发展的均衡性分散了中国的出版资源，降低了出版的综合竞争力和社会资源的配置效率，很容易造成资源浪费，阻碍出版业的转型与升级发展。目前，中国虽然正在形成一些有较强实力的区域产业中心，如北京、上海、江苏等，但这些出版产业中心的实力仍然不够，产业集中程度仍然较低。

第二，出版产品结构失衡。首先，过度依赖行政资源，教材教辅书籍所占比重仍然较大，不利于产业长期发展。其次，纸质印刷品结构失衡。《2014 年新闻出版产业分析报告》中的数据表明，在纸质印刷品中，报纸和图书所占比重偏高（从出版物总印数来看，报纸占总量 79.5%，图书占总量 14.0%；从出版物总印张来看，报纸占总量 68.4%，图书占总量 25.1%），期刊比重偏低（总印数占总量 5.3%；总印张占总量 6.5%），而且 2013 年的情况同样如此。

第三，集约化程度低。经济与文化的日益全球化趋势，加剧了产业之间的融合发展，发达国家完善的产业链条直接决定了产业的高水平发展。与发达国家精细化的企业模式相比，目前中国出版产业的高度化、集约化程度较低。大多数按照传统生产工业产品的发展方式进行出版物的打造，追求产业规模和产品数量，出版仅依托产品发挥附加价值，较少产出以文化为核心价值的真正意义上的出版精品，出版产业项目投资缺少且缺乏宏观层面的统筹和合理规划，产业集群发展存在泡沫现象，粗放式的产业链条长期存在，在一定程度上削弱了出版产业的集约化发展水平。

第四，出版产业链不完整。产业链不完整也是一个影响产业发展的问题。产业链中存在各种问题，如出版和发行、出版与印制等环节的关系难以理顺，以及产业链不稳定易导致出版市场的诚信危机等问题。

（四）出版企业创新能力不足

出版企业是构成出版产业的主体，在企业层面进行经济可行性分析时，还要考虑整个企业的效益而非某一个方案的效益。在出版活动中，出版企业应该考虑自己长远发展的问题，不能仅考虑经济利益而放弃文化品牌、丧失文化身份，否则长期下去会弱化出版业的创新能力，也使得产业内企业缺乏竞争力，甚至被市场淘汰。出版业的创新能力包含很多方面，有出版观念创新、出版体制创新、出版人才创新、出版管理创新、出版内容创新等，出版创新能力较低直接影响着出版产业的转型与升级。

在出版创新能力尤其是其中的出版内容创新能力方面存在明显的不足。出版业确定了产业地位，开始重视其经济效益，同时确定了以市场为主体的经营策略后，开始飞速发展。然而，为了实现效益最大化，出版企业往往满足于图书出版品种数量的竞争而忽略了出版物内容质量的竞争，这导致中国出版物内容缺乏创新精神，图书品种越来越多，而每种图书的印数却越来越少。例如，2014 年，新版图书 25.6 万种，增速回落 5.8 个百分点；重印、重版图书品种 19.3 万种，增加 0.4 万种，增长 2.2%。初版书的品种大于重印书，长期来看，也存在初版书的比重大于重印书比重的现象，造成出版人力资源和物质资源的低效利用和浪费。出版内容缺乏创新和策划编辑的思想僵化造成中国图书出版目前存在严重的“跟风出版”或“重复出版”等无效供给现象，最后使出版社积压大量的图书，成本不能回收，造成资源的浪费，形成恶性循环。

此外，近年来中国出版业的集团化趋势越来越明显。国内外资本运作的手段和方式也更具有丰富性和多样性，数字出版对传统出版业的冲击日益加大，这些全新的外部环境也对出版创新能力带来激烈的挑战，出版观念创新、体制创新、人才创新、管理创新中的不足也有所显现，这些出版创新能力也急需提升。

出版产业与其他产业融合，这与电子排版、网络传输、数字化、印刷复制等高端技术创造出价值密不可分。科技进步成为推动出版产业繁荣发展的基本动力之一。美国、日本、韩国等文化输出国也都是以先进的科学技术为支撑，促进了产业的升级换代，创造出诸多高端文化品牌，而目前中国出版产业在数字出版、动漫技术等方面的科技含量较低，没有随生产力和读者市场需求的变化而转变生产方式，出版资源优势远远没有转化为产业优势和核心价值，高新技术的研发、应用与国际水平差距较大，缺乏全球化发展的品牌影响力，出版创新能力不足也将影响产业的国际化竞争水平。

（五）出版专业人才匮乏

作为知识密集型产业，出版人才队伍的质量对于出版产业的转型与升级和长远发展来说显得尤为重要。中国出版产业的稳健发展，需要兼顾文化内涵与经济视角的高端人才，需要具备从策划、生产、销售到体验的专业运营人才。出版市场竞争已经从最初的产品竞争层面上升到品牌竞争和资源竞争层面，而出版人才作为出版资源重要的一部分，已经成为出版企业竞争的焦点。但随着市场化、数字化发展越来越深入，出版专业人才方面的问题凸显出来。

第一，人才结构不合理。从人才层次上来看，中高级人才尤其是创新型人才和经营管理型高级人才比重较小。依靠经验、因循守旧显然不符合当今出版产业转型发展的实际情况。从知识结构上看，知识结构和能力结构单一的人才居多，跨学科、跨领域、跨行业的复合型人才短缺。而高素质复合型人才又是出版行业所急需的人才类型。这种缺少复合型出版人才的局面，主要表现为以下几个方面：一是缺乏高级出版管理人才；二是缺乏懂得文字编辑和新技术编辑的复合型人才；三是缺乏具有创新能力的策划人才；四是缺乏懂营销的复合型出版人才。

第二，创新型、原创型人才短缺。目前，中国出版产业从业者，不少来自于其他产业或在学校教育阶段的非出版类专业，缺乏出版专业的知识体系与对新兴产业的深刻理解，缺乏创新型、原创型的人才，使得出版产业只能实现粗放型增长，难以实现长久繁荣和可持续发展。这个问题已成为影响和制约中国出版产业转型与快速发展的难题之一。

第三，人才培养和开发机制不够完善。从高校培养的角度来看，虽然编辑出版、市场营销、工商管理等专业在很多高校都积累了一定的培养经验，有一定的成果，但是由于培养方式和师资力量比较单一，课程设置比较传统，很难培养出真正能够满足市场需要的复合型出版人才。同时，出版产业内的部分企业或岗位却找不到合适的人才，特别是缺乏出版管理和创新经营人才。在用人方面，由于用人单位缺乏有效的激励机制，不能充分调动人才的主动性和积极性，企业对高端人才仍然缺乏系统有效的培训和成长机制，导致人才知识老化，也都在一定程度上制约着产业的长期发展。

第四，适应国际市场竞争的“走出去”人才缺乏。在国家政策推动的新闻出版业“走出去”战略中，参与的企业不断增加，“走出去”模式不断创新，也取得了一定效果。但是产业内的外向型版权贸易人才、专业技术人才、经营管理人才、翻译人才仍然匮乏，在明确国际市场需求、预测国际市场发展趋势、熟悉国际传播和贸易规则、推动精品图书和畅销书的国际运作等方面存在不足，在一定程度上制约着产业的国际化发展。

三、中国出版业转型与升级战略研究的背景、理论和现实意义

（一）研究背景

在体制改革整体层面上，2003 年，国务院颁布《关于印发文化体制改革试点中支持文化产业发展和经营性文化事业单位转制为企业的两个规定的通知》，原新闻出版总署接着也颁布了《新闻出版体制改革试点工作实施方案》，出版体制改革拉开帷幕。改革是以经营性出版单位转企改制为核心，还涉及转变政府职能、培育出版市场和出版法制建设等。2009 年 4 月，原新闻出版总署印发《关于进一步推进新闻出版体制改革的指导意见》，明确了经营性出版单位体制改革“时间表”和“路线图”。党的十八届三中全会通过了《中共中央关于全面深化改革若干重大问题的决定》（以下简称《决定》），《决定》中关于文化体制机制创新的论述有三个突破：一是提出了文化体制改革的中心环节为激活全民族文化创造活力；二是明确要建立国有文化资产管理体制；三是提出改革、发展和管理“三位一体”的新思路。《决定》对加快文化体制改革有很多新提法，如“建立党委和政府监管国有文化资产的管理机构”“对按规定转制的重要国有传媒企业探索实行特殊管理股制度”，文化开放要“坚持政府主导、企业主体、市场运作、社会参与”，

等等。

在转变政府职能方面，原新闻出版总署出台一项政策，就是对转企改制到位的出版社实行“两个放开”——放开书号数量限制，放开出书范围限制[①]。随着2003年8月《中华人民共和国行政许可法》的出台，原新闻出版总署加快了对出版业内不符合该法规的政策的修改及清理，推进行政管理体制改革。同时，分别对《出版物市场管理规定》、《外商投资图书、报纸、期刊分销企业管理办法》中的有关条款进行了相应的修改。新闻出版总署行政审批受理中心于2007年挂牌办公，此举有利于促进政务透明、提高效率。

在出版市场培育方面，按照《国务院关于非公有资本进入文化产业的若干规定》（国发［2005］10号），鼓励和支持非公有资本以多种形式进入政策许可的领域。对非公有制企业，《决定》也有多处涉及，比如“鼓励非公有制文化企业发展，降低社会资本进入门槛，允许参与对外出版、网络出版”，“在坚持出版权、播出权特许经营前提下，允许制作和出版、制作和播出分开”，等等。鼓励市场竞争，发展出版生产力。此外，推动全民阅读，营造书香氛围，提高中国公民的科学文化素养和思想道德素质既是一项具有社会意义的举措，也为出版产业提供了较大的消费潜力。

在出版法制建设方面，中国关注版权保护，出台或修订了一系列重大出版法律法规。以《中华人民共和国著作权法》、《出版管理条例》、《印刷业管理条例》、《音像制品管理条例》、《计算机软件保护条例》、《中华人民共和国著作权法实施条例》、《著作权集体管理条例》、《信息网络传播权保护条例》为主的出版法律框架初步形成，围绕“一法七条例”颁布实施的相关配套法规、规章达到32部，使中国出版业做到了有法可依[②]。

在数字出版方面，从“数字出版”概念在中国出现的2005年算起，经过了11年的快速发展，数字出版已经步入成长期，数字出版的发展日新月异，产业发展态势良好：内容开发更具有针对性，传统出版与科技融合步伐加快，数字出版盈利模式日渐清晰，数字出版内容投送平台呈现多样化，数字终端产品日趋丰富，数字出版保障体系不断完善。2006年，在《国家“十一五”时期文化发展纲要》中特别指出要发展数字出版产业，2010年8

① 中国出版社转企改制走出关键一步［EB/OL］．中国新闻网，2011－01－13．http：//www.chinanews.com/cj/2011/01－13/2785842.shtml

② 柳斌杰．高举旗帜 改革创新——推动中国特色社会主义新闻出版业大发展，中国出版业变革三十年［M］．人民出版社，2009.

月，原新闻出版总署发布《关于加快我国数字出版产业发展的若干意见》，明确了国内数字出版产业发展的主要任务和总体目标。

在国际化方面，《决定》指出，“坚持政府主导、企业主体、市场运作、社会参与，扩大对外文化交流，加强国际传播能力和对外话语体系建设，推动中华文化走向世界”。这些政策鼓励和支持出版产业对外交流与合作，鼓励企业吸收和借鉴国外优秀的出版业经营管理经验，引进优秀的复合型人才和先进的出版科学技术。中央有关部门也在出版产品和服务出口、出口重点企业和重点项目等方面提出了一系列鼓励和支持的政策措施。财政部等部门印发了《关于鼓励和支持文化产品和服务出口的若干政策》、《文化产业发展专项资金管理暂行办法》、《宣传文化发展专项资金管理办法》、《关于支持文化企业发展若干税收政策问题的通知》。商务部等部门出台了《关于进一步推进国家文化出口重点企业和项目目录相关工作的指导意见》、《关于金融支持文化出口的指导意见》等。这些政策从财政、金融、税收、信贷等多个方面对“走出去”企业、项目和产品给予大力支持，对出版产业国际化起到直接的推动作用。

在社会主义文化强国建设、深化文化体制改革的大背景下，在政府职能转变、出版市场培育、出版法制建设、数字出版、集团化、国际化等方面都获得了政府相关部门的重视和支持，相应政策的不断出台并实施，为中国出版业的发展提供了极大支持。

中国出版产业目前还处于起步阶段，在20世纪90年代中后期之前，中国出版产业还没有真正意义上的“产业”概念。而且，在出版体制改革正式启动之后，出版产业才正式从理论探讨进入操作实践层面，成为文化产业的重要组成部分。脱胎于计划经济体制下的出版事业，本身还存在着一些旧体制下的弊端，而要发展成为一个成熟的产业形态，必然要进行转型，中国出版产业目前正处于这样一个转型期。转变政府职能，使出版企业真正成为市场主体，转变增长方式，发展新型出版业态，解放生产力，适应环境，提高创新能力和国际化水平。在这一背景下，中国出版业如何转型与升级？其转型与升级的动因是什么？转型与升级的内容是什么？可选择的路径与方向如何？转型与升级战略模式有哪些？中国出版业转型与升级战略对策又应该是什么？诸如此类的问题都是出版业改革实践向理论界提出的重大问题。本课题以“中国出版业转型与升级战略研究”为主题进行研究正是出版业改革实践提出的要求。

（二）理论意义

1. 理论基础

本课题依据的基础理论主要有三个：制度变迁理论、产业集群理论、创新战略理论。

制度变迁理论由美国学者罗纳德·科斯教授创立。该理论认为，制度变迁的动力来自新的、潜在的、在现有制度安排下无法实现的经济利益，潜在收益大于制度变迁所需付出的成本是制度变迁的充分条件。根据主导者及特征差异，制度变迁分为“诱致性制度变迁”、“强制性制度变迁”两种。其中，以“初级行为团体”自发行动为特征的制度变迁称为“诱致性制度变迁”，以国家自觉行动和强制推进为特征的制度变迁称为“强制性制度变迁”。前者主要以经济上的成本收益比较为制度变革的出发点，并以超过制度变迁成本的最大收益为目标函数，后者既考虑经济收益（即“产出最大化”），又考虑非经济收益（统治者稳定性最大化、政党利益最大化等，即“政府租金最大化”）。

产业集群理论由美国学者麦克尔·波特教授创立。该理论认为，在一个特定区域的一个特别领域，集聚着一组相互关联的企业、供应商、关联产业以及专门化的制度和协会。通过这种区域集聚形成有效的市场竞争，构建了专业化生产要素集聚洼地，使企业共享区域公共设施、市场环境和外部经济，降低信息交流和物流成本，生成区域集聚效应、规模效应、外部效应以及区域竞争力。

创新战略理论由美国学者谢德荪（Edison Tse）教授提出。该理论认为，创新的本质是创造价值，创新经济及持续创新生态系统系源创新与流创新互动而成。源创新是一种从无到有的创新，即确立特定价值理念并以此为基础搭建平台，有效组合一面的能力及资源以满足另一面的欲望及诉求，形成两面正向的网络效应商业模型（即“两面市场商业模型”），其特点是风险大但优势能持久。流创新是一种在现有价值理念及价值链上增加新价值的创新，其“价值链商业模型”的特点是风险低但优势不持久。

2. 相关研究回顾

产业的发展过程，既是产业规模不断扩大、产业实力不断增强的过程，也是产业不断转型、结构不断优化、产业素质不断提升的过程。库兹涅茨（1971）、罗斯托（1971）、钱纳里（1975）等指出经济增长是由产业结构的变化和产业转型导致的，一个经济体通过专业化和社会分工形成了特定的产业结构，而产业结构在一定意义上又决定了经济的增长方式。产业转型既受到需求因素的影响，也受到供给因素的影响，还受到制度和政策等因素的影响，是各种因素共同作用的结果。由于各国经济体制以及政府对出版产业的管制程度不同，出版产业及产业转型研究的角度和出发点也存在差异。欧美等西方国家是成熟的市场经济国家，政府对出版业的直接管制程度较低，出版业的产业属性和企业的市场主体地位比较明确，市场竞争在产业发展和产业转型中起到主导作用，因此欧美等西方国家对出版产业的研究主要集中在新技术的应用、企业间的竞争、企业的经营战略、商业模式以及经营绩效等方面。中国长期以来对出版产业采取“事业单位，企业化管理”的方式，对出版产业进行较严格的政府管制。目前，中国出版产业还处于市场化改革的进程中，出版业的产业属性和出版企业的市场主体地位已经确立。与欧美等西方国家相比，中国对出版业的研究主要集中在如何推进出版业体制机制转变和市场化改革、加快出版业发展、提高产业竞争力、优化产业结构等方面，研究的目的是为了给政府制定改革方案和产业政策提供参考。

近几年，中国学者在新闻出版产业发展研究方面取得了较多成果。代表性学者有于友先、郝振省、陈昕、周蔚华等。于友先（2003）研究了现代出版产业的整体内涵，分析了新世纪出版产业繁荣发展的原因，提出了出版产业的发展对人才的要求。郝振省等（2013）研究了中国数字出版产业的发展，课题组连续多年出版了《中国数字出版产业发展年度报告》，对中国数字出版产业的发展现状和趋势进行了较为全面的分析。陈昕（2008）对美国主要出版集团的数字化进程及商业模式的深入分析和系统阐述，对中国出版企业在推进数字化进程等方面有着重要的参考价值，对中国出版产业的未来走向有一定的启示。周蔚华（2003、2009）对出版产业、出版改革、出版集团化、出版结构优化、大学出版等方面进行了较全面的分析。日本学者星野涉（2008）分析了日本出版产业的结构变化，重点分析了杂志类媒体的低迷与数码技术的影响，并提出了出版产业应该采取的对策。

具体到有关出版业转型与升级战略的研究中，一些学者从时代背景和发展趋势等方面进行了相关研究；一些学者从出版业转型升级的影响因素、转型动力、转型特征的角度进行分析；一些学者从转型思路、方式、对策的角度进行分析；还有一些学者从城市出版业转型或企业转型的实例出发，探究出版业转型升级的对策等。

第一，从时代背景和发展趋势等方面进行研究。武齐（2003）较早探讨了转型期中国出版社面临的机遇与挑战，尤其是加入世贸组织后，市场化、专业化、品牌化、网络化和产业化是中国出版社培植竞争优势和提升竞争力的必由之路。韦英平（2014）则从知识生产角度看出版业未来的使命，认为在互联网信息技术背景下，出版业应超越媒介、行业、技术和体制，解放出版生产力，提供整体知识解决方案。出版业应该成为知识生产、精神生产的组织者，自由个性实现是人类发展的高级目标，因此出版的未来形态，将是面向特定需求的个性化出版。张志林等（2007）认为全球出版业正在经历一场深刻的数字化转型。由于出版业赖以生存的基础技术发生革命性变化，使传统出版方式走向基于网络协同的多媒体出版生产方式。数字媒体应用引起了产业结构、市场结构、学科结构以及出版人才知识结构变化，提出应关注新媒体与数字出版，实现培养具备海量信息资源的汇聚、识别与定制信息能力的数字出版人才的新目标，以满足传统出版商向内容服务运营商转型的人才市场需求。李治堂（2012）认为，出版业的转型是市场、技术、制度等因素综合影响的结果。他对产业转型的背景进行了分析，对近几年国内关于出版产业转型的相关研究进行了归纳、比较与总结，指出了当前研究存在的问题，对未来的研究进行了展望。

第二，从出版业转型升级的影响因素、转型动力、转型特征的角度进行分析，如，市场需求、阅读方式等方面。陈晓宏（2009）认为，数字出版发展的原因在于巨大的市场需求、丰厚的利润、“绿色”阅读和可持续发展的必然趋势、阅读方式的转变以及移动出版的兴起。面对数字出版的挑战，传统出版业必须加强应对。周蔚华（2007）研究了后现代阅读方式的兴起与出版转型。他认为，中国现有的三种阅读欣赏方式——传统阅读、现代阅读和后现代阅读，都有其存在的理由。但从趋势上看，传统阅读方式的影响力正日趋式微，现代阅读方式处于主导和支配地位，但后现代阅读和欣赏方式对人们的影响越来越大，甚至已经影响到人们的生活方式和思维方式，影响到社会生活的各个方面，也影响到了出版产业的发展走向，促进了现代出版向后现代网络出版的根本性转型。王关义、王莞朕（2012）基于新制度经济学视角，首先分析了中国出版业体制改革发展的深层次动力因素，提出制度变迁的过程归根结底是行为主体的成本与收益从不平衡到平衡的过程。具体来说，出版业体制改革是社会环境变化和技术变迁的必然结果，也是行为主体获得外部利润的内在要求。其次，总结归纳了中国出版业体制改革的主要特点，认为中国的出版业体制改革很明显地表现出以政府为主导的强制性制度变迁特征，同时其改革过程又是渐进式的增量改革。另外，以明晰产权、建立现代企业制度为目标也是中国出版业体制改革的特征之一。

第三，从转型思路、方式、对策的角度进行分析。代杨（2008）分析出版企业向数字出版转型的困难和优势，提出出版企业实施数字转型的思路，即出版企业应将自身定位于数字内容提供商，积极发展跨媒体出版，并围绕数字出版创新出版机制，对国内有关出版产业转型的文献进行分析、总结，得到出版产业转型的因素、转型前和转型后的状态对比以及实现转型的主要方式。王关义（2010）认为，与社会主义市场经济体制改革的趋向相一致，作为文化产业重要组成部分的中国出版业也经历着艰难而有成效的转型，部分出版集团转企改制后上市，更是对出版产业属性和出版单位企业性质的强化。结合中国出版业体制变革的实际，在分析出版业战略转型的基础上，对出版业产业素质升级的路径和对策也进行了初步探讨。王关义（2011）认为，体制改革是牵引中国出版业发展的“火车头”，改革开放 30 多年来，尤其是步入 21 世纪以来，作为计划经济的一大堡垒，中国出版业体制机制加速转换，与社会主义市场经济体制改革的目标日趋逼近。文章在总结和梳理出版业体制实现战略性转型的基础上，分析了发展现状，提出了推动出版业大发展，建设出版强国的具体思路。王关义、梁明月（2013）在分析数字技术给传统出版产业带来冲击的基础上，从出版的生产流程、产品形态、出版技术以及营销模式等方面提出了促使传统出版产业素质升级的具体对策。杜永红（2013）对数字出版产业的发展政策进行研究，认为可以从推动传统出版业的创新和转型、促进数字出版产业链融合、健全知识产权保护体系、完善政策体系和法律支撑、实施市场发展战略及优化人才战略等多个方面提出相应的发展对策。宋永刚（2013）认为，在“大数据”时代，转型升级已经成为事关出版业可持续发展和未来命运的战略抉择。出版业转型升级需要固本出新，需要研究解决影响产业长远发展的新、老问题并对症下药，需要正确处理“政”与“企”、“母”与“子”、“转”与“改”的关系。周莉华

(2013) 认为，数字化时代的到来对于传统出版业而言，不止是单纯出版介质的改变，而是经营本质上的角色变化、运作模式变化：新产品模型、新制作流程、新营利模式。无论是传统学术出版还是图书出版，都必须立足于开放模式，顺应新技术带来的新业态，响应新阅读时代读者的新诉求，以实现出版业的转型升级。杨毅（2013）也从数字出版的蓬勃发展分析中国出版业的转型升级，认为数字出版与传统出版融合发展有助于整合产业资源，有助于中国出版业转变发展方式，是中国出版业转型升级的有效路径。王关义、顾萱（2014）立足于中国出版业转型与变革的实际，分析了中国出版业市场化转型的现状，从规范现代企业制度、完善出版企业准入准出机制、加强政府宏观调控等方面提出了加快和完善出版业转型的对策与建议。

第四，从专业出版业转型或企业转型的实例出发，探究出版业转型升级的对策等。董铁鹰（2007）以知识产权出版社为案例研究了专业出版社向数字出版转型的问题，他认为知识产权出版社已经从以编辑加工、印刷出版纸载体专利文献为主的传统出版社，转变为以专利信息服务、数据加工处理为核心业务的新型出版机构。在人员构成、机构设置、收入利润等方面，数字出版都已成为知识产权出版社的主体。他认为，专业出版社向数字出版转型中存在两个重要内容——从产品生产转向信息服务、从批量生产转向按需出版，提出国家应该从政策层面大力发展数字出版，促进专业出版社实现从传统向现代的转型。蔡健（2012）通过以硅谷转型发展的理论渊源及实证分析为基础，认为南京出版业转型升级应借鉴硅谷经验，妥善处理政府与企业、竞争与合作、源创新与流创新的关系，确保价值创造实现。

目前，国内学者主要采用定性分析和现状描述的方式对出版产业的发展状况和相关问题进行研究，已有的研究成果主题涉猎多元，比较分散，关于出版业转型与升级战略的系统研究相对较少。基于这种现实，研究中国出版产业素质，探究出版业转型与升级过程中的市场因素和产业政策推动出版产业转型与素质升级的实现机制，进而拟定相应的战略对策，有利于政府从宏观层面制定中国出版业产业素质升级和转型的政策，也有利于出版单位深刻认识出版产业转型和素质升级对出版社等市场主体的创新能力和企业素质的要求，从而有针对性地科学制定相关发展策略。因此，分析和研究中国出版业发展的现状以及存在的问题，探讨推动出版业转型和升级的对策和措施，有助于进一步明确出版业的改革方向，有利于深化对中国出版业发展规律的认识，从而为政府决策机构提供对策和建议。

3. 理论创新点

本研究报告主要进行出版业素质的内容（静态分析）探讨、产业转型与升级的动态过程分析以及出版业转型与升级的模式分析。因为出版产业素质升级受多种因素的影响，中国出版产业正处于技术进步、制度转型和市场开放的多重变化之中，产业转型和升级是一个复杂的动态系统。而分析中国出版产业的制度素质、技术素质和人员素质，揭示出版业转型与升级的途径和动力机制，探讨符合产业发展规律的转型和升级战略对策是本研究的关键，也是需要解决的难点。具体包括：第一，中国出版业转型梳理和总结（转型的动因、成功的经验、存在的问题）；第二，中国出版业产业素质升级（技术变革、制度转型和市场开放等）；第三，中国出版业产业素质升级的规律与政策建议（包括出版产业素质的内容、产业素质升级与转型的动态过程分析以及出版产业素质升级与转型的模式分析等）。

本研究报告的理论创新之处有以下三个方面：第一，从静态和动态两个视角分析数字技术背景下中国出版业转型与产业素质升级的内容和过程，拓展出版产业素质的内涵，提出技术创新与制度创新是推动中国出版产业素质升级的根本动力，产业组织形式变迁成为出版产业素质升级与转型的载体；第二，分析出版产业素质升级战略的三种主导模式：政府力量主导、市场因素拉动和技术力量驱动，认为中国出版业转型与产业素质升级是在政府引导、市场拉动和技术驱动三种力量交叉更替引导下形成的独特的升级战略模式；第三，运用可持续发展理论和战略研究思路，从国家、产业和出版主体三个层面探讨中国出版业转型与素质升级的趋势和战略对策，为相关方面制定推动出版业转型与产业素质升级战略提供借鉴和参考，填补了国内对出版业转型与升级战略研究方面的空白。

（三）现 实 意 义

近年来，中国出版业获得了快速发展，出版业体制改革与转型的成效已经显现。伴随着中国经济管理体制的变革，出版业也在逐步实现战略性转型。战略性转型的实践使出版产业积累了大量的经验，本课题研究的成果则将从出版产业转型分析与评估、出版业素质内容分析、出版业素质升级过程分析、中国出版业转型与升级战略模式分析等方面为产业转型与升级实践提供依据。

1. 推动出版业转型升级是提高出版业国际竞争力的需要

在市场环境变迁和科学技术进步的双重驱动下，不同国家和地区之间相互影响、相互渗透、相互依赖，突破区域阻隔，实现全球一体化发展是一种必然趋势。“全球化”包含了经济的全球化和文化的全球化，形成了多元化的文化发展格局。在文化全球化环境下，如何推动中国出版产业转型升级，实现文化大繁荣、大发展，已成为中国应对文化全球化国际环境的主题。

以出版业为核心的文化产业作为文化全球化的现代形态，已成为当今世界具有巨大发展潜力的重要经济领域。一是文化以产品或服务的形式渗透于经济运行中，提高了文化附加值，出版物是其中的重要产品形态；二是产业化的经营方式实现了人类精神文化产品的互通有无，促进了世界多元文化的交流与合作，其中，出版产业化运营也加快了中国出版业与国际出版业沟通的步伐，促进了中国出版业的成长与发展。

纵观西方发达国家出版业的发展历程，其创新能力、版权保护、企业及产品品牌等驱动力量均显示出强大优势。即使其中一些国家并非出版资源大国，但却成为重要的出版产业强国，这与其产业化发展水平、版权保护制度、创新及资源开发能力有密切的关联。在国际市场竞争中，中国出版业的劣势主要在于资金、技术、人才等产业资源的缺乏。“全球化”发展趋势，可以促使各类出版资源在全球范围内加速流动和重新分配，这在一定程度上实现了国与国之间出版产业的融合与交流，拓展了发展中国家的出版市场。

在参与国际市场竞争的过程中，中国出版业通过转型升级实现内涵式发展，向知识型和资本密集型产业转型，推动传统出版与新兴出版业态融合，提高资源的优化配置水平。通过“走出去”战略等途径，将企业与产品推向全球化市场，通过与优秀的国际出版集团合作等方式，提高中国出版企业的国际竞争力水平，为了能够有效地参与国际竞争，推动出版业转型升级是必然的过程。

2. 推动出版业转型升级是提升中国出版业可持续发展能力的需要

尽管中国出版业产业化、市场化起步较晚，在文化全球化的发展体系中，与发达国家相比还有较大差距。但中国作为发展中的大国，经济稳定、资源丰富、人口众多、社会安定、国际关系良好，在全球化的国际市场中日益发挥着重要作用，出版产业呈现出较大的发展潜力。近年来，中国传统新闻出版业仍保持着一定程度的增长，原因有四：一是在填补计划经济时代遗留下的市场空间；二是满足工业化和城镇化带来的新的消费需求；三是得益于“农家书屋”等公共服务形成的市场拉动；四是依赖于行业准入等政策红利。但是，伴随着市场经济的日渐完善、改革开放的扩大和新增阅读人群对数字产品的偏爱，上述红利将不同程度地消失和瓦解，传统出版业的发展将面临越来越大的困难和挑战。只有加快出版业的转型和战略升级，适应国际化和数字化的大趋势，形成真正具有国际竞争力的市场主体，中国出版业才能实现长远的可持续发展。

中国作为发展中人口大国，人口数量达到全世界人口总数的五分之一，国内民众的文化消费需求巨大，全球化加深了各国之间的交流与合作，中国作为拥有悠久历史文化的文明古国，民众对于文化的推崇与继承拥有深厚的民族文化心理，对于文化载体之一的图书等出版物有着强烈的消费需求。对出版产业的消费需求，既存在城乡居民的精神层面的需求，又存在政府、企业、社会组织等非居民的集体精神需求。随着中国经济水平的不断提高，文化消费已日益成为每个家庭必不可少的消费支出，开展全民阅读活动、举办读书交流等活动也不断成为集体组织推崇精神文明建设的重要举措。实现文化与物质的协调发展，促进精神文明与物质文明的协同共进，已成为中国发展国民经济的重要目标，也为出版业持续发展提供巨大的需求市场。

3. 推动出版业转型升级有助于政府制定宏观层面的战略对策

出版业转型升级，在国家层面有利于转变政府职能，改善宏观管理，不断健全和完善文化管理体制机制。按照建设法治政府、服务型政府、创新型政府的要求，把文化行政部门的职能转到政策调节、市场监管、社会管理、公共服务上来，避免失位、越位、错位等情况的发生。有利于政府制定扩大文化开放的相关政策，进一步提升对外文化交流和文化贸易的水平，扩大文化领域对外开放，促进文化繁荣发展，提升国家文化软实力。

出版业转型升级，在产业层面有助于制定产业中观层面的战略对策。第一，有助于出版产业完善出版结构，解决出版地区结构失衡和出版产品结构失衡的问题，使出版产业与相关产业形成产业网络，通过信息、资源、物流等共享来提高各产业资源效率，增强产业竞争优势，实现区域企业整体综合效益（经济效益、社会效益、环境效益）的最大化，从而解决出版地区结构失衡问题；另外，实施均衡发展战略，通过创新、合作等手段解决出版产品结构失衡问题。第二，有助于完善出版产业链建设。通过纵向延伸、横向拓展和向下延伸三种形式，提高物质资源、内容资源、人力资源的利用效率，降低产业风险，增强竞争力。第三，加快出版产业基地（园区）的建设。通过基地（园区）中企业间、企业与社区间的密切合作，合理、有效地利用当地资源（信息、物质、水、能量、基础设施和自然栖息地）以达到经济获利、环境质量改善和人力资源提高的目的，这也是出版产业适应产业集群化发展的重要途径。

出版业转型升级，在企业层面有助于制定出版主体微观层面的战略对策。第一，有助于出版企业进行制度创新，出版业主体转制为企业后，需要以多种方式和途径控制企业内交易成本，需要通过明晰出版企业产权、改进股权激励改革和约束机制改革、实现产权结构多元化来进行产权制度创新，需要优化企业组织结构等。第二，有助于出版企业提高自主创新能力，重点提高出版业的内容创新能力和技术创新能力两方面。第三，有助于出版企业加快数字化建设步伐，充分整合资源，应对数字出版带来的机遇和挑战，在机构、人员、制度、技术和管理等方面进行了调整和完善。第四，有助于出版企业加强人才队伍建设，培养一大批热心于出版集团信息化建设，掌握现代信息技术，善于经营管理，还具有先进管理理念的复合型人才，重视员工的终身培训和职业生涯发展工作，制定适当的激励措施。

（四）调研基本情况

课题组成立了有30多位成员的调查小组，赴全国28个省、市、自治区进行调研。调研对象包括出版局、出版社、期刊社、报社、书店等，共计600余家。课题组通过多种方式和渠道，先后发放调查问卷8000份，回收有效问卷6328份，回收率高达79.10%，调查问卷汇总情况见表3－1、调研出版单位分布及各类出版单位问卷回收具体情况分别见图3－1和图3－2。

表 3-1　　中国出版业转型与升级战略研究课题调查问卷汇总表

序号	省市区	总数	出版类型									
			出版局		出版社		期刊社		报社		书店	
			家数	份数	家数	份数	家数	份数	家数	份数	家数	份数
1	北京	784			16	618	47	89			2	77
2	天津	181	1	9	6	71	3	11	2	47	2	43
3	辽宁	432	1	10	7	230	14	76	5	44	4	72
4	河北	596	1	10	8	170	6	59	14	139	98	218
5	山东	322	2	33	3	10	10	11	8	44	7	224
6	江苏	403	1	22	8	192	3	40	6	71	4	78
7	河南	329	1	5	6	130	14	53	6	76	2	65
8	湖北	142	1	24	6	37	4	43	1	7	31	31
9	湖南	401	1	10	8	207	16	61	5	66	2	57
10	江西	22			7	22						
11	广东	100	1	5	7	31	3	23	2	14	14	27
12	广西	63	1	17	6	23	5	8	6	9	5	6
13	贵州	195			3	65			1	1	7	129
14	新疆	482	1	15	5	165	4	24	6	54	1	224
15	四川	261	1	3	7	136	4	26	8	65	2	31
16	陕西	180	1	7	5	90	5	5	5	36	3	42
17	内蒙古	367	1	12	2	197	4	53	5	39	8	66
18	西藏	77	1	11	5	36	14	16	1	9	1	5
19	黑龙江	200									4	200
20	安徽	178					1	1			1	177
21	宁夏	406	1	16	4	88	4	58	4	61	1	183
22	甘肃	191			1	53	2	67		1	1	70
23	吉林	1			1	1						
24	云南	7					2	2	4	5		
25	山西	1					1	1				
26	海南	1					1	1				
27	浙江	3					1	1	2	2		
28	福建	3					1	1	2	2		
29	合计	6328	17	209	121	2572	169	730	93	792	200	2025

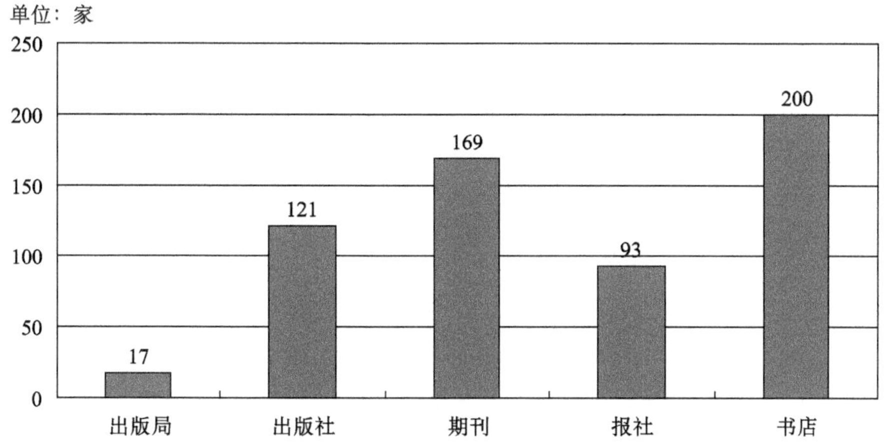

图 3-1　调研的出版单位数量

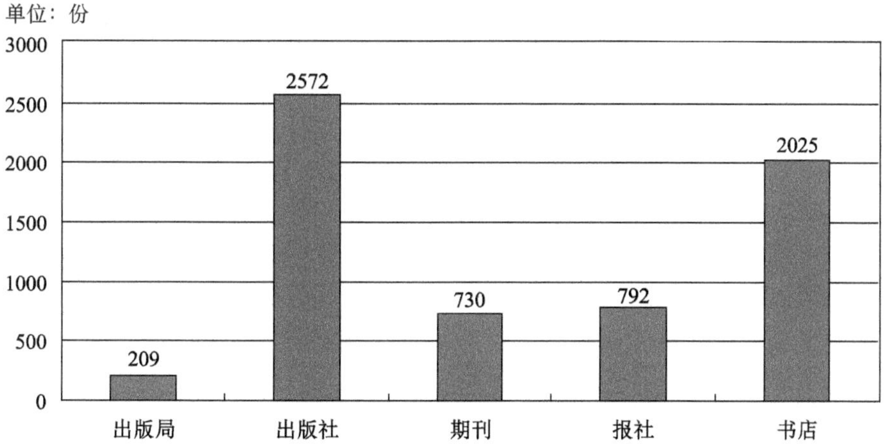

图 3-2　调研问卷回收数量

四、中国出版业转型与升级分析及其评估

（一）中国出版业转型概况

中国出版业的快速发展得益于出版业体制改革与转型。纵观改革开放38年来的发展轨迹，可以明显地看到，伴随着中国经济管理体制的变革，出版业也在逐步实现战略性转型，主要表现在如下七个方面：

1. 出版业正经历从传统计划经济体制向市场经济体制的转型，与国家社会主义市场经济体制改革的目标日益逼近

可以说，出版业是中国市场化进程最迟缓的产业之一，历史上长期形成的传统出版业无论在管理体制还是在思想、技术、人员等方面均无法适应环境变革的需要，与日趋完善的社会主义市场经济体制更不适应，对长期形成的传统的出版管理体制进行改革是一场深刻的制度革命，没有这种制度性的变革，出版业就不会实现大发展。

近年来，整个出版业赖以生存的经济基础、传播技术、运行机制和国际环境发生了巨大变化。在整个宏观环境为市场机制的背景下，如果出版业不改革，也将难以适应社会经济的发展。2003年，全国文化体制改革试点工作

启动，出版领域改革顺利推进，公益性出版单位逐步实现了企事分开，建立新的运行机制，经营性出版单位转企改制，建立现代企业制度和法人治理结构。2007 年 10 月 17 日，原国家新闻出版总署宣布，中国政府将完全放开符合产业发展条件并经过批准的出版机构、报业企业和官方骨干新闻类网站在国内外上市，并不再要求这些单位将编辑业务与经营业务拆分，而是鼓励整体上市，以“体现产业的整体性，减少关联交易”。2007 年 12 月，辽宁出版传媒股份公司成为国内第一家编辑业务和经营业务整体上市的新闻出版企业。2009 年 3 月，原国家新闻出版总署出台了《关于进一步推进新闻出版体制改革的指导意见》，把开辟融资渠道作为一项重点工作进行了部署，在推动跨媒体、跨地区、跨行业、跨所有制的战略重组的同时，积极开辟融资渠道，支持条件成熟的出版传媒企业，特别是跨地区的出版传媒企业上市融资，积极引导出版企业采取内部融资、业内融资、业外融资、发行企业债券融资、引进外资融资、上市融资等方式进行融资。

近年来，中央大力推进出版体制改革，实施管办分离，进行公益性和经营性出版单位分类改革，加快市场化进程，通过转企改制重塑市场主体，提高市场化水平，提升竞争能力，这些改革措施产生的效应正在逐步显现，出版领域传统的计划管理体制逐步向计划管理和市场调节相结合，多数出版社和出版物以市场调节为主，只有少数的仍然依靠计划调控，出版资源被重新调整和整合，行业界限、业态界限、地区界限将逐渐被打破，传统的出版管理体制正在经历着根本上的转型。

2. 出版业由传统的出版事业向出版产业化方向转型

一大批经营性出版单位转企改制成为出版物市场主体，变成了追求利润最大化的企业。出版体制改革的第一步是出版单位由事业单位转制为企业单位，但事业单位转变为企业，不能简单地理解由“铁饭碗”变成“瓷饭碗”，更不能简单地理解为职工的待遇由福利化享受转变为按个人创收多少来操作。出版管理体制的改革，实质还是要有效地发掘出版单位的内部潜能，充分地发挥出版企业的自主性，调动出版企业职工的生产、经营积极性，让出版物的生产和营销更加符合市场经济的规律和大众需要。通过出版体制的改革，出版单位由传统的事业单位转制后，既要重视市场利益，遵循产业发展的规律，同时又不能忽视社会效益。

3. 大多数出版单位从传统的外延规模扩张式发展向更加注重素质提高的内涵式发展转型

通过改革与体制转换，中国出版业整体上实现了由以往依靠图书品种的外延型数量扩张逐步转向依靠再版、新书开发等内涵型增长的方向转变，出版产业发展向高层次递进，出版产业发展呈现新态势，出版形态混业经营的趋势更加明显，出版单位从单一媒体形态向多种媒体形态演进，集团化、集约化经营的步伐进一步加快，跨地区、跨媒体、跨所有制的兼并重组不断出现，出版产业微观经营主体呈现融合趋势。数字出版、在线出版、电子商务、物流配送等新型业态的蓬勃发展，使出版的载体形式、传播方式、运营模式、生产流程发生了巨大的变化。

4. 出版业从传统的劳动密集型、知识密集型产业向现代技术密集型和资本密集型的数字出版转型

推动出版业数字化转型升级是进一步巩固出版业作为文化主力军地位的客观需要，是抢占未来发展制高点、参与国际竞争的重要途径。根据《2014 年新闻出版产业分析报告》，2014 年，全国数字出版实现营业收入 3387.7 亿元，较 2013 年增长 33.4%；利润总额 265.7 亿元，增长 33.3%；数字出版营业收入约为图书出版营业收入（791.2 亿元）的 4.3 倍，数字出版利润总额约为图书出版利润总额（117.1 亿元）的 2.3 倍。另据预测，未来几年数字出版用户每年将增长 30%，收入每年将增长 50%。海内外媒体还预测，到 2030 年，九成出版物都是数字出版物。数字出版实现了业态多样化，电子书业务已在大多数出版社不同程度地展开。有报道称，75% 的报社涉足网络报，55% 的报社拥有手机报，全国手机报数量将突破 1500 种，手机也逐渐成为人们的主要阅读终端。2014 年，网络动漫营业收入增长 72.7%，领跑数字出版；移动出版增长 35.4%，高于数字出版总体水平；互联网期刊与电子书增长 18.2%，远高于新闻出版业总体水平。新的出版形态的出现，要求出版业必须加快向现代知识和资本密集型的数字出版转型的步伐，要运用高科技改造、提升传统出版产业，开发新兴出版业态。

5. 出版业逐渐从主要面向国内市场的封闭型经营模式向面向国内、国际两个市场的开放经营模式转型

近年来，中国新闻出版业实施“走出去”战略，大力推动新闻出版版权、数字出版产品、实物产品、印刷服务、企业和资本走出去，不断提升新闻出版业的国际传播力、竞争力和影响力，在对外传播社会主义核心价值体系、推动中华文化走向世界等方面取得了显著成效，中国出版业的国际化程度日益提高，国际影响力显著提升。在转型和变革背景下，面对出版产业发展的新态势和国内国际市场竞争的新形势，出版业的国内国际竞争日趋激烈。目前，中国图书出版规模已居世界第一位，出版业逐步扩大对内、对外开放，与世界出版业的交流与合作日趋紧密，中国图书在实物出口、版权贸易、合作出版、境外直接出版等方面也全面拓展。在坚持对外开放的同时，出版业又实现了由“引进来”向“走出去”的转变，参与国际竞争、利用国际资源、国际市场加快发展成了行业共识，中国出版业国际化程度逐步提高，从单纯的图书贸易和版权输出发展到越来越多的与国外同行合作。

目前，中国出版物版权贸易逆差大为改观，版权输出结构不断优化。根据国家版权局版权统计数据显示，2001 年，中国共引进版权 8250 种，而仅输出版权 653 种，引进与输出比例为 12.6∶1；而到了 2008 年，这一比例已降低到 6.5∶1；在 2014 年，全国共输出版权 10293 种（其中出版物版权 8733 种），版权引进与输出比例由 2013 年的 1.7∶1 变成至 1.6∶1，比例进一步降低，版权进出口逆差逐步缩小。在比例结构改善的同时，质量结构不断优化，对重点发达国家的出版物版权输出总量 10 年增长 82 倍。版权输出产品形态从单一的图书、期刊拓展到报纸、音像电子、数字等多种形态。企业和资本走出去不断增多，据不完全统计，目前我国新闻出版企业已在境外建立各种分支机构超过 500 家，一些走出去骨干企业积极探索走出去的持久发展模式和成功的商业模式，中国出版业走向世界的国际化开放格局正在形成。

6. 出版业由传统的国家高度垄断逐步向市场调控方向转变

中国出版管理体制改革是在政府主导下自上而下推进的，政府主导改革仍是现阶段出版管理体制改革的主要特征。从长远来看，中国出版产业发展应坚持以市场为导向，充分发挥市场在资源配置中的决定性作用。随着社会主义市场经济体制的形成，出版业发展的体制环境和社会条件发生了深刻变化。针对中国出版产业发展过程中存在的市场活力不足、企业融资困难、投资渠道不畅等问题，迫切需要国家财政发挥示范性和导向性作用，弥补市场缺陷。要推动出版产业适应市场化、产业化这一趋势，同时也要逐步转变出版管理部门的职能。在市场经济条件下，基于市场经济固有的自主性、平等性、竞争性、开放性的特点，要求与之适应的政府是有限政府、服务型政府和法治政府，为此，政府就要转变职能，集中精力抓好经济调节、市场监管、社会管理和公共服务，要从传统的管理型政府向现代的服务型政府转变。

7. 中国出版业正在由传统出版向与新兴出版业态融合的方向转型

传统出版是通过批量复制内容实现信息传播的一种社会活动，而现代出版则演化为对以图书、报刊、音像、电子、网络等媒体承载的内容进行编辑、复制、发行或网络传播的一种社会活动。以移动互联网、云计算、大数据等为主的新一代数字技术拉动数字出版快速发展，技术进步推动传统出版转型发展。在数字技术的影响下，媒体的边界正在模糊，出版物的特点更具有交叉性。图书杂志化，杂志图书化，门户网站报纸化，新闻类门户网站越来越像纸质报纸，报纸内容越来越像经过记者加工过的博客集群，读书频道或者原创阅读平台越来越像一家正规出版社的出版物卖场展示，图书还呈现声音化、视频化特色，越来越具有全媒体功能。出版内容的呈现方式与复制手段发生了革命性变化。线上阅读、电子书以及数据库与图书竞争，以低到几乎可以忽略不计的复制成本传播给读者，以部分免费或超低价格售卖给读者。此外，出版商业模式正在发生革命性的变革。一是传统的内容提供商，其多年积累的和新开发的内容资源借助新技术与新的传播方式从而实现多次售卖，可将同一内容出版成纸介质，同时可转化成线上阅读、光盘、数据库等多种形式实现多次售卖；二是数字出版商，其成功的商业模式在国外有以谷歌为代表的数字图书馆模式，有以苹果和亚马逊为代表的“内容平台＋终端设备”模式等。在中国出版业转型时期，要特别重视传统出版业和新兴出版业的协调互补和融合发展。以新技术为基础，以内容开发为核心，关注用户需求和体验，实现出版物的多元化，创新出版商业模式，推动传统出版业与新兴出版业态的融合发展。

（二）中国出版业转型与升级的动因分析

面对数字化与信息化带来的挑战与机遇，出版业已经具备了实现整体转型升级的思想基础、技术基础、组织基础和工作基础，但还存在资源聚集度不高、行业信息数据体系不健全、技术装备配置水平不高、对新技术与新标准的应用不充分、市场模式不清晰、人才不足等问题，出版业只有主动开展转型与升级工作，才能真正实现跨越与发展。从转型与升级的动因来看，主要包括如下三个方面：一是生存环境变化和出版业可持续发展的必然选择，二是制度环境变化的必然结果，三是现代科技进步的必然要求。

1. 市场拉动原因：生存环境变化和出版业可持续发展的必然选择

随着市场经济的不断深化以及知识经济时代的来临，文化越来越与经济、政治交织在一起，文化的产业属性越来越凸显。社会的文明发展提高了人们的生活水平，对于出版物的需要日益增多，并呈现出多样化的特点，为了实现产业功能和可持续发展，出版业急需实现自身的转型，以适应逐渐开放扩大的国际国内市场。

出版业要实现可持续发展，离不开市场主导和创新驱动两个要素。首先，以市场为导向，转变政府职能，强化政策的扶持引导作用，打破行业和地区壁垒，充分调动社会各方面积极性，实现市场在资源配置中的积极作用；其次，通过创新驱动产业发展，以相关政策支持企业创新，促进技术创新、业态创新、内容创新和管理创新，推进产业化、专业化、品牌化发展进程，促进出版业与相关产业融合，推动传统出版与新兴出版业态融合，面向国际国内市场，满足新需求。

2. 政府推动原因：政府制度环境变化的必然结果

就中国的具体情况而言，出版业转型的制度环境包括经济制度、政治制度和文化制度三个方面。改革开放以来，中国的经济、政治、文化等体制发生的巨大变化，决定了出版业必须进行一系列的改革和转型，这是制度环境变化的必然结果。

经济方面。新中国成立后长期实行的是计划经济体制，出版业的任务被归结到意识形态和为政治服务层面，出版生产力受到限制。党的十一届三中全会之后，中国经济体制开始由计划经济逐步过渡到以计划经济为主、市场调节为辅，再到“建立计划与市场内在统一的体制”。党的十四大提出了建立社会主义市场经济体制，在党的十八届三中全会上又将经济体制改革作为全面深化改革的重点，核心问题是处理好政府和市场的关系，使市场在资源配置中起决定性作用并更好地发挥政府作用。社会主义市场经济制度的逐步确立和完善，外部经济制度环境发生了很大变化，出版业也随之发生一系列变化，由过去的统收统支变为自负盈亏，管理体制由微观转向宏观，从事业转为企业，成为市场主体，这是中国社会主义市场经济体制不断改变的必然要求，也是中国出版业发展的必然趋势。

政治方面。自从中国共产党开始建立自己的出版队伍那一天起，就要求中国的出版工作要为党的总任务服务。早在新民主主义革命时期，党就指出“报纸、刊物、书籍是党的鼓动工作最锐利的武器”、“应当大量地印刷和发行各种革命的书报”，同时还要求“新的文化为新的政治、经济服务”。[①] 从新中国成立开始，出版工作就成为中国政治工作的组成部分。1949 年后，新民主主义向社会主义的过渡促使中国开始对生产资料所有制进行社会主义改造，出版业也不例外，党和政府为出版业制定了发展人民事业的方针和政策。随后，党的十一届三中全会制定了以经济建设为中心、坚持四项基本原则，坚持改革开放的基本路线，标志中国开始进入社会主义建设的新时期，对政治领域产生了巨大的影响。中国政治体制改革在党的十三大以后全面启动，政治民主化和政治体制改革为中国出版业转型提供了必要的条件和动力。社会主义经济的建立和发展，必然要求有与之相适应的社会主义政治和文化，因此，经济体制的改革促进了政治体制改革，政治体制改革使得出版业和出版活动逐步脱离其对政治和政党的依附，重新界定了出版业的基本属性、功能和地位，使出版生产力得以解放发展。

文化方面。中国文化体制改革开始于党的十一届三中全会以后，在这一时期主要实现了由“以阶级斗争为纲”的文化范式进入了“以经济建设为中心”的新范式。1989 年国务院批准在文化部设置文化市场管理局标志着全国文化市场管理体系开始建立。随后，在党的第十五届五中全会上，“文化产业”概念第一次出现在中央的正式文件里，标志着中国对于文化产业的承认和对其地位的认可，这对中国的文化体制改革具有决定性作用。党的十六大以后，中国的文化体制改革步伐明显加快，改革的意义、目的、重点和主要任务更加明确。2003 年党的十六届三中全会通过的《中共中央关于完善社会主义市场经济体制若干问题的决定》，又将文化体制改革的目标进一步深化和明确。2011 年，党的十七届六中全会审议通过的《中共中央关于

---

① 中国出版科学研究所．出版改革与出版发展战略研究［M］．北京：中国书籍出版社，1998：209.

深化文化体制改革推动社会主义文化大发展大繁荣若干重大问题的决定》，提出了推进中国文化改革发展的指导思想和总要求，进一步兴起社会主义文化建设新高潮。作为文化产业中非常重要的组成部分，出版业的转型和变革一直沿着中国文化体制改革的道路行进。

3. 技术驱动原因：推动出版业转型和升级是现代科技进步的必然要求

科学技术的发展和进步是推动出版转型和升级的关键，出版领域的每一次重大飞跃都与科技革命息息相关。随着信息技术、数字技术在出版领域的运用，计算机和网络技术的出现使出版生态系统进化到了一个新的阶段。出版流程简化，出版周期大大缩短，阅读载体日益丰富多样，个性化阅读、个性化需要对出版业提出新的要求。延伸传统的出版产业链条，满足读者个性化需要日益交织在一起，信息技术和出版的融合，为出版业创新业态、实现转型提供了有利条件和广阔前景，同时也对出版媒介提出了更高的要求。国内一些传统新闻出版单位基于新技术研发出相关数字产品，实现了传统媒体的创新升级。从 2013 年开始，一些大型电子设备生产商相继推出自己的产品，并且，这些新技术广泛应用于娱乐、展览、展示等方面，在出版领域也得到积极的探索与应用。随着数字化技术的逐步渗透，传统出版呈现萎缩态势，以培育数字出版业务为特色的传统出版业必然实现转型和升级。

2015 年 4 月，中国新闻出版研究院发布了《第十二次全国国民阅读调查结果》。调查数据显示，2014 年中国成年国民包括书报刊和数字出版物在内的各种媒介的综合阅读率为 78.6%，较 2013 年的 76.7% 上升了 1.9 个百分点。受数字媒介迅猛发展的影响，数字化阅读方式（网络在线阅读、手机阅读、电子阅读器阅读、光盘阅读、Pad 阅读等）的接触率为 58.1%，较 2013 年的 50.1% 上升了 8.0 个百分点。数字化阅读整体人数不断增长成为传统出版业快速完成数字化转型的动力之一。越来越多的受众和越来越广阔的市场让更多传统出版媒介开始涉足数字出版或进行数字化转型。科学技术的进步也逐步改变着出版产业链和商业模式，这给传统出版模式带来了挑战又给出版产业带来重新调整产业结构的机会。出版业的传播速度和信息量都得到大幅度提高，而传统出版业也慢慢地显露出自己的弱势，不能适应网络数字技术的迅速发展，出版产业转型与升级是出版产业发展的最好出路。

（三）中国出版业转型与升级的路径与方向

1. 规模经济导向的产业组织结构转型：出版产业化

任何产业都不能单独完成自身的服务功能，必须依靠上下游产业的协同合作，出版产业也不例外，出版产业链的概念因此产生。在网络数字技术、产业融合等环境下，出版产业链也在逐步实现纵向横向拓展和完善。在出版产业中，出版产业链可以进一步丰富化，将出版活动的上游资源环节（内容资源提供者、物质资源提供者、资金提供者）、关键的出版环节（各类出版物的出版者）、下游的复制业、发行业、图书馆等以及读者组织起来，形成一个良性循环的有序整体。

目前，中国出版产业链的状况已经不能完全适应出版产业的发展：上游出版环节从业人员急功近利心态严重，致使出版资源质量下降。出版环节中，出版企业滥用出版资源，编辑创新能力不足，使出版物整体质量下降，同时，企业对某些图书进行过度包装导致自然资源和人力资源严重浪费。产业链中不合理的利益分配使出版物价格不断上涨，然后又导致出版市场上盗版猖獗现象。下游发行业恶性竞争和诚信缺失现象严重；作为出版产业链的终端，越来越多的读者在混乱的图书市场中选择网上购书、购买盗版书甚至宁可复印获得图书内容。

2. 高新技术导向的技术结构转型：数字出版

中国出版业转型主要表现就是从传统的劳动密集型、知识密集型产业向现代知识和资本密集型的数字出版转型。进入 21 世纪以来，以网络技术、信息技术为代表的数字技术发展迅猛，各行各业都争先恐后地迈进数字化领域。数字出版能够有效降低出版的成本，减少对出版资源的使用，有效降低出版活动对环境的影响，同时也具有快捷、共享和覆盖面广的优势，因此数字化转型是出版业发展的必然选择。近年来，出版业的数字化转型成为学界和业界关注的重点。因为受制于传统观念和版权、知识产权以及资金、技术、人才、书号配发制度等的影响，中国出版业在网络信息技术领域的发展远远落后于发达国家。[①]

传统出版业经过上千年的发展，积累了深厚的文化底蕴，形成了自己的独特优势。如今，新技术和新媒体的不断涌现，数字网络技术与出版业正在加速融合，数字出版、数字印刷、数字发行等新业态层出不穷，产业形态日趋完善，出版产业增长方式正在发生深刻的变化。[②] 当前，中国出版业正在形成以传统出版和数字出版并行发展的产业格局，传统出版通过数字化转型而实现现代化，因此传统出版数字化转型的过程，也是出版产业现代化的过程。

3. 开放导向的空间结构转型：出版国际化

中国加入世界贸易组织（WTO）后，标志着中国对外开放进入了一个崭新的阶段，中国出版业的国际化程度也随之提高，国际影响力显著提升。随着体制改革的不断深入，中国出版业所面对的市场也开始发生转变，从原来主要面对国内市场转型为面向国际、国内两个市场。

经济和文化全球化步伐日益加快，出版资源的开发、出版活动的开展以及出版市场的拓展已经超越国界，各国出版业的国际化转型都已经是势在必行。根据《2013 年新闻出版产业分析报告》，2013 年，全国共输出版权 10401 种（其中出版物版权 8444 种），增加 1036 种，增长 11.1%；版权输出品种与引进品种比例由 2002 年的 1∶15 降低至 2013 年的 1∶1.7。版权进出口逆差正在逐步缩小，参与国际竞争、主动开发和利用国际出版资源成为中国出版业的共识。从以上数据可以看出，中国出版业的国际化程度正日益提高，开始从单纯的图书贸易和版权输出发展到与国外出版商进行合作，在中国出版业战略转型过程中，国际化转型成为重要内容，中国出版业走向世界的国际化开放格局正在逐步形成。

出版国际化战略的模式与途径可以包括输出自主版权、建立海外营销网络、利用品牌产品带动其他产品“走出去”等，同时，还可以积极参与国际书展，利用书展平台，与国外出版机构建立合作关系，加大对外出版合作交流等。

---

① 张弛．传统出版向数字出版发展的路径探析［J］．中国管理信息化．2013，04（8）：62.

② 齐福斌．数字出版与传统出版数字化转型［J］．印刷世界．2012（1）：4.

五、中国出版业转型与升级内容

传统出版业升级路径依赖可以从人员、技术、制度三个层面来分析。人员层面，粗放发展模式下形成的经营方式和思维方式趋于僵化，从而陷入故步自封状态；技术层面，传统出版业经过长足发展，生产技术较为成熟，形成明显的规模经济效应，在短期利益驱使下，传统技术被竞相模仿和使用，这样下去不利于技术创新，长期来也会看阻碍生产效率提高；制度层面，传统经营方式经过积累沉淀形成制度，制约出版业的持续发展，现有强势企业也会维护该制度，但这对新进入的企业不利，导致出版业升级的活力和动力不足。针对这些问题，打破传统出版业转型升级的路径依赖，可以从提高人员素质、技术素质和管理素质三个方面着力。

原国家新闻出版总署提出的建设目标是要尽快实现由出版大国向出版强国的转变。到 2020 年，新闻出版业总产值占当年全国 GDP 的 5% 左右，成为国家经济发展的重要产业，基本实现人均消费图书 6 册、期刊 3.2 册，报纸每千人日 130 份以上；数字媒体等新兴产业的发展达到世界先进水平。基于这一宏伟目标，立足出版产业市场化、现代化、国际化和数字化的宏观背景，面对出版业发展的实际，迫切需要探寻中国出版产业素质升级的内容。

（一）中国出版产业人员素质

在出版业的人员素质方面，应适应世界范围内出版业发展的新趋势，努力提升出版业从业人员的基本素质和专业素质是推动中国出版业转型升级的重要环节。目前，中国城乡居民在文化消费方面的支出总量约在7000亿元以上，城镇居民和农村居民人均纯收入持续增长，人均收入不断提高使文化消费空间进一步扩大，各类居民用于学习方面的支出都会增长，对出版物的需求也会不断增长，为推动出版业快速发展提供了巨大的需求动力。从国际经验看，人均GDP突破1000美元以后，国民对精神文化的需求会越来越大，文化消费支出总量将稳步增长，文化消费的比重也将逐步提高。2013年中国人均GDP约为6822美元，这预示着文化需求旺盛的时代正在到来。因此，出版物市场需求潜力巨大，推动出版产业素质升级的关键，是要重点培养一支适应行业发展新要求的人才队伍。包括图书策划人才、编辑人才、资本运作人才、市场营销人才、成本核算人才等。目前中国出版领域急需人才短缺，尤其是新兴业态缺乏核心技术和人才。因此，着力打造一批具有国际视野的技术和管理人才是实现出版产业素质升级的关键所在。

在人员素质方面，出版业工作人员对自身所从事的岗位工作与所学专业匹配程度的认知情况见图5－1。调查显示，超过50%的出版业人员认为其岗位与专业基本匹配，其中，出版社人员认为岗位与专业基本匹配的比重最高，达到67.91%；结合岗位与专业"完全匹配"及"基本匹配"的情况来看，超过70%的出版从业人员认为其岗位与专业匹配，事实上，这也是出版业能稳定发展的一个重要基础。但是，也有17%—27%的出版从业人员认为其岗位与专业"完全不匹配"或"说不清楚"，四种出版单位类型中，图书发行单位中工作人员的不认可度最高。也就是说，在出版业中，有近1/4的出版从业人员岗位与专业不匹配或凑合工作的情况，带来了较大的人力成本损失，也给出版业的可持续发展带来阻碍。

在人员素质方面，出版业工作人员对其自身的培训需求的认知情况见图5－2。调查显示，近70%的工作人员有参加各类培训学习方面的需求，其中，出版社工作人员有培训需求的比重最高，达到77.37%，图书发行单位中，这一比重最低，但也有58.55%，即，出版业中的大多数工作人员都有

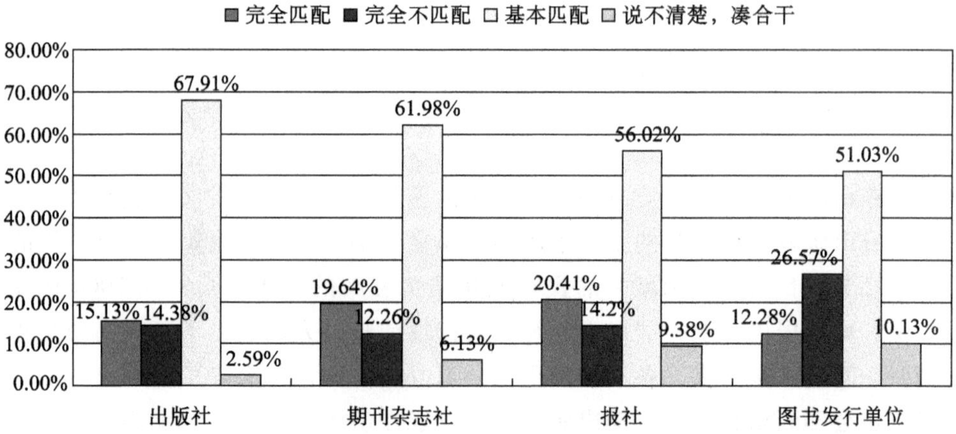

图 5－1 工作人员对目前所从事的岗位工作与其所学专业匹配程度的认知

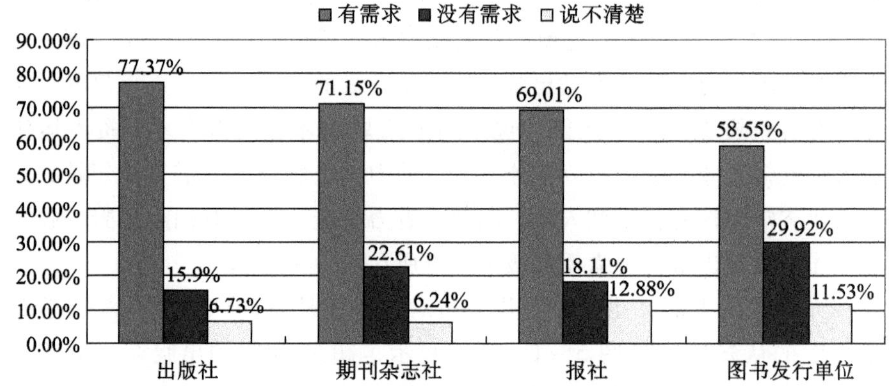

图 5－2 工作人员目前是否有参加各类培训学习方面的需求

培训需求，希望通过培训学习获得提升和改善的空间。

在人员素质方面，出版业工作人员所在单位的培训频率情况见图 5－3。调查显示，不少出版单位的培训安排是没有规律的，均达到 30% 以上，其中，报社的比重最高，达到 37.50%。从出版类型来看，报社的“1—2 个月”培训频率的比重最高，而图书发行单位的比重最低。对出版社来说，“1—2 个月”“3—4 个月”“半年一次”“一年一次”的培训频率的比重都差不多。从调查中也可以看到，仍然有少部分出版单位存在“近 2 年来没有安排过培训”的情况，至少可以反映出有个别出版单位不重视培训，而且，这样的出版企业在四种被调查的出版类型中都存在。结合前面对于工作人员培训需求的调查分析来看，这种两年内都没安排过培训的企业中，工作人员的培训需求无法得到满足，工作效率和效果也就难以得到充分保证，企业发展也直接受到影响。

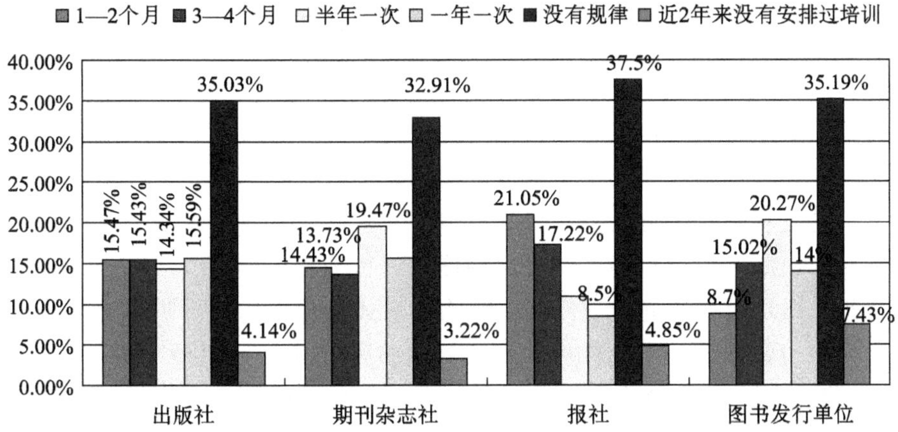

图 5－3　工作人员所在单位每隔多长时间提供一次培训（培训频率）

在人员素质方面，出版业工作人员在参加培训后的效果情况见图 5－4。调查显示，大部分人员在参加完培训后，其专业技能水平与素养都得到了提升，四种类型的出版单位中获得的调查结果比重接近，且都超过了 70%。但是，调查也发现，有平均约 7.40% 的工作人员接受培训后没有效果，其中，该比重最高的是出版社，为 8.77%。将培训后“没有变化”和“说不清楚”的情况结合在一起更能发现培训效果方面的问题。通过调查发现，约有 17.48% 的工作人员接受培训后没有明显的效果，对人员素质提升来说，也是一种资源损失和效率低下的反映。

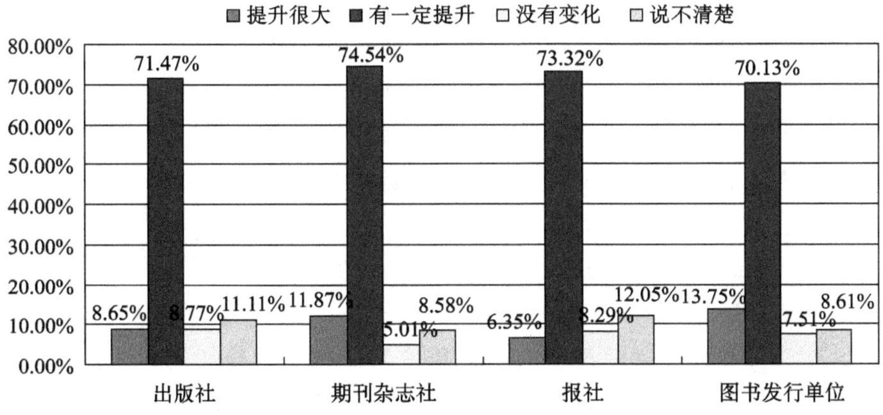

图 5－4　工作人员参加培训后，其专业技能水平与素养是否得到提升的情况

（二）中国出版产业技术素质

面对数字技术对传统出版构成巨大的威胁的现实，推动传统出版产业升级是一个必然的趋势。数字出版是传统出版和高新技术相互结合的新兴出版业态，它是利用数字化技术，将各种图、文、声、像信息以数字形式存入信息库中，出版者根据市场需要对这些信息进行筛选、编辑、加工、整合，然后以纸介质出版物、光盘或网络出版物等形式投放市场的出版活动。简单地说，数字出版就是利用计算机技术或网络技术来代替一些传统的出版活动。新兴的数字媒体如新闻网站、电子图书、数字杂志、在线音乐、网络游戏，以手机为载体的手机报、手机小说、手机音乐等新的阅读方式和阅读载体就是数字出版的重要内容。

数字出版代表着出版产业未来的发展方向。在数字出版领域，中国已和先进国家处于同一起跑线，有的技术甚至领先世界。目前，数字出版已成为中国出版业的新增长点。《2013—2014 中国数字出版产业年度报告》显示，2013 年中国数字出版全年收入规模达 2540.35 亿元，比 2012 年增长 31.25%，保持了快速增长势头。报告显示，在 2013 年中国数字出版产业中，互联网广告、网络游戏、手机出版分别以 1100 亿元、718.4 亿元、579.6 亿元占据收入前三名。在各类业务板块中，电子书增长最快，从 2006 年到 2013 年，中国电子书收入年均增长率为 78.16%。数字阅读正在悄然改变着读者的习惯，数字出版也正在深刻地影响并改变着传统出版业。数字出版产业加速发展，形成了涵盖电子图书、数字报、数字音像、电子杂志、网站、手机报、网游、动漫、多媒体等跨领域的数字出版产业体系。

建设出版强国的奋斗目标之一就是，传统出版产业基本完成数字化升级转型，新兴产业形成良好经营模式，包含数字化技术在内的出版技术影响着出版业的技术素质改善和提升。

在出版业的技术素质方面，出版单位的硬件设备更新周期情况见图 5－5。调查显示，出版单位的硬件设备更新周期较长，“5 年以上”更新周期比较普遍，在四种类型出版单位中的比重都在 38% 以上，最高达到 57.28%（图书发行单位）；“2—5 年”更新周期的比重高，除图书发行单位的该项比重为 35.24% 外，其他三种类型的出版单位的该项比重都在 50% 左右。当今社会中，技术更新日新月异，硬件设备作为技术应用的重要载体，如果更新速度慢，就会被国际同行远远抛开，更谈不上提升竞争力，寻求企业长远发展等目标了。

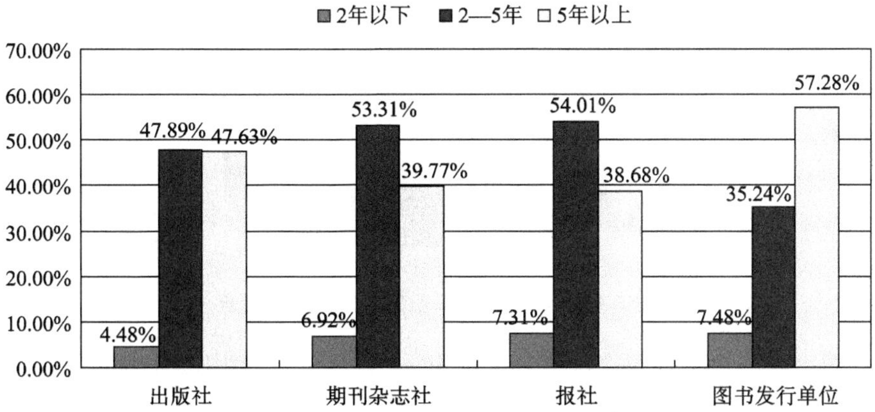

图 5-5　出版单位的硬件设备更新周期

在出版业的技术素质方面，出版单位的编辑校对技术情况见图 5-6。调查显示，采用全部智能化编校技术的出版单位比重非常低，平均约为5.70%，其中，报社的情况稍好，但也没能超过 10%，仍处于较低技术水平。对出版单位来说，“人工编校”的情况仍然非常普遍，在出版社、期刊杂志社以及报社中，该比重为 40% 左右，也说明编校技术水平低，提升的空间很大，转型升级中技术素质提升的需求非常高。

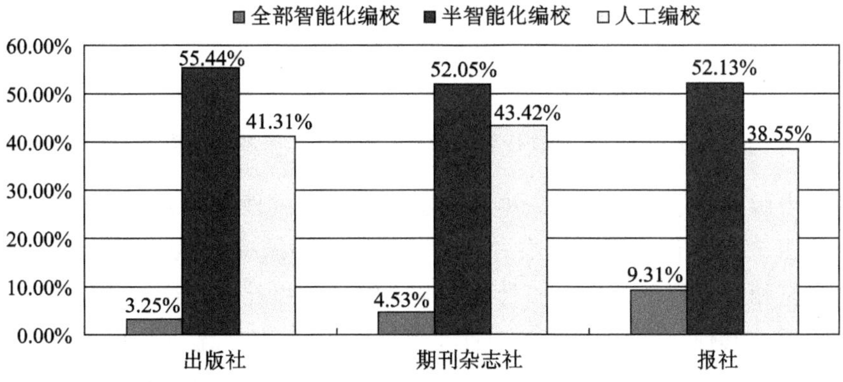

图 5-6　出版单位在编辑校对方面所处阶段

对发行单位来说，图书库存管理水平和物流技术水平都能对其技术素质有一定程度上的反映。图书发行单位的图书库存管理情况见图5－7。在图书发行单位中，半智能化管理、人工与高技术结合的中期发展阶段的情况较为普遍，均达到30%以上，处于人工管理阶段的图书发行单位还有一些，达到15.78%，全部智能化管理的比例仍然是最低的，只有12.16%。

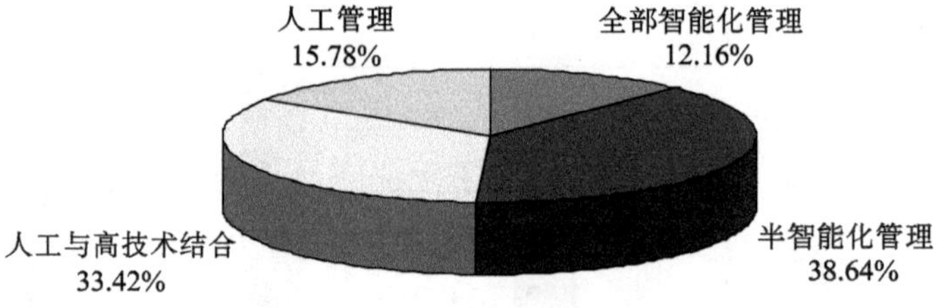

图5－7 图书发行单位图书库存管理情况

图书发行单位的图书物流技术情况见图5－8。在图书发行单位中，处于国际领先水平的图书发行单位比例最低，只有2.87%，落后的情况也较少，为3.57%。物流技术处于国内领先水平的图书发行单位有23.04%，这些企业也是在出版业升级过程中需要努力冲刺国际领先水平的企业，这才能与出版强国的建设目标一致。

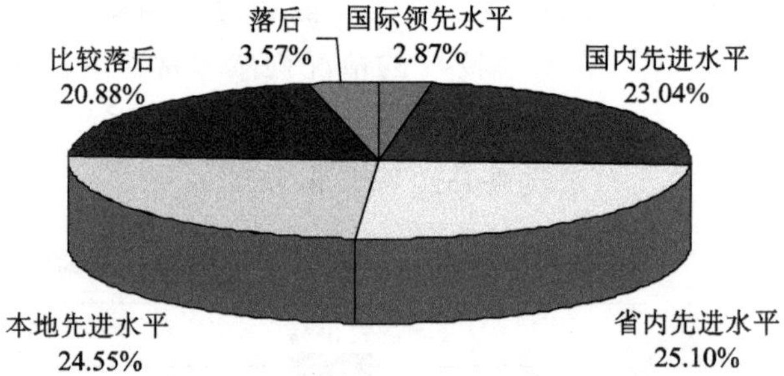

图5－8 图书发行单位现有的图书物流技术水平情况

在出版业数字化转型过程中，出版单位在基础性工作领域中有所探索的情况见图5－9。调查显示，在各种基础性工作领域中，“办公自动化”的实施情况是相对最好的，在出版社、期刊杂志社、报社中，该比重均为50%以上；除了“其他”项，各项基础性工作领域中，实施比重最低的是“电子商务”。从各种出版单位类型来看，出版社在各种基础性工作领域中的探索工作整体比例略高于期刊杂志社和报社。

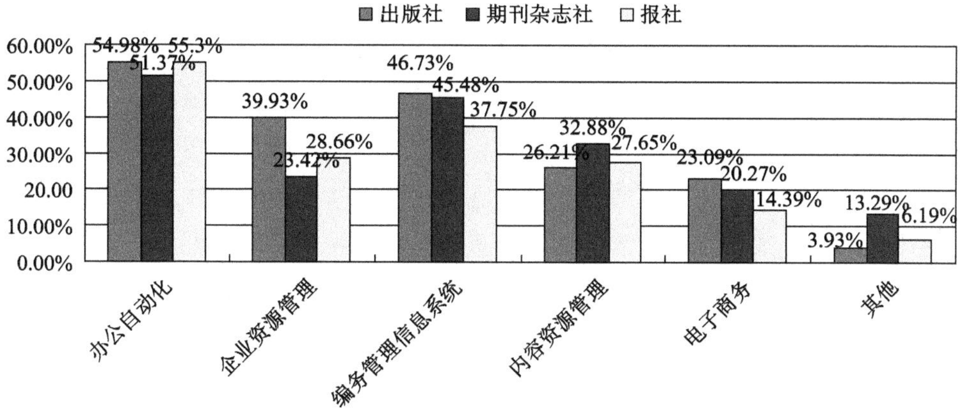

图5－9 在数字化转型过程中，出版单位在基础性工作领域中有所探索的情况

（三）中国出版产业制度与管理素质

在出版业的制度素质与管理素质方面，可以从宏观和微观两个方面分析。

在宏观制度与管理素质方面，要尽快实现管理的科学化，政府职能部门必须加快出版管理体制机制方面的创新，加快培育市场主体，为出版企业健康发展创造良好的制度环境和市场环境，适应出版业市场化、产业化这一趋势，要逐步转变出版管理部门的职能，为出版企业建立现代企业制度和科学的内部管理机制创造良好的条件，通过改革逐步形成统一开放、竞争有序、健康繁荣的新闻出版大市场体系。未来几年内，随着经营性出版单位转企改制的全面完成，出版行业将面临重新洗牌，全国出版格局必将发生重大变化，政府要强化宏观管理职能，出版行政管理要从微观管理转向宏观管理。

在微观制度与管理素质方面，在出版单位转企改制以后，出版企业要建立现代企业制度，实现产权清晰、权责明确、政企分开、管理科学。出版机构由事业单位转变为独立的法人实体，具备进入市场的资格，努力成为兼具赢利性和独立性的市场主体。在经营管理过程中，应实现管理科学化、现代化，合理配置资源，提高企业竞争力。

1. 宏观制度与管理素质分析

推进制度创新，是促进出版业转型升级的关键。打破制度路径依赖，需要借助外部力量。政府应发挥制度创新的主导作用，针对传统出版业结构雷同、同质化竞争问题，打破利益固化格局，建立健全鼓励创新和差异化竞争的体制机制，推出有效政策措施，调动传统出版业升级积极性。

在宏观制度与管理素质分析中，通过对28家出版局的工作人员进行问卷调查，了解出版管理部门中工作人员在培训需求方面的情况，见图5－10。与出版企业的情况类似，出版管理部门中的工作人员有培训需求的比重达到77.18%，没有培训需求的比例只有17.48%。说明在宏观管理部门中，工作人员的培训需求很大。出版局作为出版业的管理部门，其工作人员的专业知识、能力等也直接影响着宏观制度与管理素质水平，培训需求大也在一定程度上反映出出版局工作人员对提升工作能力和水平的主观愿望，有利于宏观制度和管理素质提升。

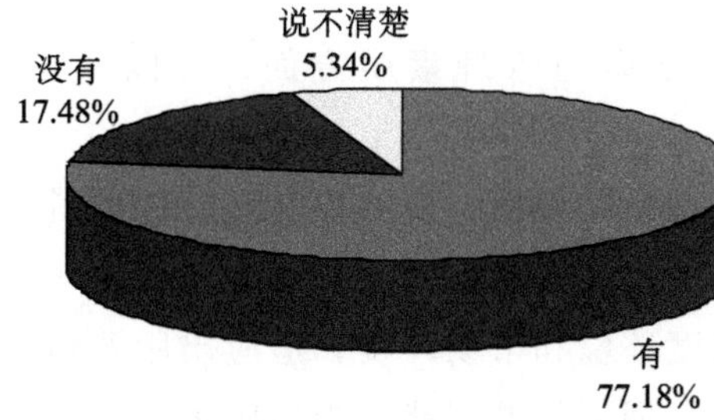

图5－10　出版局工作人员各类培训学习方面的需求

在宏观制度与管理素质分析中，出版局对工作人员的培训频率情况见图5－11。出版局作为出版业的管理部门，其培训制度、培训频率等直接影响着工作人员的素质和能力，进而影响到政策质量与管理素质。从图5－11中可以看出，有近一半的出版局的培训活动没有规律，还有3%的出版局近两年来没有安排过培训。在重视培训、合理安排人员等方面，管理部门都有较大的改进空间。

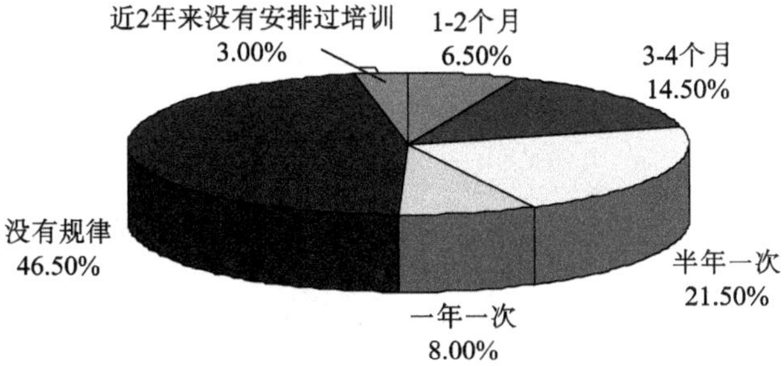

图 5-11　出版局提供一次培训的间隔时间

在宏观制度与管理素质分析中，出版局工作人员对我国目前出版业的整体管理水平评价情况见图 5-12。调查显示，大部分评价认为中国目前出版业的整体管理水平一般，达到 74.15%。出版局是出版业的政府管理部门，其中的工作人员对出版业比较熟悉和了解，尽管有对整体管理水平较高的评价，但比重非常低，仅为 5.37%；还有一定比重的评价认为整体管理水平低或很低，这也反映出中国出版业整体管理水平不高。

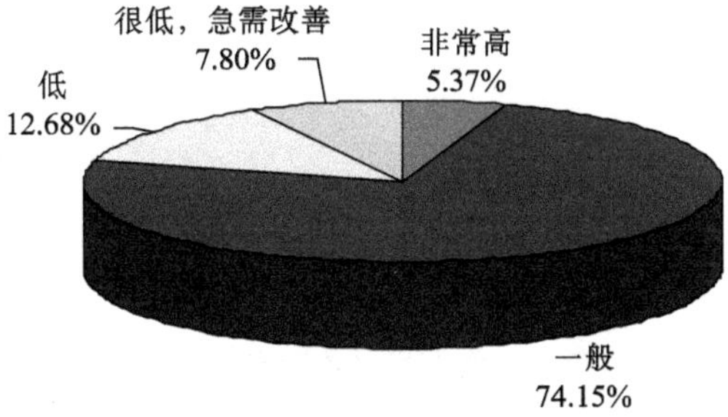

图 5-12　出版局工作人员对中国目前出版业整体管理水平的评价

在宏观制度与管理素质分析中，各省市自治区目前出版领域的主要经营业务是否依靠市场调节的情况，即各省市自治区目前出版领域的市场化情况见图 5-13。调查结果显示，在四种情况类型中，出版领域的主要经营业务依靠市场调节的比重是最高的，为 36.36%，但与其他情况相比，缺乏优势。政府主管部门和市场同时发挥作用的比例也较高，有近 1/3 的省市自治区是这种情况。完全没有市场化的情况仍然存在，达到 17.22%。因此，出版企业市场化仍是出版业转型与升级过程中的重要任务。

在宏观制度与管理素质分析中，出版局工作人员对中国出版业整体素质

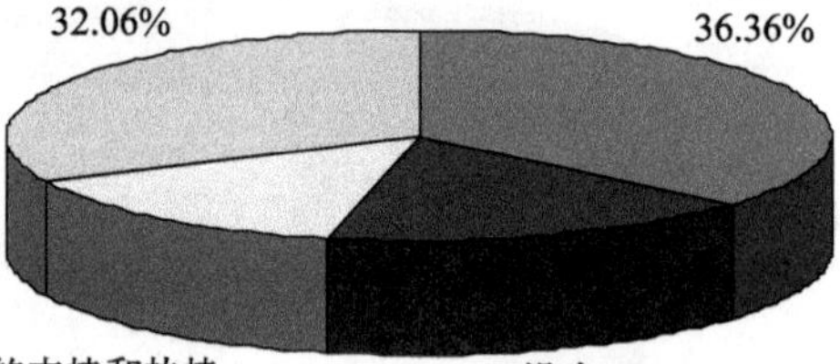

图 5－13　各省市自治区目前出版领域的主要经营业务依靠市场调节的情况

的看法见图 5－14。认为中国出版业整体素质"比较强"的比重最高，超过 50%。认为中国出版业整体素质"很弱"也有 15.64% 的比重，认为中国出版业整体素质"不能适应国际竞争的需要，缺乏竞争力"的情况也较多，有 27.54%，即，认为中国出版业整体素质不容乐观的看法比重也有 43%，因此，出版业整体素质提升的问题值得思考，需要一定的探索和改进。

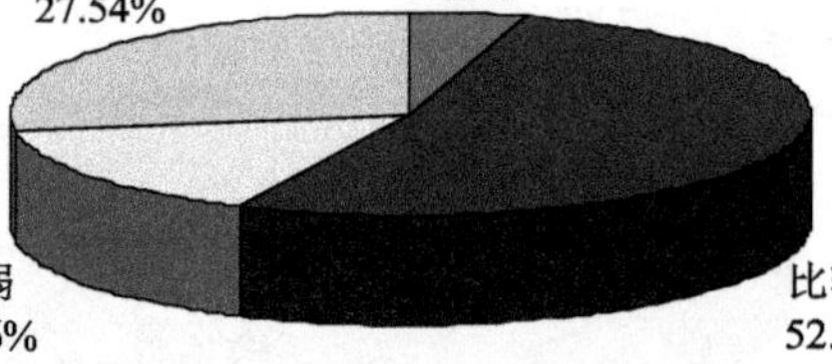

图 5－14　出版局工作人员对中国出版业整体素质的看法

在中国出版业整体素质有一定提升空间的前提下，应该如何提升，本课题组也对此进行了调研，调研结果见图 5－15。调查结果显示，在各种途径中，管理体制是提升中国出版业整体素质时考虑最多的途径，达到 74.16%；此外，管理者素质和从业人员素质也是提升出版业整体素质的重要途径，都超过了 60%；技术水平、信息化水平、国际交流与合作这三种途径也都超过了 40%。因此，提升中国出版业整体素质可以从多途径入手，其中，管理体制、管理者素质、从业人员素质是最重要的途径。

2. 微观制度与管理素质分析

在微观制度与管理素质分析中，通过对出版社、期刊杂志社、报社、图

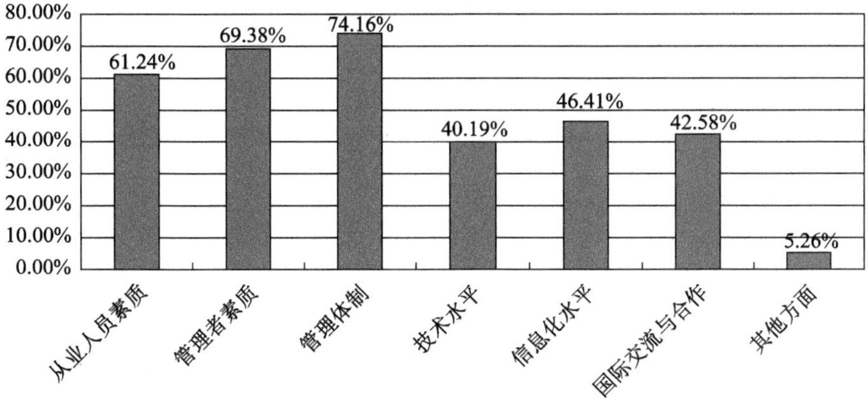

图 5－15　提升中国出版业整体素质的途径

书发行单位的工作人员进行问卷调查，了解出版企业的管理制度、培训制度等情况，见图 5－16 和图 5－17。通过对“出版单位是否拥有比较完备的管理制度或规定”的调查发现，大部分出版单位都有完整的制度，比重超过 66%。“随意性很强”、“没有任何制度”的情况仍然存在，总计达到 11% 以上，在四种类型的出版企业中，期刊杂志社的总计比重达到约 16%。通过对“出版单位是否拥有对出版从业人员技能培训的规范制度”的调查发现，大部分出版单位都有规范的培训制度，比重超过 51%，但是，没有培训制度的情况也比较突出，达到 16.08%—24.20%。由此可见，出版业在转型过程中仍需重视企业制度化、管理科学化的工作。

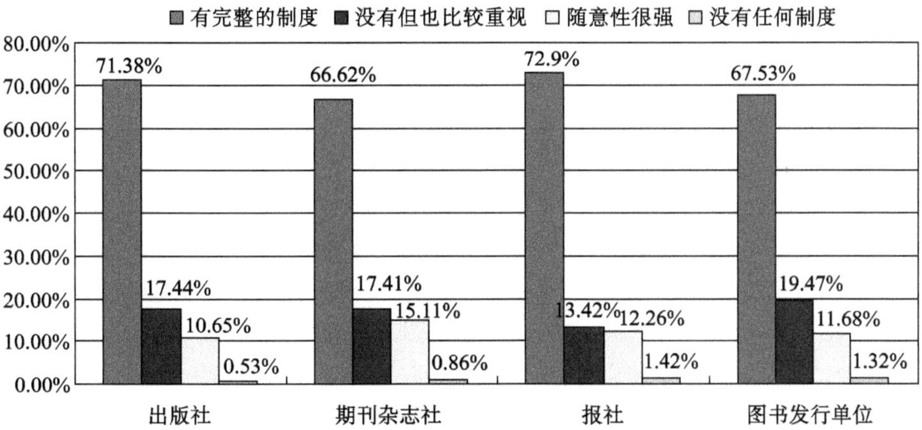

图 5－16　出版单位拥有管理制度或规定的情况

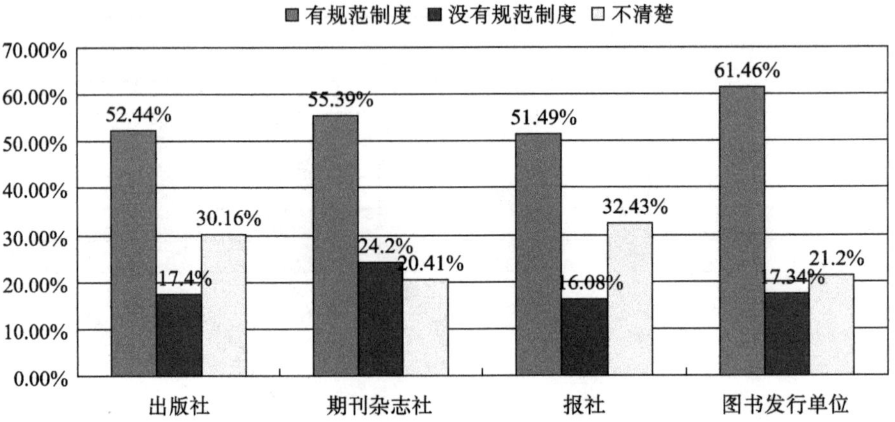

图 5－17　出版单位拥有对出版从业人员技能培训的规范制度的情况

六、中国出版业转型与升级战略模式

中国出版产业素质升级的要素主要包括技术力量要素、政府职能要素、市场因素。中国出版业转型与升级战略模式可以依据这三种要素分为：技术力量主导的出版业转型与升级模式、政府主导的出版业转型与升级模式、市场因素主导的出版业转型与升级模式。其中，政府主导与市场因素在出版产业升级中具有更替性，即，在产业转型之初，以政府主导为主，推动产业转型升级，在产业转型中后期，以市场因素为主，推动产业升级。

（一）技术力量主导的转型与升级战略模式

1. 技术力量主导的转型与升级概况

科技的发展与进步，改变了人们的消费观念和消费模式，形成了世界范围内的互通有无，媒体的数字化、信息化和网络化成为文化全球化快速发展的有效途径。文化产业作为新的产业业态，已成为各国经济新的增长点，在融合第一和第二产业、提升各国文化竞争力方面作用凸显。随着信息化、网络化、数字化的发展，出版产业的多项工作中都有新技术的应用和更替。技术力量主导的转型与升级概况如下：

（1）在出版资源整合、数字出版流程再造、出版物种类及形式丰富化等多个方面应用新技术，如对出版与发行环节进行数据交换，对实体书店、网店、物流等进行数据采集和市场分析，研发数字阅读产品，建立出版资源数据库，建立从实体店到电子商务的立体销售体系。

出版企业通过新技术的应用提高了生产效率，积累了实践经验，从而能够在技术层面形成行业标准或国家标准，使技术得以确立并推广。在《关于推动新闻出版业数字化转型升级的指导意见》（简称《意见》）中，就有“开展数字化转型升级标准化工作”的说明：支持企业对《中国出版物在线信息交换（CNONIX）》国家标准开展应用，支持企业对《多媒体印刷读物（MPR）》国家标准开展应用，支持企业面向数字化转型升级开展企业标准研制。

（2）在出版企业的软硬件设备中使用基于新技术的新设备、工具及系统。出版企业采购用于出版资源深度加工的设备及软件系统，采购用于出版业务流程改造、产品生产与投送的软件及系统，采购版权资产管理工具与系统，根据新技术和新设备的情况以及企业自身的情况，及时更新设备。出版企业以实现出版资源的知识结构化、信息碎片化、呈现精细化为目标，使用基于高新技术的设备进行深度加工服务；出版企业采购专用的扫描设备、识别软件等资源录入设备及软件；出版企业以数字环境下出版业务流程再造、实现出版业务流程完整性为目标，采购出版内容资源数字化加工软件、内容资源管理系统、编辑加工系统、产品发布系统等软件及系统；出版企业以实现出版产品表现形式完整性为目标，采购关联标识符编码嵌入软件；出版企业以支撑新闻出版企业版权运营多元化为目标，为全面开展版权运营奠定基础。以新技术为基础的出版软硬件设备的更新换代产品市场化后，必然带动部分出版企业选择新产品，进而推动整个产业的技术设备水平。

（3）出版企业使用新技术后，必然带来新的培训需求，或者给企业带来新的人才需求。无论企业从外部招聘人才来使用新技术，还是通过内部培训使老员工掌握新技术、新技能，都是对企业自身人才队伍水平的提升，即使是以新技术为基础的软硬件设备的更新换代产品投入使用后，也需要工作者适应和熟悉新设备，也对人才队伍水平的提升有正向作用。

（4）技术力量主导的转型与升级模式探索，从传统出版类型升级的角度展开可以划分为三种模式：教育出版转型升级模式、专业出版转型升级模式、大众出版转型升级模式。

在教育出版转型升级模式探索中，出版企业以开展电子书包应用服务项目为主要模式。包括：研制电子书包（数字出版教育应用服务）系列标准；

以课程标准和完整的教材教辅内容框架为基础，整合内容资源，开发富媒体、网络化数字教材，开展立体化的教育出版内容资源数字化开发，打造数字资源库，为电子书包试验的顺利推进奠定内容基础；构建对教育出版内容的价值评测、质量评测的完整评测系统；研发包括下载与推送、使用统计等功能的教育出版内容资源服务系统；构建包括教学策略服务、过程性评测、个性化内容推送、内容互动服务等教学应用服务支撑体系，并开展入校落地试验；基于用户数据分析技术开展个性化定向投送平台建设（B2C 模式），基于集团化学习的出版资源投送平台建设（B2B 模式）。

在专业出版转型升级模式探索中，出版企业服务领域划分、联合开展专业数字内容资源知识服务模式为主。包括：开展知识挖掘、语义分析等知识服务领域关键技术的应用，基于专业内容的知识服务标准研制，基于专业出版内容的知识资源数据库建设，基于知识资源数据库的知识服务平台建设。

在大众出版转型升级模式探索中，出版企业更关注阅读者需求，探索引导大众阅读方向的模式创新，包括：形成线上与线下互动（O2O）的出版内容投送新模式，建设经典阅读、精品阅读产品投送平台。

2. 技术力量主导的转型与升级战略模式

技术力量主导的转型与升级包括以下几个要素：一是新技术在出版业务环节[①]中的应用；二是新技术在出版软硬件设备或系统中的应用；三是在工作中应用新技术的出版人才队伍；四是使用新技术的传统出版业务（如教育出版）。技术力量主导的转型与升级战略模式如图 6－1 所示。

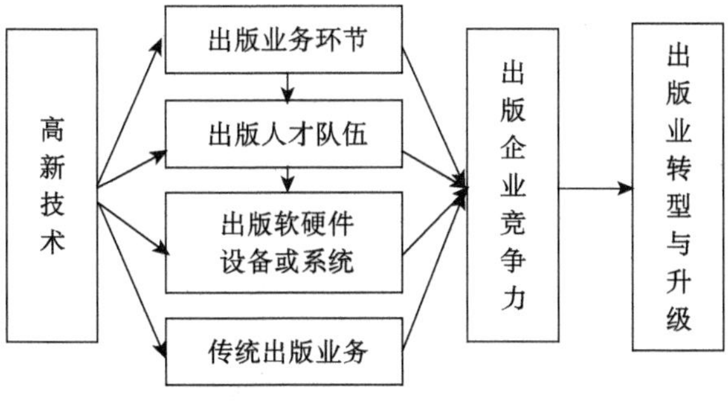

图 6－1 技术力量主导的转型与升级战略模式

① 此处的“出版业务”是指出版产业链中的各业务环节，而不是狭义的出版业务。

以技术力量主导的转型与升级战略模式中，以高新技术为主导力量，高新技术的应用会影响到出版业务的开展，影响出版软硬件设备或系统的应用，影响出版人才队伍中知识系统、技能等的调整及人才队伍水平的提升，影响传统出版业务的升级调整。而在出版业务环节等四项因素中，出版业务环节和出版软硬件设备或系统的应用又会影响出版人才队伍的水平，这四项因素共同影响出版企业竞争力的形成，进而影响出版产业转型与升级的效果。

3. 技术力量主导的企业转型的案例

（1）电子工业出版社。电子工业出版社围绕“从传统出版社向现代知识服务商转型”这一战略目标，从资源数字化管理和知识网络化服务两个角度入手，借助行业特色和自身出版优势，依托结构化加工，开放共享协议、内容动态关联和重组以及数字内容资源全媒体发布等关键数字技术，开展基于云计算的知识资源服务、动态数字出版应用，开放存取共享服务等数字出版实践，同时积极拓宽数字出版领域，尝试基于内容的知识服务模式，探索基于移动互联网的增值电信业务，有力推动了传统出版向数字出版的转型。

（2）知识产权出版社。知识产权出版社可以说是国内出版界按需出版的最早实践者。该社数字出版部在 2001 年就以北京中献拓方科技发展有限公司名义独立运作，公司于 2001 年建立了第一条 OCR 数据加工生产线。多年来，通过自主研发，逐步形成了科技文献、古籍文献、图书和期刊数字化处理方面的核心竞争力和技术优势，已成为具有较好发展潜力、在国内外有一定影响的数字出版专业机构。

该公司在数据加工方面取得了一系列的业绩。包括中国国际图书贸易总公司“中国多语种外宣图书数据库”项目，国家知识产权局专利局“国外专利文献数字化加工与处理”项目，完成了美国、德国、法国、俄罗斯、日本、西班牙等国专利文献数据加工和标准化转换工作。还承接了原新闻出版总署“中国共产党思想理论资源数据库与传播工程图书数字化”项目、上海新闻出版局的“沪版图书内容资源数字化工程”一期项目、中国出版集团的“中国数字出版网数据加工”项目等，在数据加工方面形成了较大的品牌优势。

（3）浙江大学出版社。浙江大学出版社数字化转型取得较大成效得益于其对数字出版尤其是数字内容服务领域的深入研究与实践。近年来，依托浙江大学计算机学科优势，该社先后承担了“面向家庭的个性化数字出版服务关键技术研究与应用示范”（浙江省科技厅社会发展优先主题项目）、“浙江大学机构知识库”（浙江大学信息化项目）、“数字西域文化与数字出版服务”（2012 年入选新闻出版改革发展项目库）、“基础教育核心资源库及交互教学服务平台”（杭州市数字出版基地项目）。此外，该社围绕数字化转型需求，先后启动了“支持跨平台、浸入式、社交化学习的新一代数字化教材 APP、支持多终端阅读的求是书城 APP、面向基础教育的移动学习 APP、基于 LCMS 的网络教育服务平台（2013 年入选新闻出版改革发展项目库）、基础教育试题库、数字营销服务平台”等多个产品与平台的研发工作，积极探索数字内容产品形态与服务模式。

（二）政府主导的转型与升级战略模式

1. 政府主导的转型与升级概况

以政府为主导，通过宏观政策推动出版业转型与升级。党和政府从国家文化发展战略的高度出台了文化体制改革的一系列政策，这些政策落实到新闻出版领域就表现为“事转企”。新闻出版单位由“事业单位、事业管理”或由“事业单位、企业管理”转变成企业，完成“去事业化”的改革，在法律上成为市场主体，这是新闻出版单位体制的重大变革。这一变革是政策促进、引导，甚至是政策“高压”的结果。政府主导的转型与升级概况如下：

（1）通过财政政策支持示范性企业及项目开展，推动产业转型与升级。政府主管部门支持一批新闻出版企业，优先扶持已完成出版体制改革、具备一定数字化转型升级工作基础的新闻出版企业，鼓励新闻出版企业在数字化转型升级进程中大胆创新，探索新产品形态、新服务方式、新市场模式，形成示范项目并进行推广。如，中国首批“数字出版转型示范单位”于 2013 年确立，首批示范单位总计 70 家，包括出版集团 5 家、图书出版社 20 家、报业集团 5 家、报社 20 家和期刊社 20 家。开展“数字出版转型示范工作”，主要目的是遴选一批在数字出版业务领域起步较早、思路清晰、成效明显的传统出版单位，通过树立典型，交流、借鉴和推广实践经验，探索开辟传统出版业转型升级之路。

除支持出版企业外，政府主管部门实施一批转型升级项目，优先支持已经先行启动转型升级项目的企业，对不同支持方向的转型升级项目并行推进，正确处理政府与市场关系，充分发挥财政资金引导示范作用，培养企业市场风险意识，提高企业市场应对能力。

（2）通过政策引导吸引公众关注，提高社会公众对出版业的关注度和认知度，引导社会资本投入到出版业，推动产业转型与升级。比如，受政策引导，投资者高度关注新闻出版上市企业，社会资本可以借此进入出版业。新闻出版企业的上市是文化体制改革与发展的重大成果。这些长期由国家严格管理的事业单位，一举改造成为负责任的公众企业，焕发了活力，产业集中度更高，经营更规范，约束更有力，发展路径更宽广，企业获得投资者的认同，社会资金快速地向新闻出版产业聚集。2010 年《关于金融支持文化产业振兴和发展繁荣的指导意见》发布后，更多风险投资基金、私募股权基金等多元化的资金受鼓励进入新闻出版产业，一场“文化基金”的热潮开始席卷风投界。在政策的推动下，闻风而动的金融资本进一步加大对文化产业的掘金力度，而新闻出版上市企业以其得天独厚的优势，获得更多的资本青睐，进而推动出版企业发展。

（3）通过政策引导出版产业发展。在信息化、网络化及产业融合趋势的影响下，政府主管部门进一步优化政策，积极推动中国新闻出版业和广播电视业融合打造传媒全产业链，从而为中国出版业的发展创造新的融合空间。伴随着国家宏观政策的调整和中国新闻出版产业乃至整个传媒业布局的优化，出版企业也将从产业发展优化中获得提升，促进企业发展。今后传统出版与数字出版的融合，互联网与移动互联网的融合，虚拟与现实、线上（数字内容）与线下（实体出版物）的融合，产业链间渠道与平台、平台与终端、终端与内容的融合将全方位展开，最终使中国新闻出版业顺利转型升级，实现新的跨越式发展。

（4）通过完善版权保护等法律制度保障出版企业开展数字化业务，推动出版业转型与升级。政府通过重视版权，加大版权保护力度，促进版权保护的相关法律法规出台，保障数字出版业的合法权益。进入数字出版时代，盗版技术日益精进、高超，侵权手段日趋复杂，版权保护难度加大。中国目前对数字出版的版权保护机制尚不完善，管理水平明显滞后，版权问题已成为阻碍数字出版发展的巨大瓶颈。中国相关政府部门应加强协作，完善数字版权立法，加大数字版权保护力度，维护数字作品著作权人和数字出版商的合法权益，为数字出版产业的长足发展提供保障。

2. 政府主导的转型与升级战略模式

政府主导的转型与升级包括以下几个要素：一是宏观整体政策；二是财政政策；三是出版产业政策；四是示范性企业及项目；五是社会资本；六是版权保护法律法规。政府主导的转型与升级战略模式如图6－2所示。

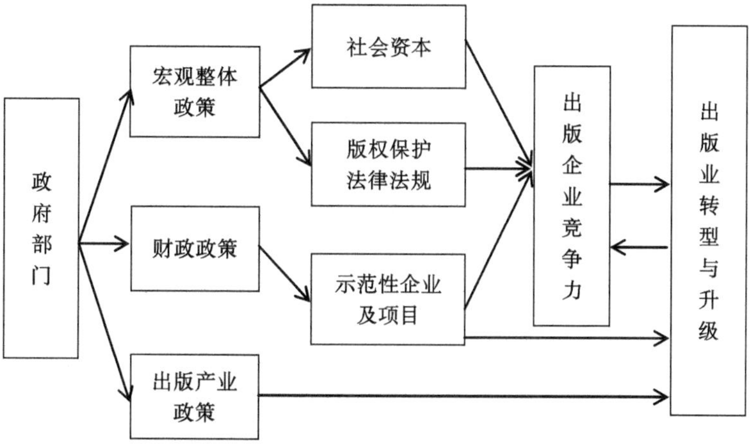

图6－2 政府主导的转型与升级战略模式

在政府主导的转型与升级战略模式中，政府制定推动出版业发展的宏观政策、财政政策以及出版产业政策。首先，在宏观政策的引导下，出版产业受到社会公众关注，社会资本投入出版企业中，会增加出版企业的资本积累，有利于提高出版企业竞争力，进而推动出版业转型与升级。其次，在宏观政策的推动下，能加快版权保护的相关法律法规出台，为出版企业开发数字化业务提供法律保障，有能力的出版企业不必担心盗版等问题时，全力投入数字化升级工作中，企业竞争力也能得以有效提升，进而推动产业转型升级。再次，政府通过财政政策支持示范性企业及项目开发，一方面可以直接提高示范性企业、实施示范性项目的企业的竞争力，再推动产业转型升级；另一方面，可以通过示范性实践树立典型、推广经验，直接推动出版业转型与升级。最后，政府制定出版产业政策，也可以直接推进出版业转型与升级，推进产业发展，然后再推动出版企业竞争力的提升。

3. 政府主导的企业转型与升级实践

2003年后国家出台了一系列推动文化产业发展的政策，譬如中共中央办公厅、国务院办公厅发布了《中共中央宣传部、文化部、国家广电总局、新闻出版总署关于文化体制改革试点工作的意见》；2005年，中共中央、国务院发布了《关于深化文化体制改革的若干意见》；2008年，国务院办公厅颁发了《关于文化体制改革中经营性文化事业单位转制为企业和支持文化企业发展两个规定的通知》；2009年，原国家新闻出版总署颁发了《进一步推进新闻出版体制改革的指导意见》。这些政策推动了新闻出版单位“去事业化”，努力打造新型的市场主体，为新闻出版业发展发挥了正面的政策效应。就数字出版转型升级而言，原国家新闻出版总署还分别出台了《数字出版“十二五”时期发展规划》、《关于加快我国数字出版产业发展的若干意见》、《关于推动我国电子书产业发展的意见》等一系列文件。

在政府主导下，在上述多项政策以及《文化产业振兴规划》、《关于金融支持文化产业振兴和发展繁荣的指导意见》等的影响下，文化体制改革得以深化，在政策的推动下，一些有条件的优质企业利用多种渠道融资，顺利上市。辽宁出版传媒上市时间最早，2007年底采用的是IPO整体上市的方式，被称为“中国出版传媒第一股”，2009年以来出版企业上市步伐加快。2010年新闻出版行业内的多家国有大型出版集团通过IPO或“借壳”方式纷纷上市，上市的地点大都集中在国内主板。可以说，没有政策的驱动，就没有新闻出版上市企业，政策因素是新闻出版上市企业在短期内发展强劲的直接和主导因素。新闻出版上市企业，在短期内表现出了强劲的发展势头，在上市之初得到投资者认同，上市之后呈现高效益、高增长的特征。

（三）市场主导的转型与升级战略模式

1. 市场主导的转型与升级概况

出版业转企改制的一个关键目的就是使出版企业真正成为独立的市场主体，积极地面对市场环境变化，寻求企业发展和繁荣之道。出版企业转型升级就是要由长期形成的“内容提供商”向“信息服务商”的角色转变，由被动的“以产品为中心”的观念向主动提供服务的“以受众为中心”的观念转变。市场因素主导的转型与升级概况如下：

（1）通过顾客需求引导出版业转型升级。出版企业作为市场主体，直接面对顾客，要以市场和顾客需求为导向，及时分析和掌握顾客的真实需求现状及变化。以资源为前提，以平台为基础，以技术为驱动，实现和顾客的良性互动，进而以顾客（而非内容）为中心构建自身的竞争优势。通过增强产品丰富度、现实体验感、服务便捷高效性等满足顾客多样化、个性化需求，在人与信息的结合和互动中产生新的商业模式。通过大数据的挖掘、分析，掌握顾客的关注度、满意度等情况，提供个性化产品和服务，是出版业转型的路径。

出版企业要掌握目标顾客的需求特征、阅读习惯等，积极探索有效的发展模式。目前，中国数字出版产业已逐渐形成如下经营及盈利模式：以盛大文学等为代表的原创网络文学出版模式；以方正集团等为代表的数字图书馆模式；以同方等为代表的学术期刊数据库营销模式；以三大电信运营商为代表的手机阅读模式；以汉王等为代表的手持阅读终端移动阅读模式；以中文在线等为代表的全媒体出版模式；以网易等为代表的网络游戏出版模式；正在开发的电子书包和云出版模式等。

（2）通过关注供应商的变化引导出版业转型升级。互联网的出现让作者有了发布信息或观点的平台，从而成为广义的作者，特别是一些社会性软件如博客、微博等提供了便捷的交流平台。因此，对出版商来说，供应商有了特殊的形式，顾客也可以成为作者，即顾客可以转换为供应商，每个人都可以成为信息发布者，并以自己为中心形成信息源，平等参与和业余化正成为时代趋势。新媒体时代知识或信息的传递更为直接，形成了更方便快捷的直线传播，消除了时滞，使印刷、出版等中间环节在很大程度上失去了存在价值，数字化给传统出版业正带来全面、深刻乃至颠覆性的影响。

在这种情况下，自出版模式应运而生，自出版也称为“原生电子书”，是指作者利用电子图书平台自主出版书籍或多媒体产品。如亚马逊推出的Kindle直接出版体系，将作者的自出版和Kindle推广平台整合起来，建立起了作者、读者和内容之间的连接和互动。在“自出版”模式下，亚马逊等技术商从平台服务直接获取了内容优势，在自出版过程中，编辑成为作者自主出版的指导者而非传统意义的把关人，以满足读者自出版的需求或体验而赢取利润。数字化时代的出版业面临的是新产品模型、新制作流程、新盈利模式，“自出版”模式立足于特定领域，满足特定人群的特定需求，也在一定程度上推动传统出版的转型升级。

（3）关注产业的新进入者，通过提供内容服务来推动出版业转型升级。数字技术使出版产业增加了很多新的进入者，包括苹果、谷歌、中国电信等大的电子商务企业。这些企业凭借技术的优势以及技术优势带来的渠道，在数字出版产业中占据优势地位，有的已经建立起了很好的商业模式。虽然图书有很多优势，但新媒体所具有的海量存储、搜索便捷、成本低廉、互动性强等优势确实不容忽视。在数字时代，读者面对海量内容也具有选择困难。因此，出版企业要满足读者的需求，有条理、有方向、有水平地在大量数字内容中寻找所需的内容。其提供的内容需要个性化的呈现，而不是简单地整合资源和汇编文库。这种内容定制服务可以成为传统出版商的核心竞争力，国际上的一些大出版商如培生、圣智等已经抢滩成功。以教材出版为例，现在的电子书多是纸质版的简单重复，而将来的发展趋势应该是充分利用网络资源的丰富性，并满足用户差异化的需求。比如培生，它形成了以学生为中心的个性化学习系统、教学数据管理、在线测评系统等，都不再是简单的内容移植和出版，而是以数字化的方式与手段去解决教育的全方位问题。在这种转换中，出版和信息、咨询服务的壁垒被打破。出版社通过集约整合内容资源，将特定内容提供给读者以满足个性化需求，通过对内容资源的管理，能够帮助读者获得个性化内容而实现盈利，对处于转型中的出版业来说，也得到了产业素质的提升。

（4）加强数字出版知识产权保护，通过技术提升实现出版业转型升级。数字版权保护是出版企业向数字化转型升级的基础，数字出版物具有搜索即使用、点击即阅读、下载即复制、复制成本低、传播速度快的特点，一旦被大规模地无偿复制、传播利用，产品的价值就会大幅下降，直接损害企业的经济效益，严重伤害研发者投入的积极性，最终有可能导致数字出版企业业务停滞不前。只有加强数字版权保护，才能及时确立出版企业对数字产品的法定权利，最大限度实现数字产品的价值，激发企业的创新活动。出版企业开发或购买新技术，或者与其他企业合作，使数字出版物不可复制。在这一过程中，提升出版企业的技术水平或技术应用水平，也能达到提高企业竞争力的目的，进而实现产业转型升级。

2. 市场主导的转型与升级战略模式

市场主导的转型与升级可以包括以下几个要素：一是顾客需求；二是顾客转换为供应商（作者）；三是产业新进入者（电子商务企业）；四是数字版权保护；五是基于需求的多样化战略模式；六是自出版模式；七是内容服务提供模式；八是数字版权保护技术应用模式。市场因素主导的转型与升级战略模式应呈现出如图 6－3 所示的形式。

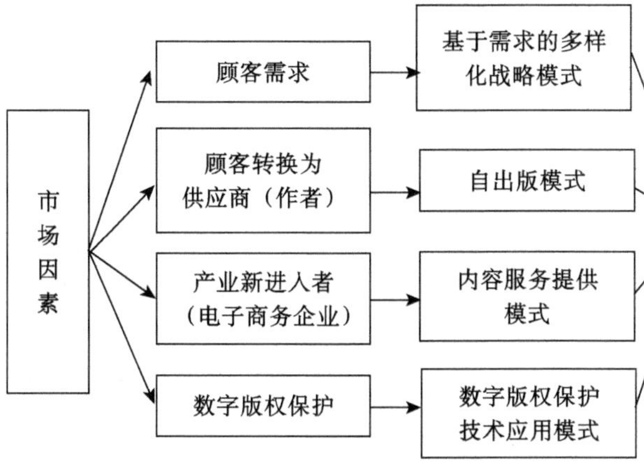

图 6－3　市场主导的转型与升级战略模式

市场主导的转型与升级战略模式中，顾客需求、顾客转换为供应商（作者）、产业新进入者（电子商务企业）、数字版权保护这四种因素分别推动着四种战略模式的形成。这四种模式分别是：基于需求的多样化战略模式、自出版模式、内容服务提供模式、数字版权保护技术应用模式。这些模式能有效地提高出版企业竞争力，进而推进出版业转型与升级。

3. 市场主导的企业转型与升级案例

（1）人民军医出版社。早在 2009 年，人民军医出版社就围绕“做高端医学出版的引领者、数字医学出版的开拓者、优质出版资源的整合者”这一战略目标转型，开始在国内率先探索数字出版的全新模式。2010 年开始，该社出版的新书实现了以阅读卡形式同步提供，读者可免费对纸书的内容上网在线阅读，并深度链接“中华医学资源核心数据库”查询相关医学专业知识。在国内外出版界中，该社首创了对医学书＋数据库的注解式无障碍阅读，这也是其跨媒体出版物有别于其他电子出版物的显著标志。该社还开通了“军医网上书城”，推出了线上拷贝版电子书、数据库关联版电子书；在实体书城中，推出捆绑型网络数据库版+光盘版电子书。同时，手机版电子书、掌上医学图书馆也同步推出，形成了对数字产品的系列化布局，以多层面的产品形态来满足读者的不同需求。

（2）北京师范大学出版集团。近年来，北京师范大学出版集团在推动传统出版结构转型的同时，加快从传统出版向数字出版转型升级的步伐，制定了“以数字出版为龙头，以图书出版为主体，以音像电子出版和印刷为两翼”的发展战略。2011年成立数字化建设领导小组和数字出版中心，启动数字出版业务，2013年组建数字出版公司，深度整合出版集团的数字资源和特色优势，加大力度、加快速度推进数字出版业务，取得了阶段性成果。数字产品净收益2011年达198万元，2012年达343万元，“数字出版基地”项目和“面向儿童全面发展的少儿读物互动产品”项目，先后获得1300万元文化产业专项资金支持，被原新闻出版总署列入MPR出版支持单位。未来一段时期，北京师范大学出版集团将以面向教育领域的互联网和移动互联网出版作为数字出版的战略发展方向，充分利用外部数字出版资源和教育资源，积极参与教育信息化建设，抓住数字出版带来的发展新机遇，实现从内容提供商向内容运营商和内容服务商的转变，重构和延长出版产业链，探索、建立适合北师大出版集团的、可持续健康发展的数字出版模式。

七、中国出版业转型与升级战略对策

中国出版业转型与升级的实践要以邓小平理论、“三个代表”重要思想、科学发展观为指导，按照加快转变经济发展方式和全面建成小康社会的总体要求，以改革创新和科技进步为动力，以知识产权保护利用和创新型人力资源开发为核心，充分发挥市场作用，着力激发市场主体活力，促进资源合理配置，强化创新驱动，优化发展环境，切实提高中国出版业的整体质量水平和核心竞争力，大力推进与相关产业的融合发展，更好地为满足人民群众日益增长的物质文化需要服务。中国出版业转型与升级过程中，要继续深化体制改革，用改革的办法解决发展中的问题，加快构建结构合理、门类齐全、科技含量高、富有创意、竞争力强的现代出版产业体系，推动新兴产业发展，推动传统出版业的转型升级。

党的十八大把“中华文化走出去迈出更大步伐”作为全面建成小康社会的重要目标之一，把“中华文化国际影响力不断增强”作为建设社会主义文化强国要开创的五个新局面之一。中国要从出版大国走向出版强国，出版业转型与升级战略目标的实现是核心任务。第一，基本建立起统一开放、竞争有序、健康繁荣的现代出版物市场体系，新闻出版产品和服务更加丰富，培养一批高素质人才，培育一批具有核心竞争力的企业，打造一批具有国际影响力的出版企业；第二，新兴业态蓬勃发展，数字出版等战略性新兴产业的发展达到世界先进水平；第三，促进新闻出版业发展方式转变到位，强化出版业的作用，逐渐建立出版业与相关产业全方位、深层次、宽领域的融合发展格局；第四，新闻出版业走出去政策体系更加完备，提高新闻出版企业海外投资水平，培育一批有国际影响力的知名品牌，打造一批实力雄厚、有国际竞争力的“走出去”企业，基本扭转新闻出版产品和服务的出口逆差状况，提升中国出版业的国际竞争力和影响力。

面对出版业的新形势，从实际出发，研究加强出版管理、推动产业转型升级的新制度、新办法，从出版、科技、财政等方面，建立统一的协调管理机构，从市场准入、行业竞争、技术标准、版权保护方面制定新的规则，加强管理，减少无序竞争，合理降低企业的准入、退出门槛，进一步降低政策风险。中国出版业在发展过程中，其转型与升级战略对策可以从三个层面展开，即：政府宏观层面的战略对策，出版产业中观层面的战略对策，出版主体微观层面的战略对策。

（一）政府宏观层面的战略对策

随着中国出版业转型与升级工作的推进，从政府层面来看，政府要进一步强化宏观管理职能，出版行政管理要从微观管理转向宏观管理，政府宏观层面的战略对策主要包括以下几个方面：一是推动出版理念转变，作为指导宏观战略对策的制定与实施的基础；二是加快重塑和培育出版市场主体，加快出版物市场体系建设，增强产业竞争力；三是要加强宏观调控，推动出版产业结构调整；四是加强出版制度、法规建设，完善出版政策体系；五是增强创新动力，鼓励高新技术在出版业应用，推动数字化转型升级；六是重视出版人才的发展规划，建设符合行业需求的人才队伍；七是制定切实可行的政策和措施，加快中国出版业国际化步伐。

1. 推动管理理念转变，从宏观上逐步实现由政府主导向市场主导转变

在全球化市场环境下，出版产业的跨越式发展需要转变政府职能，深化出版管理体制改革，实现由政府主导向市场主导转变，真正发挥市场在资源配置中的决定性作用。在政府宏观层面，从政府管理部门开始转变出版管理理念，并以此作为宏观管理、战略政策制定与实施的基础。要清醒地评估中国出版业的真实现状，把握出版业的发展规律，以科学的、前瞻的、与时俱进的思想与观念指导中国出版业在“后改制”时代顺利过渡，成为可持续发

展的产业。出版业在图书的生产和运输过程中会有大量资源和能源消耗。因此，出版理念转变既是适应政治、经济、社会、技术的发展需求，也是行业自身进行技术革命、产业转型、新能源开发的需要。事实上，不仅政府管理部门要完成这种出版理念的转变，出版企业的管理层甚至是每一个出版人都需要完成出版观念的转变。

针对中国国情和所有制结构，转变政府主导产业的初始阶段发展模式，应积极实现以市场需求为导向，理顺部门职能，减少行政交叉，实现出版产业经营主体自主经营、自负盈亏。形成科学规范、统筹有序、务实高效的产业推进机制，加快出版产业跨地区、跨行业、跨部门、跨所有制的兼并重组与战略合作。政府还应从产业特性出发，借鉴发达国家的先进经验，打破行业垄断，降低准入门槛，简化审批手续，逐步实现由政府主导投资、银行发放贷款，向政府、企业、个人、社会力量共同参与的多元化投融资渠道转变，形成跨产业投融资的市场化资本助推机制，完善出版产业投融资体制，实现出版产业融资的市场化发展。而出版管理部门要适应出版业市场化、产业化这一趋势，逐步转变管理部门职能，为出版企业建立现代企业制度和科学的内部管理机制创造良好的条件，通过改革和发展，逐步形成统一开放、竞争有序、健康繁荣的新闻出版大市场体系。

2. 培育市场需求，壮大出版市场主体，增强产业竞争力

在政府宏观层面，还需要培育市场需求，提高人文素养，推动转变消费观念，激发出版物消费需求，鼓励有条件的地区补贴居民文化消费，扩大文化消费规模。消除部门限制和地区分割，促进形成统一开放、竞争有序的国内市场，增强图书消费能力，从投资驱动向消费拉动转变。按照读者需求进行生产开发，符合市场规律。长期以来的行业发展经验和模式使中国出版产业多关注“能生产什么”，事实上，对于产业化的出版业来说，关注“读者需要什么”更有利于产业的长远发展。如果过于强调以产业扶持政策引导发展、拉动生产，对生产者进行补贴，容易造成产能过剩、出版物滞销，同时又缺乏真正符合消费者和市场需求的高水平出版物。培育市场需求，提高产业的创新能力，从补贴生产者转变为补贴消费者，利用财政补贴、税费优惠、鼓励引导等方式来激活文化市场，形成产业发展的内生动力，通过读书活动、全民阅读日、文娱活动等逐步提高群众的文化消费意识，在文化资金上对消费者给予一定的免费与优惠措施，提升居民收入中用于文化消费的比重。大力推广数字阅读，传播阅读理念，培养全民阅读习惯，提高全民阅读能力。培育新的文化消费点，利用网络等数字媒体资源，开发文化消费的多种有效实现路径，突破地域、行业限制，发挥文化消费对出版业的整体拉动力。

加快重塑和培育出版市场主体，加快出版物市场体系建设。建设统一开放、竞争有序、健康繁荣的现代出版物市场体系，建立良好的出版秩序。鼓励各类市场主体公平竞争、优胜劣汰，促进出版资源在全国范围内流动。除公益性出版事业单位需要在政府扶持下规范运作外，其他出版单位都应以建立现代企业制度为目标，创新体制、转换机制，真正成为自主经营、自负盈亏、自我发展、自我约束的市场主体。

在培育出版企业成为市场主体的同时还要引导产业发展，进而增强出版业竞争力。围绕提升产业竞争力，出版管理部门要继续转变政府职能，构建和完善出版社会公共服务体系，建立健全出版业与相关产业融合发展的技术标准体系，加快制定修订一批相关领域的重要国家标准。鼓励行业组织、中介组织和企业参与制定国际标准，支持自主标准国际化。在转型和变革背景下，出版产业发展的新态势和国内国际市场竞争的新形势，决定了引导出版产业发展、增强产业竞争力成为出版行政管理的核心职能。实现政策松绑，解放被束缚的出版生产力，政府部门要重新梳理政策文件，废除不利于出版创新的制度规定。

在提高产业竞争力的具体措施中，包括积极推进出版单位的分类改革，鼓励国有出版企业引进战略资本，实行股份制改造，积极引导民间资本投资出版领域；积极推动和支持有条件的出版企业“走出去”，扩大出版物产品和服务出口，通过海外并购、联合经营、设立分支机构等方式积极开拓国际市场；实施出版产业集群战略，推动出版领域的优势企业根据产业联系，实施跨地区、跨行业、跨所有制业务合作，打造跨界融合的出版产业集团和产业联盟，以产业集群形式提高出版业竞争力水平；创新发展思路，在深入聚焦内容创新的同时，通过并购及参股等资本运作方式，整合互联网增值服务、互联网广告、大数据应用、社会服务等相关产业，建立全产业链的大出版产业发展格局。

3. 加强宏观调控，推动出版产业结构调整

推动出版产业发展存在市场调节和政府调节两种方式，在目前的情况下，市场在资源配置中起决定性作用，但政府的调节作用不可忽视。通过政府的宏观调控，引领产业发展，规范和监督企业行为，建立健全严格的市场退出机制。为推动中国出版业转型升级，在政府层面，要加强宏观调控，改革宏观管理体制，制定宏观产业发展政策，推动出版产业结构调整；要明确产业定位，下大气力对出版产业集聚区、文化园区、数字出版基地进行资源整合，建立资源整合的长效机制，形成行业资讯共享；要将出版产业从规模偏小、分布分散、经营水平低向规模化、集约化、产业化、专业化方向发展，实现出版产业从简单的外延式扩张向内涵式发展的结构转变；要加强统计和调查研究工作，定期发布出版产业状况、前景和趋势的信息，制定产业发展规划、重点项目和产业政策，调控出版总量、产业结构和产业布局，推进产业升级和结构调整。

加快出版领域的结构调整，建立健全统一、开放、竞争、有序的现代出版市场体系，促进出版业内各种生产要素的合理流动，实现出版领域内的地区结构合理和产品结构均衡。各新闻出版行政管理部门可以按照区域资源特色和比较优势，发挥其政策引导和组织协调功能，从宏观层面科学配置出版资源，引导出版资源的合理配置和产业梯度发展，形成实力雄厚的区域优势产业和支柱产业，充分鼓励跨媒体、跨地区出版，对大型传媒集团公司以及转制到位的出版企业在出版资源上给予优先配置和政策倾斜，提高出版资源配置质量和利用效率，为企业创新发展提供保障。通过协同创新与融合发展，实现出版产业的提质增效。要通过并购重组，培育骨干出版企业，不断优化企业的产业结构和产能结构，推动企业从追求产品数量的增加向品牌塑造和效益提升转型，为整个产业转型升级注入更多动力。关注产业融合发展，在互联网的大背景下，跨界思考出版产业结构调整的问题，通过出版产业与科技、金融、旅游等融合发展，创新出版业态，通过产业融合推动出版产业结构调整，助推出版产业转型升级。

4. 加强出版制度、法规建设，完善出版政策体系

为促进出版产业转型升级，推动出版产业的可持续发展，还需要在宏观层面加强出版制度及法规建设，完善出版政策体系。第一，在遵循出版产业发展规律的基础上，综合运用经济、法律、行政等手段，规划、引导出版企业科学发展，为实现出版产业发展目标确定出版业政策体系，包括出版产业结构政策、出版产业组织政策和出版产业发展政策等；第二，加快著作权保

护制度的建设和完善，加快制定数字版权保护的法律法规，为数字出版的顺利发展提供保障；第三，不断加强出版市场制度建设，建立出版微观运行制度，将试点经验和政策性措施转化为制度性安排，重塑出版市场主体；第四，要建立和完善各类行业发展的管理制度，如出版内容审查制度、行业准入和退出制度、数字新媒体监管制度、出版业公平竞争制度、民营资本介入出版制度等；第五，要加强行业自律，建立和完善行业诚信制度和职业道德制度等；第六，健全相关法律法规和制度，重视完善出版产业统计制度，加强出版产业统计、核算和分析；第七，制定促进出版产业化的配套法规，对法律制度进行不断的修正与创新，加大执法力度，加大监管力度。

通过设计合理的政策体系，引导出版产业集约发展。依托现有各类出版产业基地及文化创意和设计园区基地，加强规范引导、政策扶持，加强公共技术、资源信息、投资融资、交易展示、人才培养、交流合作等服务能力建设，完善支持政策体系。建立区域协调机制与合作平台，加强产业集群内部的有机联系，形成合理分工与协作，构建优势互补、相互促进的区域发展格局。充分发挥各部门职能，组织实施基础性、引导性重大工程和重点项目，提升产业整体素质，增强发展能力。

5. 增强创新动力，鼓励高新技术在出版业应用，推动数字化转型升级

深入实施版权保护战略，加强版权运用和保护，健全创新激励机制。加强商标法、专利法、著作权法、反不正当竞争法等知识产权保护法律法规宣传普及，完善有利于创新和创意发展的相关制度，形成有效的激励机制和管理制度。完善网络环境下版权保护等法律法规，加强数据保护等问题研究。鼓励企业、院校、科研机构成立战略联盟，引导创意和设计、科技创新要素向企业聚集，基于版权保护和创新能力培养来推动出版业数字化转型升级。

加强政府对出版业的规范和引导，积极运用高科技改造、提升传统出版产业，开发新兴出版业态。虽然数字出版发展已近十年，但对数字出版活动的认识和规范管理依然处于萌芽的探索时期。政府要在政策、法律方面加强管理和引导，真正使数字出版产业健康发展，加大对数字出版的引导、发展和管理力度，引导社会资本投入到数字出版产业上来，为以数字出版为核心的新兴业态的发展在资金、资源、人才等方面提供政策支持和基础保障：一是着力建立数字出版基地，发挥产业集群优势，提高产业集中度和专业化协作水平；二是加大产业发展必需的资金投入，可以以设立出版产业发展专项

资金的形式，采取贴息、补助、奖励等方式，加大对创新型出版企业开发项目的支持，加强国家出版基金对传统出版业向数字出版转型的支持力度，加大对重视新技术应用的出版企业的支持，对建立新技术研发中心的出版企业给予资助。

6. 重视出版人才的发展规划，建设符合行业需求的人才队伍

从国家宏观层面重视并重点培养适应行业发展新要求的人才队伍。包括图书策划人才、编辑人才、资本运作人才、市场营销人才、成本核算人才等。对转型和发展中的出版企业来说，核心技术人才和复合型出版人才都是急需的人才，因此，着力打造一批具有国际视野的技术和管理人才是实现出版产业素质升级的关键所在。

（1）通过多种渠道多种方式对高级出版技术人才、高级出版管理人才、出版复合型人才等予以激励，吸引他们进入并留在出版企业中工作。文化全球化带来了人才市场的活跃，出版业国际化竞争需要优秀的人才，这些业内精英应该包括懂市场、懂经营的管理人才，他们应该精通出版工作、熟悉国际国内出版市场规则，具有先进管理理念和现代科学素养，是复合型、外向型出版经营管理人才；业内精英还应该包括熟悉行业、了解科技前沿的技术人才，他们应该精通出版工作、具有先进的科技知识和科学素养，是业内需要的高级技术人才。可以与城市发展规划、文化产业规划等结合在一起来吸引人才；也可以与支持和鼓励有规模、有一定资源平台的优秀出版企业发展的工作结合在一起，吸引优秀人才到企业中去。

（2）加强全日制高校出版人才培养，创新培养模式，由单一型向复合型培养模式转变。出版产业的发展离不开人才的培养。针对中国出版产业人才较为匮乏的现状，要转变产业从业人员的培养与引进机制，提高从业人员的专业素养。复合型、外向型人才符合当今多产业融合与资源整合发展的时代需求。顺应全球化的发展局势，加大力度寻找具有国际化项目运作经验的高端人才，建立人才成长和储备的长效机制，提升学科专业设置与产业发展的匹配度，重视已有团队人才培养模式的建立，才能有效地推动中国出版产业人才资源平台的构建与发展。在高校设置的编辑出版、数字出版等相关专业中，在经济管理类专业、信息技术类专业的出版特色方向上，结合出版产业的实际情况，改变出版人才培养方式单一的弊端。在课程设置上，新增那些紧贴市场和行业前沿的课程，开设专业特色类课程，不忽视跨学科的相关课程，有针对性地培养具有扎实专业知识的编辑、管理、营销、技术人才，培养具有两种或多种知识和技能的复合型人才。在师资力量上，相关高校应打破完全依靠校内教师授课的做法，邀请国内外产业企业的管理人员或技术人员以企业导师的身份到高校授课，为学生的成长提供“双师制”保障；同时，创造条件为在校教师进入企业参观、考察甚至挂职学习。在教学方式上，应提倡开放式的教学方法，培养学生的创新思维和能力。

（3）加大核心人才、重点领域专门人才、高技能人才和国际化人才的培养和扶持力度，造就一批领军人物。完善政府奖励、用人单位奖励和社会奖励互为补充的多层次出版人才奖励体系，对从事出版创意和设计人才的创作活动、学习深造、国际交流等进行奖励和资助。

（4）鼓励相关部门或行业协会组织出版业在职培训，同时，完善和规范中国的出版资格考试制度，不断探索其与出版业转型升级的关系，通过资格考试制度推动行业人才发展，进而推动出版业升级发展。

7. 制定切实可行的政策和措施，加快中国出版业国际化步伐

党的十八大把“中华文化走出去迈出更大步伐”作为全面建成小康社会的重要目标之一，把“加快走出去步伐，增强企业国际化经营能力，培育一批世界水平的跨国公司”作为加快完善社会主义市场经济体制和加快转变经济发展方式的要求之一。作为文化走出去的重要组成部分，推动出版业国际化是向世界说明中国的客观需要，是实现民族复兴的必然要求；新闻出版走出去是行业发展的客观需要，是提升中华文化影响力、增强文化软实力的重要手段，也是提高我国综合国力的必然要求。一方面，国际化需要新闻出版走出去。随着经济全球化步伐加快，新闻出版业国际化趋势日渐明显。特别受国际金融危机影响，国际出版业兼并、收购、重组加速，国际出版传媒业格局出现新变化，对国际出版市场份额的争夺更加激烈。广泛开展国际合作，立足于国际国内两种资源、两个市场，是新闻出版业发展的必然要求。另一方面，数字化要求新闻出版走出去。西方发达国家已经在数字出版领域确立了优势地位，在专业出版领域有了成功的商业模式，在教育和大众领域的数字化出版收益也呈现快速增长态势。中国传统出版业的数字化之路仍步履维艰，与世界发达国家的差距越来越大。中国新闻出版业只有大踏步走出去，学习和借鉴西方发达国家在数字化方面的成功经验，迅速实现转型升级，通过战略合作，抢占行业未来制高点，才有可能在国际竞争中立于不败

之地。

（1）从政府宏观层面要建立健全鼓励出版业国际化的体制和政策。确立政府推动、企业主体、市场化运作的国际化运行体制，实现从外宣到外销的战略转变。目前，政府相关主管部门已经出台了《新闻出版业“十二五”时期走出去发展规划》和《关于加快中国新闻出版业走出去的若干意见》等文件，明确了新闻出版业走出去的内涵和外延，规范了话语体系，摸清了家底，提出了“十二五”时期走出去的目标和任务，并有针对性地出台了支持新闻出版业走出去的十项行业新政策，对新闻出版企业实施国际化战略，走出国门具有很强的指导意义。政府对出版企业“走出去”在财政、金融、税收和保险等方面给予扶持；出版企业可以结合自身实际情况争取和申报国家文化产业发展专项基金、文化产品和服务出口中央奖励基金、国家出版基金、中小企业扶持基金，列入中央各部门专项基金扶持范围的出版企业要积极争取地方配套政策和资金扶持；走出去企业可申请中国进出口银行为新闻出版走出去企业提供的专项贷款，有条件的企业在上市融资及利用各种投资基金渠道融资时也会获得支持。同时，政府主管部门还要制定出版物贸易政策法规，支持出版产业及贸易发展，推动出版业的国际化。

（2）从政府宏观层面要着力搭建促进出版企业实施国际化战略、“走出去”的平台，在潜移默化的出版物出口中传播中国文化。目前，以国际新闻出版资讯库、版权交易信息库、重点项目库、中外作家库和翻译人才库五大数据库为主体的支撑出版企业走出去的信息服务平台已初步构建起来；通过实施走出去人才培养计划，与国外重要出版传媒集团和相关高等院校合作，逐渐形成了走出去人才培养平台；加快发展走出去中介服务机构，鼓励投资促进机构、版权代理机构、人才培训机构、法律咨询机构、会展服务机构等社会中介组织开展各项业务。在提高出版企业“走出去”能力方面，政府应在税收、金融等方面制定扶持政策，解决出版企业首要面临的资金难题。对于支持企业的选择，政府也应有所侧重，优先支持那些在国际市场上拥有潜力却面临资金短缺等难题的出版企业，提高“走出去”政策的实施效果。

（3）政府通过制定可行的政策来着力塑造市场主体。出版企业是实施文化贸易的主体之一，应主动参与国际出版市场竞争，提供适应海外市场需求的产品和服务，加强商业化运作能力，努力将自己打造成合格的国际出版市场主体。要实现出版强国目标，必须让更多出版企业成为国际一流企业，让更多优质出版产品进入国际市场影响主流人群，通过优化版权输出内容结构、语种结构、区域结构，扩大版权输出规模。支持有实力企业在电子书包、云出版等新兴业态领域研发一批具有自主知识产权、国际技术领先的数字出版产品进军国际市场，推动更多数字出版产品走出去。以重点项目和重大工程推动更多出版物走出去。支持有实力的出版企业兼并、收购境外有成长性的优质出版传媒企业，实现跨国经营，推动资本走出去，让更多中华文化在世界范围内得以传播，提升国际影响力。推动出版企业参与国际竞争、增强产业实力、提升国家文化软实力已经成为中国新闻出版业改革与发展的重要组成部分。

（二）出版产业中观层面的战略对策

在出版产业中观层面，可以从以下四个方面制定推动出版产业转型与升级的战略对策：一是转变出版思维，适应时代发展；二是优化出版结构，通过优化出版地区结构和优化图书产品结构解决结构失衡问题；三是加强出版产业链建设，通过纵向延伸、横向拓展和向下延伸三种形式提高产业竞争力；四是加强出版产业基地（园区）建设，实现产业集聚效应。

1. 转变出版思维

在出版产业中观层面，在出版观念转变的基础上还要转变出版思维，指导产业发展。

（1）要从工业化的思维转向信息化的思维。在当今从工业化时代向信息化时代转型的阶段，出版思维要与时代变化保持一致。传统产业还处于工业化的阶段，而数字出版是信息化时代的产物，所以，是否能把握住时代的脉络，掌握网络生存的规则，遵循网络运行的规律，是重大的战略选择问题，影响着产业国际化竞争实力的提升和产业可持续发展。

（2）要从传统时代的生产关系转向服务运营管理。数字化时代的管理，就是要把先期规划、技术平台和营销系统组成三位一体的数字化链条。在技术和网络发展的背景下，出版业不仅仅提供内容，更应该提供信息服务。

（3）要从产业内外不同类型的关系转向合作运营。例如，发行企业与产业外的餐饮企业原本无关，在合作运营的思维下可以发现，以“休闲吧”形式出现的书店（环境优雅，可以在店内边读书边喝咖啡）能够吸引特定的消费群体，是一种创新和发展的有效途径。还有，在一段时间里内容生产商和技术提供商存在矛盾，技术商凭借着技术优势把内容资源的价格压得很低；资源上内容提供商出于对这种情况的不满，有时候不把好的产品让渡给技术提供商，其实这是不正常也不利于产业发展的现象，通过适当的合作方式能够予以解决。

2. 优化出版结构

在出版产业中观层面，可以通过优化出版结构解决出版地区结构失衡和出版产品结构失衡的问题。

（1）优化出版地区结构，使出版产业与相关产业形成产业网络，采取非均衡发展战略。通过信息、资源、物流等共享来提高各产业资源效率，增强产业竞争优势，实现区域企业积聚体整体综合效益（经济效益、社会效益、环境效益）的最大化，从而解决出版地区结构失衡问题。因此，应该考虑以地区规模较大（如北京、上海、广东、江苏等）、效益较好的出版企业为中心，打破地区分化和均衡，通过横向联合或兼并来完成出版业的资产重组，形成一批跨国跨区域的大型出版集团。

（2）优化图书产品结构。通过均衡发展战略、创新、合作等方式优化图书产品结构，从而解决出版产品结构失衡问题。引导出版产业在图书总量方面增加一般图书的比重，鼓励出版社策划一些能够提高读者科学文化素质、人文修养等方面的大众读物或者满足读者技能需求的应用性读物等。引导出版企业创新选题和产品，培育图书等出版物品牌。还应该考虑跨行业协作，从单一纸质出版向纸质出版与多媒体出版物并存、互动的“立体出版”模式转变，实现多媒体互动发展的综合效应。

3. 加强出版产业链建设

从产业中观层面完善出版产业链建设，可以通过纵向延伸、横向拓展和向下延伸三种形式，提高物质资源、内容资源、人力资源的利用效率，降低产业风险，增强竞争力。

在传统的出版产业链中，其物质资源、内容资源、人力资源的利用率不高，是一种资源消耗型的发展模式，不具有可持续性。传统的产业链使出版企业适应环境变化的能力降低，产业链上的出版企业在高速变化的市场经济中不具有稳定性。适应环境变化、符合产业转型与升级的产业链应该具有这样的特征，能够使物质资源和信息资源得到充分流动和利用，从而有效降低出版产业的风险，增强竞争力。具体来说，出版产业链的建设分为纵向延伸、横向拓展和向下延伸三方面。

出版产业链的纵向延伸主要是指，将出版活动的上游——出版创意、策划等部分职能分离出来，形成独立的出版策划企业，专门向出版社提供创意和策划服务，形成出版产业链的纵向拉伸。相对于纵向延伸，出版产业链的横向拓展主要指出版企业对出版物内容资源进行更广更深的开发利用，实现出版物产品更大增加值的倚重产业链的延伸策略。产业链的向下延伸主要包含三方面：一是向出版物流通领域的延伸；二是以出版物为基础向消费者提供增值服务；三是利用出版物产品品牌资源开发相关衍生产品。

4. 加强出版产业基地（园区）建设

在出版产业基地（园区）建设中，通过基地（园区）中企业间、企业与社区间的密切合作，合理、有效地利用当地资源（信息、物质、水、能量、基础设施和自然栖息地）以达到经济获利、环境质量改善和人力资源提高的目的，这也是出版产业适应产业集群化发展的一个重要途径。

产业发展趋势和政策引导使目前中国出版生态产业园区发展速度较快，投资主体也日益多元化，需要遵循多样性主导原则、竞争共生原则和重视人才和技术的原则。

（三）出版主体微观层面的战略对策

进入21世纪以来，信息技术飞速发展，互联网和大数据极大地改变了人们的阅读方式与交流方式，也改变了信息的传播方式，互联网让工业进入4.0时代，让传统出版走向数字出版，让媒体呈现融合趋势，不同媒介之间的边缘日渐模糊，并出现新媒体，这是一个不可逆的趋势。传统出版业面临巨大的挑战，如何运用互联网思维变革传统出版，集合优质内容资源，加快出版转型与升级，推进传统出版和新兴出版融合发展，是每个出版人共同面对并应认真思考的问题。当今，在世界进入数字化生活的大时代，改变思想观念和商业理念，运用互联网思维改造传统出版，是出版业进一步发展的必由之路，继续明确出版企业的市场主体地位，提高其创新能力和科技应用水平是出版业转型升级过程中对出版产业微观主体的要求，在出版业转型升级过程中，引进和培养人才则是关键工作。因此，在出版产业微观层面，主要可以从以下五个方面制定出版产业转型与升级的战略对策：一是转变出版理念和出版思维，适应时代发展，快速接受新技术等新鲜事物；二是建立并完善现代企业制度，确定企业的市场主体地位，进一步推进转企改制的成果；三是提高创新能力，重点提高内容创新能力和技术创新能力，从而提高企业竞争力；四是加大对高水平技术的应用力度，推进数字化建设步伐；五是通过激励制度吸引并留住人才，通过在职培训和校企合作等形式，加强人才队伍建设。

1. 实现出版理念及出版思维转变

在信息技术及网络技术高速发展的时代，“内容”是核心，技术和平台等资源都是围绕内容服务的。“内容为本”的出版理念正逐渐得到业界的认同，面对新的机遇与挑战，传统出版企业应转变观念，积极应对，以适应时代变革的要求，出版管理者和出版从业者都应该实现这种出版理念和出版思维的转变。

（1）传统出版只有专注发展，集合优质内容资源，打造核心业务，才能在新的内容为王时代大有作为，出版企业应该了解市场，关注读者的个性化需求，确定细分领域，集中优势资源，抓住核心需求做深做透。信息资源分得越细越有价值，信息越庞杂、越丰富，编辑的价值也就越大。企业要专注内容，构建出版企业的核心竞争力。互联网时代，出版的核心依然是内容的精益求精，内容的精耕细作始终是出版的基础。专注发展，就是抓住企业自身的核心竞争力，打造核心业务。出版企业管理层及员工都应该形成适应时代发展的新型出版理念，以此作为本职工作的思想基础。从出版企业的角度来看，可以通过企业文化建设、企业内部培训等形式帮助管理层及员工建立起与环境发展相匹配的新的出版理念，认识出版产业性质，认识出版企业与事业的差异等，养成勇于探索、认真学习的习惯，培养快速、扎实学习掌握新技术的能力。

（2）要转变思维定式。在数字化迅猛发展的时代，数字技术的出现，尤其是互联网技术的出现，产生了互联网化的思考逻辑方式。它的平台化、草根化、社区化特征，改变了传统行业的思维定式。传统出版人要想在数字出版活动中把握特点规律，就必须跳出固有的传统思维模式，用互联网的思维认识、用互联网的精神引领、用互联网的视角对待、用互联网的规律处理发展中的数字出版事务。

（3）要具有开放的心态。互联网的特点决定了人人都可能成为信息资源提供者。尤其是进入大数据时代后，消费者从分享消费信息，变身为生产制造信息，这些生产使得传统出版社靠一己之力，用自身的内容资源支撑大数据条件下的数字出版很难有所作为。在此环境背景下，传统出版社应该以开放和包容的心态，联合同一行业的同盟者，寻找同质资源的持有者，引进先进技术的创造者，共同谋求未来的发展。

2. 建立并完善现代企业制度

在出版主体微观层面，还应该建立并完善现代企业制度，真正确定企业的市场主体地位，遵循市场规律，进一步推进转企改制的成果。通过转企改制，使出版企业自身在体制机制、经营管理等方面实现积极的变化：使产权结构更加清晰，管理体制进一步理顺，提高经营管理决策的科学性、合理性、针对性；使内部体制机制不断创新，使员工的积极性和创造性得到充分调动和发挥；市场化运作机制进一步建立，图书结构日趋合理，使企业的市场竞争力不断增强。

在出版业主体转制为企业后，首先，需要通过利用现代科技进行网络交易、节约业务流程时间等来控制企业内交易成本；其次，需要通过明晰出版企业产权、改进股权激励改革和约束机制改革、实现产权结构多元化来进行产权制度创新；最后，需要优化企业组织结构，建立扁平化、网络化的企业组织结构，建立科学化的管理制度和模式，形成先进的企业文化。在实践中，可以考虑以资本为纽带，实现跨地区、跨行业企业重组，走集团化、规模化发展之路；也可以坚持内部拓展，挖掘企业现有资源，走内涵式发展道路或专业化发展道路等。

3. 提高创新能力和企业竞争力

世界各国出版业发展的经验一再表明，在开放的国际市场条件下，一个国家和企业如果原始创新能力不足，就难以积极主动地进行自身结构的战略性调整，也难以优化自身的经济增长方式，在国际竞争中陷入被动，拉大与发达国家之间的差距。目前，中国的出版市场已经表现出了创新能力不足的弱点，长此以往将导致出版市场的恶性循环，唯一的出路就是加强出版自主创新能力。

创新能力是制约着出版业高水平发展的一个重要因素，出版业转型与升级的过程中，创新能力的提高是一个组成部分，创新能力和水平也影响着企业竞争优势和竞争力的形成。出版业的创新能力包含很多方面，有出版观念创新、出版体制创新、出版人才创新、出版管理创新、出版内容创新等，出版创新能力较低直接影响着出版产业的转型与发展，影响着出版企业的竞争力水平。在创新能力中，出版企业应重点提高出版业的内容创新能力和技术创新能力两方面。在内容创新方面，出版工作者起主导作用，应该提高出版目的性、预见性和超前性，在选题、策划、出版风格等方面进行创新。在出版环节上，同样需要创新，出版物的语言表达、书体形态、版式设计、封面设计经过编辑的创新加工，可以将产品做得更好，更吸引消费者。

4. 推进企业技术应用和数字化建设

在数字化、网络化的时代条件下，数字出版在全球来势迅猛，顺应新技术的发展，积极推进数字化转型已经成为出版业的必然选择，但从目前实际情况来看，我国传统出版社的数字化转型明显滞后。出版业所采用的出版技术尽管有不少还是比较先进的，但与出版强国相比，还存在较大的差距。即使是从调研中的情况来看，出版企业的硬件设备更新周期较长，出版单位的编辑校对技术水平较低，发行单位的图书库存管理水平和物流技术水平一般，技术应用情况及应用水平都不乐观。

因此，在出版业转型升级的过程中，出版企业要加大对高水平技术的应用力度，要加大对出版业科学技术创新的投资力度，有能力的企业可以成立科学技术研究中心，而且，出版企业还应引进现代化的出版技术，利用多样化出版手段。2014 年，中国数字出版产业继续保持强劲增长势头，全年收入规模达 3387.7 亿元。其中，互联网广告、移动出版与网络游戏依然占据收入榜前三位。2014 年，互联网期刊、电子图书、数字报纸的总收入为 69.8 亿元，虽然比 2013 年有所增长，但是其在数字出版总收入中所占比例为 2.06%，该比例较 2013 年的 2.43% 占比来说是下降的。[①] 上述数据表明，传统出版企业的数字化转型任务依然艰巨，数字出版源于技术领域、民营领域的特点突出，传统出版转型为数字出版，其在资源整合、技术应用等方面还需加大工作力度；同时，传统出版企业还需加深对“互联网 +”的理解，积

① 中国数字出版产业年度报告课题组．融合发展之年的中国数字出版——2014—2015 中国数字出版产业年度报告（摘要）［J］．出版发行研究，2015（8）：5 – 10.

极探索传统内容资源与互联网要素、数字资源融合的契合点，充分发挥自身的内容资源优势。此外，传统出版企业间以及跨产业企业间的关系要重新定位，通过业内合作、产业间融合等方式，更好地实现传统出版与新兴出版的融合发展，强化出版企业的品牌，提高企业的市场竞争力，促进传统出版企业的转型升级。

对出版业来说，要加快数字内容产业发展，推动出版物生产、传播、消费的数字化、网络化进程，强化出版业对信息产业的内容支撑，加快培育双向深度融合的新型业态；而出版企业自身则要抓住发展的机会，在提高新技术应用水平和数字化建设的过程中提高企业的竞争力，形成自身的竞争优势。出版企业要充分利用数字技术、互联网、软件等高新技术支撑出版内容、装备系统的开发和利用，加快出版企业技术素质升级的步伐；充分整合资源，应对数字出版带来的机遇和挑战，在机构、人员、制度、技术和管理等方面进行调整和完善；发展互联网新媒体，推动传统出版和新兴媒体融合发展，提升先进文化互联网传播吸引力；提高数字版权集约水平，通过微观出版企业竞争力的提升进而提升全产业链竞争力，推动新闻出版数字化转型和经营模式创新。

5. 加强人才队伍建设

人力资源是企业振兴和发展的关键资源，在出版业转型和升级的过程中，出版企业应加强人才队伍建设，推动实施出版人才扶持计划，打破体制壁垒，扫除身份障碍，营造有利于创新型、复合型人才健康成长、脱颖而出的制度环境。要重点培养掌握现代信息技术，善于经营管理，具有先进管理理念的复合型人才。

（1）制定有效的激励制度，吸引并留住人才。根据政府相关支持政策，结合企业实际情况制定优秀人才激励制度，培养和扶持核心人才、重点领域专门人才、高技能人才和国际化人才；对优秀人才的在职培训、学习深造、国际交流等活动进行奖励和资助。出版企业还要参照市场薪酬水平，制定出对内公平、对外具有竞争力的福利待遇；为高水平人才提供良好的工作条件和工作环境，制定员工职业发展规划，给予员工发展空间；企业管理人员要关爱员工，关注员工成长，通过企业文化等软环境建设提高员工对企业的认同感，培养员工的归属感和敬业精神。

（2）重视企业在职培训，提高出版从业人员素质。出版企业所处的宏观环境不断变化，市场环境日新月异，出版从业人员的岗位职责、工作内容等也会随之调整，因此，需要持续性地对出版从业人员开展培训，建立完善在职培训制度，使员工培训规范化、常态化。要想适应立体出版，队伍很重要。通过调查发现，目前出版单位80%以上的编辑不擅长做立体出版，不少从业者从学校出来，进入出版社，坐在办公室里编辑传统图书，对市场以及数字出版等新知识、新技术知之甚少。数字化出版与传统出版截然不同，前者更关注互动化、趣味化、娱乐化、时尚化、碎片化，不熟悉这些将难以适应新兴业态发展的需要。因此，出版企业可以通过“岗位轮换”的形式进行培训，让员工对出版的各个流程有全面直观的了解；可以通过定期业务培训提高员工的业务水平等。此外，出版企业还可以通过搭建国内国际的人才交流平台，提升出版人才的业务能力和水平。

（3）制定校企合作规划。出版人才队伍的建设和素质的提高是一个长期的系统过程，而高校教育作为培养出版人才队伍的第一环节其重要性是不言而喻的。首先，结合行业实践反馈，高校和科研院所通过加强出版专业（学科）建设和理论研究，培养一批具有文化创新能力的技术和技能人才，为出版企业提供专业化、特色化的人才储备，能够更好地满足出版产业需求。其次，通过产学研用合作培养人才，发展专业学位研究生教育，扶持和鼓励相关行业和产业园区、龙头企业与普通本科高校、职业院校及科研机构共同建立人才培养基地，为企业“定制”高素质出版队伍，企业可以优先锁定优秀的青年人才。通过探索学历教育与职业培训并举、创意和设计与经营管理结合的人才培养新模式，加快培养高层次、复合型人才。此外，校企合作也为企业的员工在职培训提供了一种途径，可以将企业员工输送到高校深造，或者由高校优秀教师主讲，设置有针对性的出版人才培训课程。

（4）强化国际人才的培养。出版产业转型升级和参与国际市场竞争的现状要求产业内拥有大量国际型人才，主要包括跨国经营管理人才、版权贸易人才、专业技术人才、高级翻译人才等。例如，通过加大中华图书特殊贡献奖对翻译人才的奖励力度、建立国际翻译人才库、开设翻译人才培训班等方式，有计划地培养一批具有国际视野、通晓东西方文化、熟知国外读者思维方式、阅读习惯和语言特点的国际翻译人才。[①] 在这些国家相关政策和措施

① 从走出去到走进去：“十二五”以来新闻出版走向世界新变．国家版权局网站，2015－03－25. http：//www.gapp.gov.cn/chinacopyright/contents/518/247176.html

的基础上，出版企业能够选拔一批优秀业务骨干人才，此外，出版企业也可以通过参与相关项目、与国外知名企业合作等方式，以培训或在职教育等方式培养优秀的版权人才、国际贸易人才、跨国经营管理人才和高级专业技术人才等，同时，出版企业也要积极利用各类引才引智计划，引进海外高端人才。

下篇

专题报告

为深入了解转型时期中国出版业发展的基本情况以及出版业人员素质、技术素质、制度与管理素质、出版企业上市等方面的具体情况，以便向政府相关职能部门真实反映中国出版业发展的现状和发展中面临的问题，反映出版工作者的需求和建议，有针对性地提出推动中国出版业转型与升级的对策和建议。科技部软科学研究重大项目“中国出版业转型升级战略研究”课题组开展了“中国出版产业转型与素质现状调查”，本次调查先后持续半年之久，投入30多人次，对北京、河北、辽宁、吉林、山东、江苏、上海、广东、广西、山西、湖北、新疆、内蒙古、西藏等28个省、自治区、直辖市展开了问卷抽样调查，调查涉及出版管理部门、出版社、报社、期刊杂志社和书店五种不同类型，包含了不同区域、不同所有制、不同规模的出版单位，共发放调查问卷8000份，回收有效问卷6328份，问卷回收率为79.10%。以下是对此次调查结果进行分析后所撰写的专题报告，以供参阅。

专题报告一

中国出版业计划管理色彩依然浓厚、财税扶持政策不配套

内容摘要：

- 近半数的被调查者认为中国出版企业还没完成彻底的转企改制；三分之一的被调查者认为应该发挥市场调节的作用。
- 超过六成的被调查者认为所在单位仍受到政府主管部门的干预。其中主要包括新闻出版行政主管部门、文化市场管理部门、税务部门、工商管理部门、公安部门等。
- 将近三分之一的被调查者认为单位从没享受过政府在推动出版产业发展和技术创新方面所出台的一系列优惠和财税政策。
- 出版基金补助和政府对出版业发展的补贴覆盖面不大，有九成的被调查者认为所在单位没有享受过出版基金的资助，而高达99%的被调查者则认为自己所在单位没有享受过政府补贴。

随着社会主义市场经济体制的不断完善，出版业的繁荣和发展越来越离不开市场，越来越需要发挥市场在资源配置中的积极作用。出版业作为中国文化产业的重要组成部分，必须加快构建统一开放竞争有序的现代出版市场体系，进一步打破市场条块分割、地区封锁、城乡分离的传统格局，完善市

场准入和退出机制，鼓励各类市场主体公平竞争、优胜劣汰，促进出版资源在全国范围内流动。党的十七届六中全会提出了推进文化体制改革，促进社会主义文化大发展大繁荣，努力建设社会主义文化强国的重要任务。事实证明：出版业强，则国家强；出版业弱，则国家弱。只有壮大出版业，才能促进国民经济的快速，健康和全面发展。近年来，在国家政策的推动下，中国出版业进行了一系列的改革，取得了显著的成效。但在宏观管理体制方面仍然存在一些问题，如缺乏出版业市场竞争意识、财税扶持政策配套不完善等。

（一）中国出版业发展中计划行政的色彩依然浓厚

经过近年来的一系列改革，尽管经营性出版单位基本完成了转企改制任务，但中国出版业宏观管理体制方面仍存在一些问题。

1. 公有制垄断出版市场

在计划经济时期，出版单位以单一的公有制形式，在政府部门的领导下运营，出版单位没有自由经营的自主权，资源浪费比较严重，市场竞争力很弱。如今，尽管政府推动出版单位进行转企改制，以上问题得到了改善，但公有制的垄断地位依然没有改变，其他所有制的企业所占比重很小。调查显示：有超过八成的被调查者认为单位的性质是公有制，而不足两成的被调查者则认为单位是非公有制或其他所有制。此外，年营业额在 5 亿元以上的出版企业当中，超过八成的属于公有制企业，而其他所有制企业所占的比重则不到两成。也就是说，就出版行业的性质来看，公有制企业处于垄断地位。而在美国，目前有出版公司 9000 多家，这些公司不归国家所有，而是股份制企业或是私营企业，公司有业务经营上的绝对自主权，业务范围大多全球化，不少公司是跨国公司。其中，年销售额在 3000 万美元或雇用员工达 150 名以上的大型出版社约 40 家，其余绝大多数是年出版图书 1 ~3 种的小出版社。其中，美国前 20 家规模最大的出版社的年销售收入占了全美出版总销售收入的 75%，利润的 50%。除了少数出版机构由政府管理以外，基本上是私营企业或股份制企业，其出版活动不受政府干涉，政府通过法律和经济手段规范出版企业行为，进行宏观调控。

2. 出版业市场化程度较低

在市场竞争日趋激烈，经济全球化进一步加快的情况下，企业只有建立健全竞争机制，才能在激烈的市场竞争中获得生存的空间。目前，中国不少出版企业现代企业制度还没有建立起来，且市场化程度较低。调查显示（见图1－1），目前仍有将近两成的被调查者认为所在单位的主要业务依靠行政部门调节，超过半数的被调查者认为单位主营业务的市场化程度不到五成，超过七成的被调查者认为主营业务的市场化程度在70%以下。

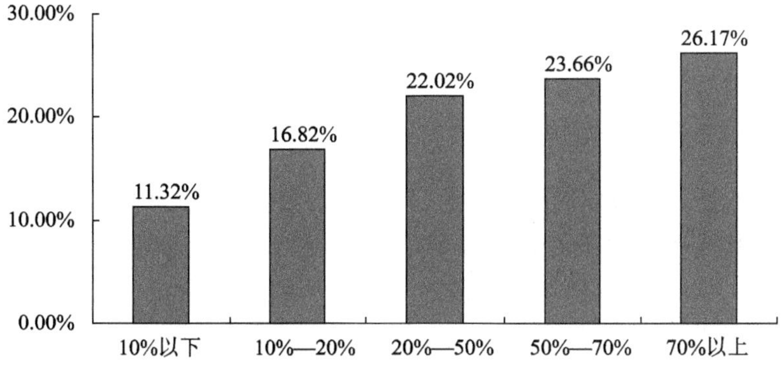

图1－1　出版行业主营业务市场化程度占行业比重

另外，在中国出版业的市场准入条件较高，比如出版单位需要取得书号才能出版发行图书，且每年出版发行所需的书号数额有限，出版企业必须向相关的行政部门申请，获得审批后才能取得书号资格。但在申请和审批方面存在“歧视”现象，书号名额分配主要偏向于公有制企业，有些地方相关部门甚至只把书号分配给公有制企业，而民营企业则没有这样的待遇，他们分不到书号，在发行图书时得依赖于公有制企业，假借他们的名称来发行。在书号分配方面，民营企业被排斥在外，这样无形中限制了市场的竞争，而且会产生“书号买卖”等问题。调查显示（如图1－2所示），在关于取消书号限制所持态度时，高达七成的被调查者持赞成态度。相比较而言，在西方发达国家，出版业生产和再生产的所有环节，都是通过专业分工和社会化生产来完成的，市场化程度非常高。比如作者方面，西方国家出版社签约作家制比较成熟，出版社可以按照本社的专业特点和出版特征，有选择地和专业作家签约，作家按出版社的要求创作出适合市场需求的产品。而中国出版社签约作家制远远不够成熟，市场化程度是极低的。

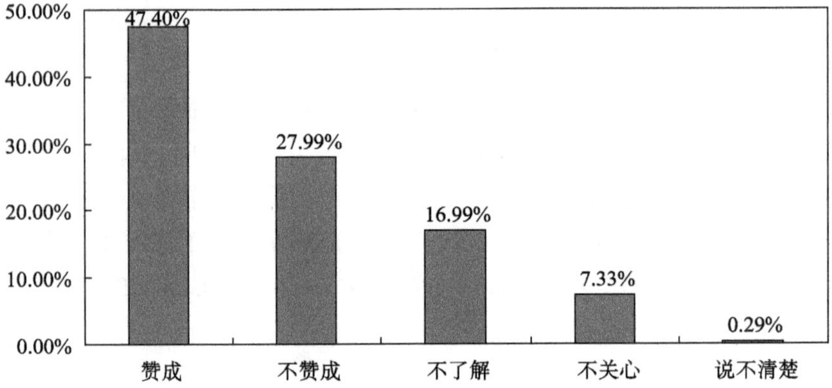

图 1－2 对政府主管部门取消书号限制的政策所持态度

3. 行政部门过度干预

长期的计划经济体制导致出版管理部门行政权力过度膨胀，政府行政主管部门紧紧抓住权力不放，行政人员干预出版单位经营活动的现象比较普遍。图 1－3 显示，超过六成的被调查者认为所在单位在出版经营过程中受到了上级职能部门或相关部门的干预。由表 1－1 至表 1－4 可知，超过 50% 的被调查者认为主要受到新闻出版行政主管部门干预，近三分之一的被调查者认为单位受文化市场管理部门的影响，约有两成的被调查者认为受到税务部门的影响，超过 13% 的被调查者认为单位受到工商管理部门的影响，超过 6% 的人员认为单位受到公安部门的影响；还有部分调查者则认为，还受到其他部门的影响。这表明行政部门对出版行业干预依然比较普遍。

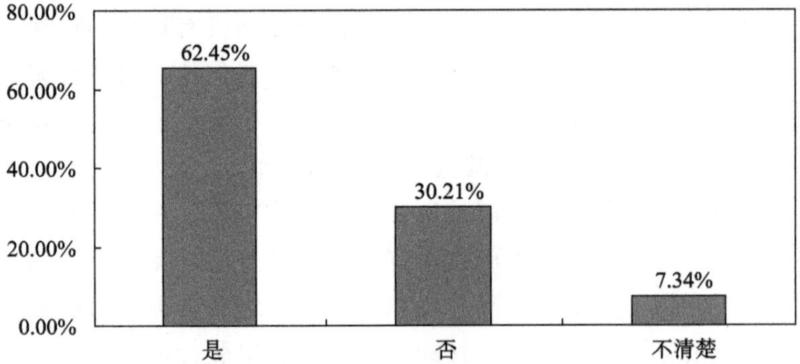

图 1－3 单位在出版经营过程中是否受到了相关部门干预

表 1-1　关于出版单位是否受新闻出版行政主管部门的影响

		频数	占比（%）	有效占比（%）	累计占比（%）
有效	否	2766	45.2	45.2	45.2
	是	3353	54.8	54.8	100.0
	总计	6119	100.0	100.0	

表 1-2　关于出版单位是否受工商管理部门的影响

		频数	占比（%）	有效占比（%）	累计占比（%）
有效	否	5312	86.8	86.8	86.8
	是	807	13.2	13.2	100.0
	总计	6119	100.0	100.0	

表 1-3　关于出版单位是否受文化市场管理部门的影响

		频数	占比（%）	有效占比（%）	累计占比（%）
有效	否	4747	77.6	77.6	77.6
	是	1372	22.4	22.4	100.0
	总计	6119	100.0	100.0	

表 1-4　关于出版单位是否受税务部门的影响

		频数	占比（%）	有效占比（%）	累计占比（%）
有效	否	5249	85.8	85.8	85.8
	是	870	14.2	14.2	100.0
	总计	6119	100.0	100.0	

（二）传统的计划经济体制转型不够、市场观念淡薄、相关市场体系尚未形成

在出版企业生存的宏观环境中，行政主体、企业法人等思想观念方面的计划色彩依然浓厚，出版行业的规则尚不够健全，相关的监管机制运行缺位等是制约我国出版业发展的主要原因。

1. 市场经济体制转型不够

由于受长期计划经济的影响，出版业在转企改制中仍然表现出比较浓厚

的行政色彩。在产权制度方面仍然是以事业单位形式存在的公有制占主要地位，出版单位的转企改制过程比较缓慢，产权制度在改革过程中并没有触及，在科学化管理体制方面，很多单位仍然存在多头管理。

调查结果显示（见图 1－4），只有近四成的被调查者认为自己所在单位彻底实现了转企改制，而超过 20% 的被调查者认为单位有推动但不彻底。另外约 25% 的被调查者认为单位还是老样子，没变化或没有多大变化。在调查中，11% 的被调查者认为在转企改制后，单位对政府职能部门的依赖性更强，60% 以上的被调查者认为所在单位的主要业务主要不是靠市场调节，超过三分之一的被调查者认为单位的主要业务依靠政府和市场同时发挥作用。这表明行政部门对出版单位的干预依然存在，也在一定程度上束缚了出版企业的发展空间，套住她们的“脚铐”没有变，变的只是铁链的长度和“笼子”的大小。而在西方国家，除了少部分公益性出版企业受政府或其他公共组织扶持和管理外，其他营利性出版企业都很少受到政府直接干预管理。

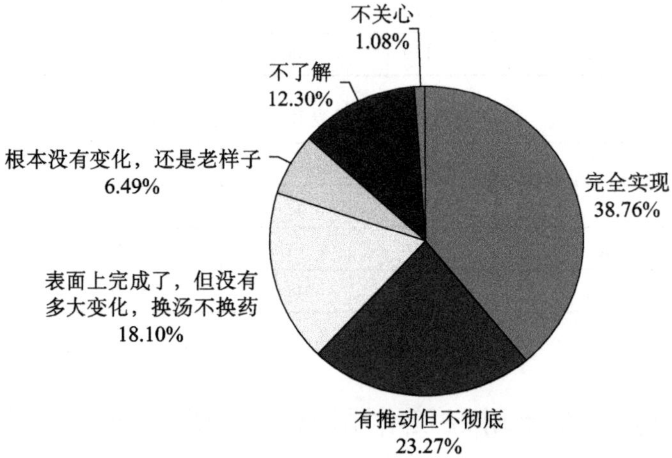

图 1－4 所在单位实现转企改制的情况

2. 市场观念淡薄

企业之所以弱小，重要的原因是没有树立起市场观念和市场竞争意识，缺乏创新、市场竞争意识等企业家精神是制约出版行业发展的重要因素。此外，行政主体的观念落后，对出版业过度干预也是制约出版企业市场化的重要原因，而且这些干预大多也是无效的。调查结果显示（见图 1－5 所示），近三分之一的被调查者认为上级政府主管部门对出版单位的管理制度过多过死，约有三分之一的被调查者认为应更多地发挥市场调节的作用。

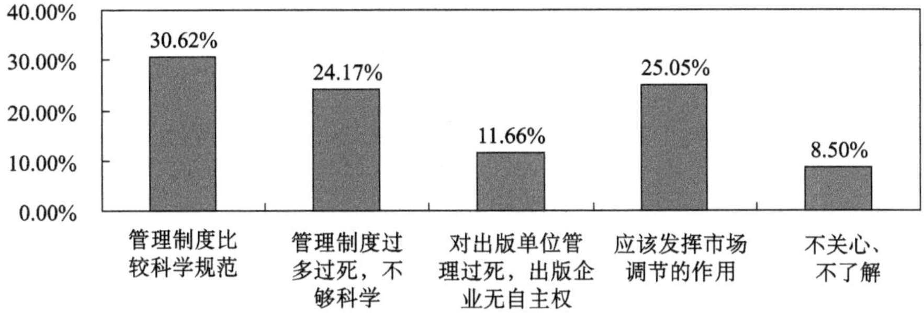

图 1－5　对政府主管部门的评价

3. 监管体制不够健全

在长期的计划经济中，出版单位处在行政部门的管理之下，与市场严重脱节。出版单位主要是在行政部门的计划和指令下运营，缺乏自由发挥的空间。出版单位间的交易和竞争归根到底是地区之间、政府之间的较量，这就没有必要制定市场化的出版法律法规，导致规范出版市场的法律体系不健全。调查结果显示（见图 1－6、图 1－7、图 1－8 所示），三成左右的被调查者认为这些部门的干预完全没有必要或纯属瞎指挥。高达六成以上的被调查者对主管部门推动产业发展的绩效表示一般或不很满意，本该由市场调控的事情，政府部门却插手管，当然造成经济无效。经过转企改制，尽管逐步出台了相关的出版法律法规。但长期的计划经济的影响很难在短时间内使出版业脱胎换骨。相关的监督管理机制不健全，监督渠道不畅，导致出版企业频繁受行政部门干预。

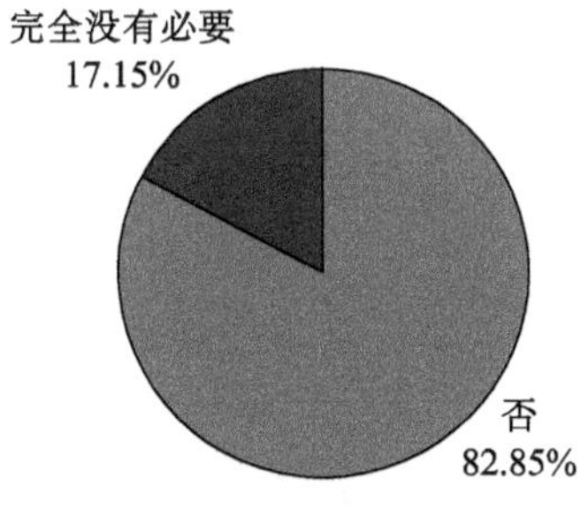

图 1－6　对职能部门干预必要性的评价

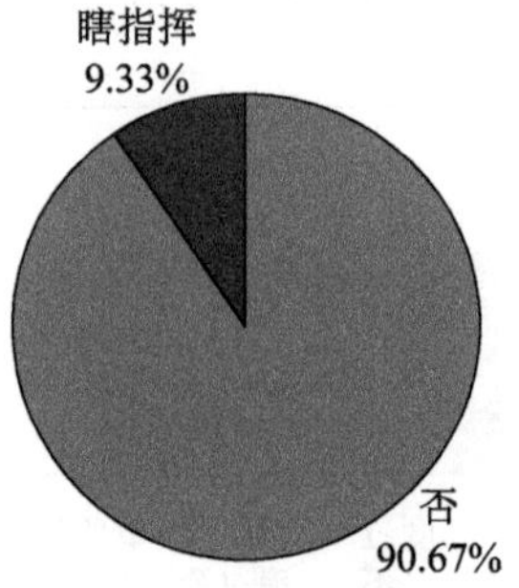

图 1－7　对职能部门干预的评价

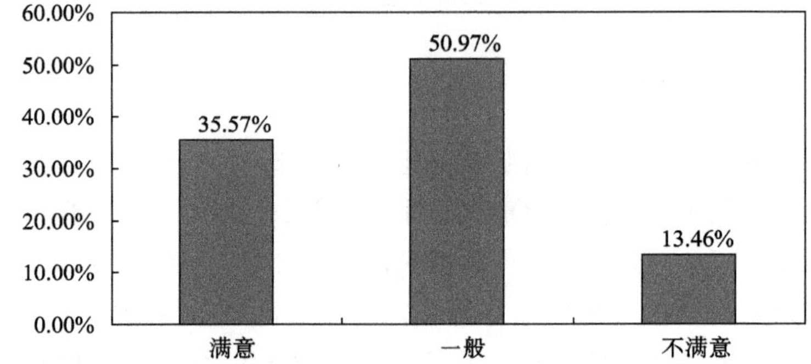

图 1－8　对行政部门在推动出版产业发展的效能方面的看法

（三）进一步推动出版业市场化转型，完善财税扶持政策体系

为加快出版行业的转企改制，推进市场化转型，《中共中央关于全面深化改革的若干重大问题的决定》中提到要加快形成企业自主经营、公平竞争、商品和要素自由流动、平等交换的现代市场体系，着力清除市场壁垒，提高资源配置效率和公平性，进一步深化文化体制改革，完善文化管理体制，推动政府部门由办文化向管文化转变。继续推进国有经营性文化单位的转企改制。

1. 进一步推动出版业市场化转型

继续推进转企改制和推动发展才是硬道理，通过自由竞争，优胜劣汰，实现社会资源的优化配置。因此，在出版业转企改制中，政府进一步放权是关键，西方诸多发达国家的出版行业的管理比较成熟，值得借鉴和学习。

2. 加大政府投入，完善财税等相关配套措施

在转企改制的关键时期，推动机制转型是主要的。同时，出版单位由过去的计划经济体制转向市场经济体制，不仅财力、物力缺乏，而且经验丰富的经营管理人员也比较欠缺，需要政府予以扶持。因此，政府应进一步制定和出台相关政策，加大对该行业的投入，在资金上予以支持，在技术上予以引导，在政策上予以保障。应充分利用税收政策对出版业进行宏观调控。通过对不同的出版企业、不同的出版物采取不同税率的方式，来优化出版资源配置，引导出版业向符合国家利益的方向发展，其所达到的效果是其他管理手段无法达到的。另外，要营造良好的市场环境，制定一系列的激励政策和法规，建立和完善出版基金制度，保证出版基金得到良性管理。

3. 完善监管体系

当前，部分行政主体忽视法律的存在，肆意干预出版企业，扰乱出版市场秩序，阻碍市场有序运行。有些甚至滥用职权，谋取私利。为此，应该针对这些问题制定相应的法律，以进一步规范行政主体的权利和义务。同时，政府机构应确保法律的制定者和执行者分离。出版管理应坚持以法律为准绳，做到有法可依、有法必依、执法必严、违法必究。要实现政府职能的顺利转换，也有赖于法律体系的完善。对出版业的管理需要在法律的规制下进行，同样，出版业也享受法律带来的利益。法律体系在出版业中发挥的作用主要有如下几个方面：一是规范市场行为，建立公平公正的市场环境，健全市场体系；二是净化出版物市场，保证出版阵地的纯洁，维护文化安全；三是为行政执法提供准则，使执法行为有法可依；四是保障相关权利人利益，促进出版业和谐发展。因此健全出版业市场运行的法律体系，只有完善该行业的法律网络，确保出版业有章可循，同时要按照政企分开、政事分开原则，推动政府部门由办文化向管文化转变，推动党政部门与其所属的文化企事业单位进一步理顺关系，不断强化政策调节、市场监管、社会管理、公共

服务职能。转变政府职能，需要统筹“放”和“管”的关系，做到简政放权和加强监管齐推进、相协调。创新文化行政管理方式，善于综合运用法律、行政、经济、科技等多种管理手段，加快文化立法，加强行业自律，做到科学管理、依法管理、有效管理，只有这样才能为中国出版行业的快速发展提供保障。

（执笔人：王关义、吴杰美）

专题报告二

中国出版业市场化转型尚未完成，亟待持续推进更深层次的改革

内容摘要：

- 只有不到四成的被调查者认为其所在单位的主要业务主要依靠市场调节；高达七成的被调查者认为上级政府主管部门对出版单位的管理过多过死，出版单位缺乏自主权，应该更多地发挥市场调节的作用；高达三分之二的被调查者认为所在单位的主营业务市场化程度不足50%。
- 高达三分之二的被调查者认为其所在单位尚未彻底实现转企改制。
- 只有不到四成的被调查者所在单位通过转企改制对市场的依赖更强；高达九成的被调查者认为所在单位通过转企改制管理的科学化水平并没有明显提高；高达八成以上的被调查者认为所在单位通过转企改制企业的经济效益并没有得到明显的提升。

经过近年来的市场化改革和出版单位转企改制，中国出版业市场化转型取得了一定的进展，一批出版单位初步实现了由传统意义上的出版事业向出版企业的转变，成为新型的市场主体，但从进展程度来看，中国出版业尚未彻底完成转企改制和市场化转型的任务。调查显示，不少出版单位在业务上还没有完全依靠市场调节，出版企业内部还没有建立健全现代企业制度。为

此，应当继续深入推行与市场化改革相适应的出版企业内部改革，按照党的十八届三中全会的精神，充分发挥市场在资源配置中的决定性作用，转变观念，发挥好市场对出版业发展的调控作用，建立健全现代企业制度，进一步提升出版行业的核心竞争力。

（一）出版业市场化转型的目标尚未实现，转企改制带给出版企业的利好尚未完全显现

1. 市场调节在出版企业经营活动过程中所起的作用有限，市场化转型任务尚未完成

调查显示（见图 2－1），只有不到四成的被调查者认为其所在单位的经营活动主要依靠市场调节，超过七成的被调查者认为上级政府主管部门对出版企业管得过多过死，出版单位缺乏自主权，未来改革应该切实减少来自政府主管部门的干预，更多地发挥市场调节的作用；约有三分之二的被调查者认为所在单位的主营业务市场化程度不足 50%。这表明，中国出版业市场化转型的任务还远未完成，出版业期待市场这只“看不见的手”在出版企业经营过程中更多的替代行政管理，发挥更多的调节作用。

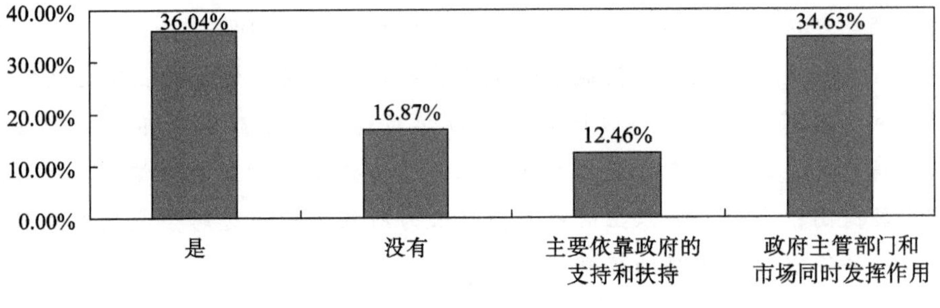

图 2－1 企业目前的主要业务依靠市场调节的程度

2. 出版业转企改制的任务尽管从形式上看是完成了，但体制机制的转变依然没有彻底实现

调查显示（见图 2－2、图 2－3），高达三分之二的被调查者认为其所在

单位尚未完全实现完全意义上的转企改制，虽然目前大部分出版单位已经实现了形式上从事业单位转为了企业，成立了若干的出版公司等，但绝大部分出版企业仍未能从根本上建立起与现代企业制度要求相匹配的科学的内部管理制度，未能形成真正的市场条件下的企业自主经营的氛围，未能真正以市场主体参与市场竞争，未能真正实现转企改制的目的，转企改制需要在更深层面持续推进。

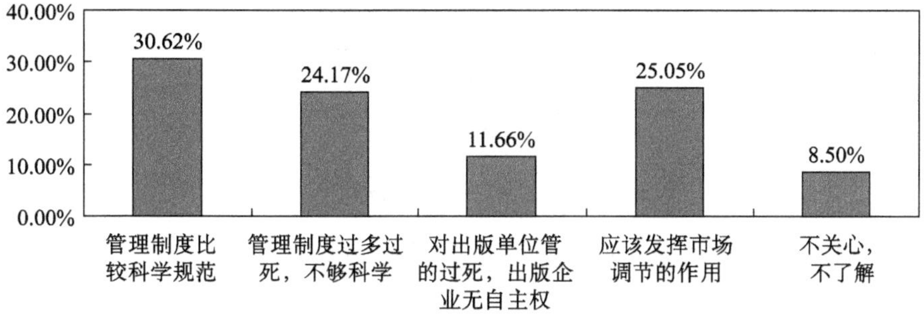

图 2－2　对政府主管部门的评价

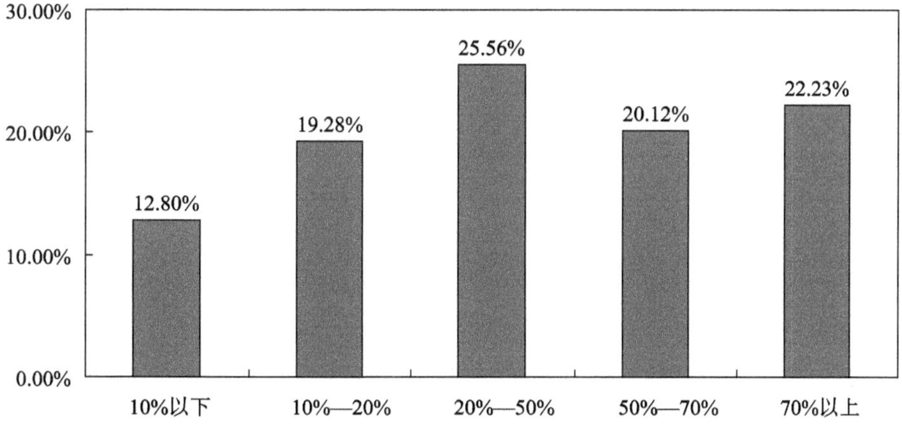

图 2－3　所在单位目前的主营业务市场化程度

3. 出版业转企改制改革对企业带来的利好尚未完全显现

调查显示（见图 2－4、表 2－1），只有不到四成的被调查者认为所在单位通过转企改制对市场的依赖更强，高达八成以上的被调查者认为所在单位通过转企改制企业效益没有得到明显的提升，近九成的被调查者认为所在单位通过转企改制企业管理的科学化水平没有明显提高，效益没有显著提高。

这表明，转企改制带给出版单位的实际效益并不明显，企业适应市场经济的能力没有得到显著的提高，转企改制的目标尚未实现。

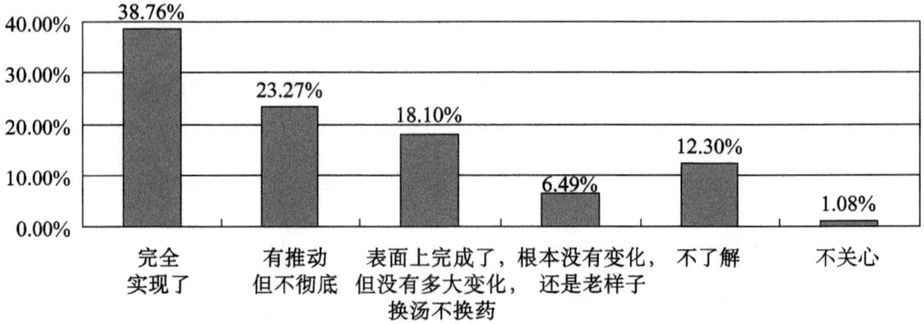

图 2－4　所在单位实现转企改制的程度

表 2－1　通过转企改制，贵单位发生的一些变化

选项	是	否
对市场的依赖更强	38%	62%
对政府职能部门的依赖更强	11%	89%
企业内部员工的压力更大，危机感更强烈，工作积极性进一步激发和提高	46%	54%
企业活力增强了	21%	79%
企业效益明显提升	15%	85%
企业的应变能力进一步提高	16%	84%
企业管理的科学化水平明显提高，效益显著提高	11%	89%
根本上没有多大变化，还是老样子	12%	88%
不知道	13%	87%

（二）新的观念尚未形成，行政干预过多，现代企业制度尚未完全建立

1. 新的观念尚未形成

从宏观层面上看，出版行政主管部门还没有从观念上真正接受出版单位

已经是一个独立的市场主体这样一个现实。原新闻出版总署署长柳斌杰曾指出："如何建立和完善与社会主义市场经济体制和我国新闻出版改革发展相适应的管理体制，是我们近年来不断研究和探索的重大课题。"从外部宏观环境看，整个出版领域审批制度依然盛行，出版企业仍然要受到来自上级主管部门的多方面干预；从出版企业内部来看，从形式上看，尽管已经实现转企改制，但不少出版管理者、编辑等在观念上还未真正转变，市场意识淡漠，缺乏对市场灵敏的反应，对读者需求的变化缺乏及时的研判和应对，导致一方面是大量出版物积压，另一方面却是读者的需求得不到满足。出版企业大多脱胎于原来的事业单位，转企改制无疑是打破旧体制、建立新体制的重大变革，需要围绕企业生存和发展构建一个新的制度体系。这个过程是不可能一蹴而就，人们往往已经固守原来的观念和做法，甚至于习惯和满足于原来的价值体系，不愿意成为市场的主体，不愿意打破原来旧有的平衡，更不愿意失去原来的既得利益。出版单位才刚完成了形式上的转变，要彻底转换身份，改变观念，成为真正的市场经济环境下的企业，还有一段艰难曲折的道路要走。

由图 2－5 可以看出，在经营方面，中国出版从业人员最欠缺三种能力：市场开拓能力、经营管理能力和创新能力，这三个方面加起来约占 40% 左右，这说明中国出版企业市场意识和竞争能力极为薄弱，这也极大地阻碍了出版业市场化转型的步伐。

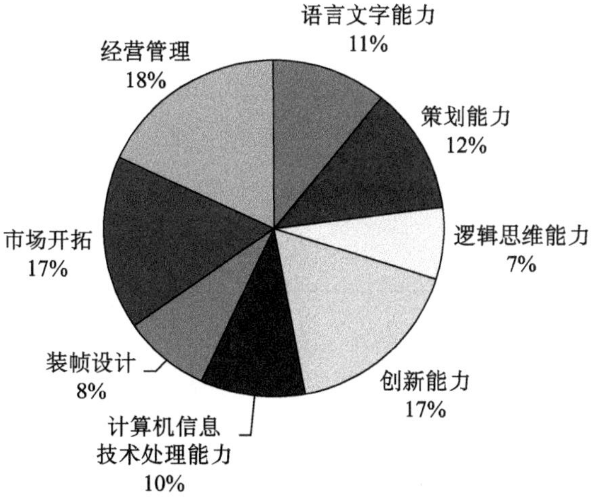

图 2－5　出版业人员能力欠缺的情况

2. 主管部门对出版单位的行政干预依然过多，减慢了出版单位的市场化转型的进程

中国原有的出版制度是在计划经济条件下形成的，从新中国成立初期到改革开放前，出版业一直被作为社会主义意识形态和上层建筑的重要组成部分，属于出版事业。具体表现在：生产有计划，项目有资金，待遇有保障，生产定销售，重社会效益、轻经济效益。在计划体制下，出版单位的大小事务都由上级行政主管部门说了算，出版单位没有经营自主权。改革开放以来，党和政府尽管出台了一系列推动出版体制改革的政策，鼓励出版业产业化、市场化、国际化，强化市场在出版业发展中的作用，推动出版行业的转企改制。但目前上级行政主管部门对出版业经营管理方面的干预依然较多。调查显示（见图 2－6），超过六成的被调查者认为目前其所在单位在出版经营过程中受到上级政府职能部门或相关部门的干预依然较多，市场的导向作用对出版企业的影响程度还不够强，许多出版单位目前还不是真正意义上独立的市场主体，企业的资源配置、生产指标、经营范围仍然受国家宏观管理政策的制约。一些出版单位还未形成真正的自主经营，对自身定位、发展战略和核心竞争力的认识仍然模糊不清。长期的计划经济体制使得中国出版业在市场化过程中在短时间内很难真正脱离计划的阴影，脱掉事业单位的外衣。

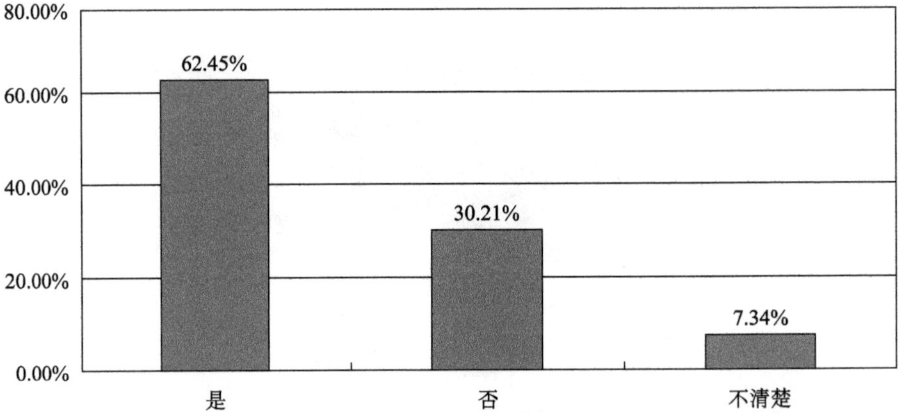

图 2－6 所在单位在经营过程中受到上级职能部门或相关部门干预的情况

3. 目前大部分出版企业尚未真正建立起科学的现代企业制度，转企改制带给企业的利好尚未显现

现代企业制度的基本特征为“产权清晰、权责明确、政企分开、管理科学”，这是真正适应市场经济体制下的企业制度。现代企业制度的设计，涉及治理和管理两个层面。治理解决的是所有者与经营者的委托代理关系，目的是维护企业利益相关者的权益；管理解决的是企业运营的效率和效益问题，目的是在治理框架下驾驭企业实现战略目标。出版企业建立现代企业制度，在治理层面，关系到主管主办和出资人制度的衔接，关系到法人治理结构与产权制度的安排；在管理层面，要求企业在内部建立起科学管理体系，达到内控与激励的平衡。而对于刚刚在形式上转为企业的出版企业来说，由于多方面的原因，都尚未真正完成建立健全现代企业制度的任务。比如出版社转制后，相当一部分出版企业依然在沿用传统的组织结构，尚未建立起相应的法人治理结构。已进行公司法人治理结构建设的企业，由于产权制度改革未得到实质性突破，实践中模拟大于创新。这些问题的存在导致目前出版企业没有能够适应市场环境的企业制度，缺乏参与市场竞争的活力，也没能真正体会到转企改制带给企业绩效上的利好。

（三）转变观念，积极发挥市场调控作用，建立健全现代企业制度

1. 转变观念

从政府宏观管理层面上来说，上级主管部门要转变观念，转变职能，处理好政府与市场的关系，要按照政企分开的要求，切实实现从管微观到管宏观的转变，从直接干预出版企业的生产经营活动向引导出版企业发展方向、规范出版企业经营活动转变。从管“脚下”向服务“天下”转变，更好地履行行政调控、市场监管、社会管理、公共服务的职能，加快构建职责明确、运转有序、统一高效的出版宏观调控体系，创造扶持事业、发展产业、鼓励创新的制度环境和市场环境。要把企业生产经营管理权真正交还给企业，改革不合理的管制，比如放开书号的管制等，加强法律法规制度建设，

从政府层面为企业创造一个公平公正的竞争环境，逐步建立起一个统一、开放、竞争、有序、健康、创新、繁荣的现代出版市场体系。从企业层面来看，出版管理者和员工要具有市场意识，真正理解“自主经营、自负盈亏”的含义，出版单位获得企业身份之后，也就获得了名正言顺地参与市场竞争的机会，但是否具有参与市场竞争的能力，是否能够在激烈的市场竞争中获胜，还需要切实转变观念，需要围绕市场需求提高自身的竞争能力。转企后，企业需要直面市场，各种竞争迎面而来，各种压力陡然加大，而且大至企业的运作模式、小至具体选题策划，从企业战略的制定到具体制度的执行都需要出版企业自主决定。面对激烈的市场竞争和来自国内外的各种挑战，不再有上级行政主管部门的庇护，需要通过自身的努力去解决问题。而要解决这一系列难题，就要转变观念，培育市场环境下的企业文化，发挥出版业所有员工的作用，实现企业管理制度和企业文化之间的有效融合，达到共生与双向互动，要正确处理两者之间的关系，彻底实现转企改制，提高出版企业核心竞争力。

2. 积极发挥市场调控的决定性作用

党的十八届三中全会指出，要紧紧围绕使市场在资源配置中起决定性作用，深化经济体制改革，坚持和完善基本经济制度，加快完善现代市场体系、宏观调控体系、开放型经济体系，加快转变经济发展方式，加快建设创新型国家，推动经济更有效率、更加公平、更可持续发展。出版业作为国民经济的一个重要部分，也应顺应时代发展的潮流，建立并不断完善市场机制，使市场成为配置出版资源的基础手段，使价格信号逐渐成为调控图书产品供求的关键信号，起到促进生产和鼓励消费的杠杆作用。政府部门需要进一步转变管理职能，让市场成为调节企业经营管理的主要因素。一直以来，出版单位受行政管理过多，目前的市场化程度还是很有限，上级行政主管部门的干预应继续弱化，政府对出版单位的管理要从原来的直接干预转变为引导和监控，从更宏观的层面来管理出版单位，给予出版单位更多的自主权。要进一步理顺管理体制，让新闻出版企业自主经营。政府要继续推动出版单位体制改革不断深入，把出版单位塑造成为真正的市场主体，让企业在市场竞争过程中不断提升内部管理素质。

3. 要建立健全现代企业制度

现代企业制度是指适应现代社会化大生产和市场经济体制要求的一种企业制度。出版单位转企改制以后，应当建立更有活力和竞争力的企业管理制度，充分发挥作为一个自主的市场主体的优势，达到出版转企改制的目的。按照“三改一加强”（改革、改组、改造和加强管理）的要求，加快建立完善现代企业制度。要继续完善法人治理结构。按照《公司法》要求，在企业内部建立由股东大会、董事会、监事会、经理层构成的相互依赖又相互制衡的治理结构，探索建立职业经理人制度，明确所有者、经营者各自的职责，形成符合现代企业制度要求、体现出版企业特点的资产组织形式和经营管理模式，通过有效的制度安排，提高企业的市场竞争能力。要进一步转换内部经营机制。继续深化以劳动、人事和分配三项制度为核心的内部改革，建立完善的考评制度和激励制度，充分调动各部门、各员工的积极性，集众人之力应对市场的挑战。总之，要把建立现代企业制度落到实处，把出版企业搞活，推动出版单位走集团化、规模化、科学化之路，从而改变以往作为政府行政体系附属物，大而全，小而全，内部管理落后的状况，彻底实现转企改制，让出版企业看到转企改制带来的显著效益。

（执笔人：杨爱华）

专题报告三

中国出版业技术素质较低，数字化转型进程缓慢

内容摘要：

- 四成以上的被调查者认为中国出版业技术素质比较落后；超过七成的被调查者认为中国目前出版业的技术素质不能够适应国际出版业竞争的需要。
- 九成以上的被调查者表示自己所在单位的编辑校对工作还没有全部智能化，人工编辑处理方式占很大比重。
- 近八成的被调查者表示自己单位的数字化出版物不超过其出版物总量的20%；超过两成的被调查者表示自己的单位并未为自己配备电脑。

中国古代的四大发明中，有两项与出版有关，那就是造纸术与印刷术，这两项发明极大地推动了人类文明进程。15世纪，古登堡印刷机的发明使出版业步入工业化、产业化时代；20世纪激光照排技术的发明，又使得“光与电”的出版技术取代了“铅与火”；进入21世纪以来，印刷和出版业又进入了“0和1”的数字化时代，大力发展新兴的数字出版产业，成为当前国际范围内出版业发展的大趋势。

出版产业进入到数字化时代后，技术水平成为直接影响出版单位生存发

展的重要因素。面对世界范围内出版业发展新的趋势，我国传统出版业进入了数字化转型的阶段，要切实提升技术素质，尤其要加快数字化转型的步伐，与国际出版业接轨。调查显示，中国目前出版业技术素质整体较低，数字化转型进程缓慢，不能适应国际竞争的需要。

（一）中国出版业信息化程度不高，技术素质较低，数字化转型进程缓慢

1. 出版业信息化程度不高

在能够表示出版业信息化、现代化水平的电脑配置方面，对出版业从业人员配置电脑台数的调查显示，70.76%的被调查者在工作中拥有一台电脑，但仍有22.54%的被调查者表示，单位在工作中并未为自己配置电脑（如图3-1所示），这表明，中国出版业的信息化建设的硬件水平还较低；在编辑校对方面，调查结果表明，仅有4.66%的被调查者表示自己所在单位属于全智能化编校，54.23%的被调查者则表示处于半智能化编校，高达41.10%的被调查者则表示自己的单位还在完全使用人工编校（如图3-2所示）；在出版业自动化编辑软件普及程度方面，调查显示，接近30%的被调查者表示自己工作中完全没有用过自动化编校软件（其中有5.78%的被调查者表示自己单位根本就没有配备这类软件），25%左右的被调查者会偶尔使用，而会经常使用的被调查者则不超过被调查者总数的一半（如图3-3所示）。这表明，中国出版业在衡量技术水平高低的软件配置和使用方面急需普及和提高。

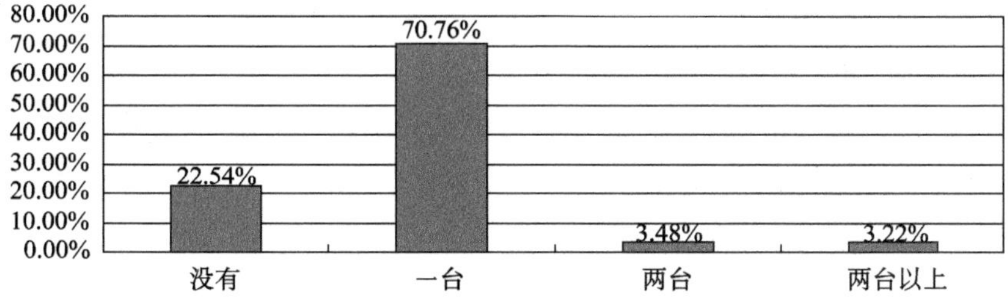

图3-1　单位给每位职工配备的电脑数量

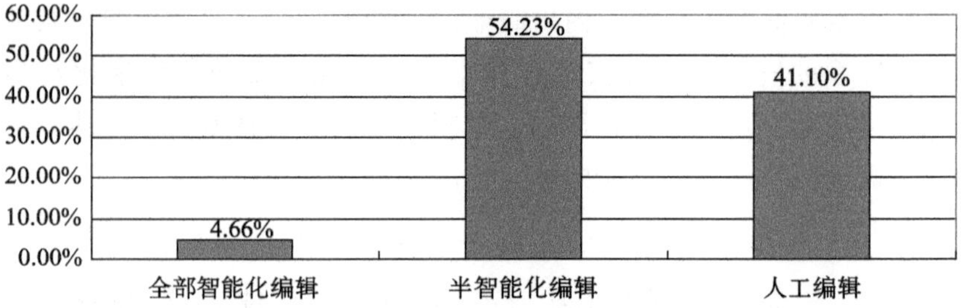

图 3－2 单位编校智能化情况

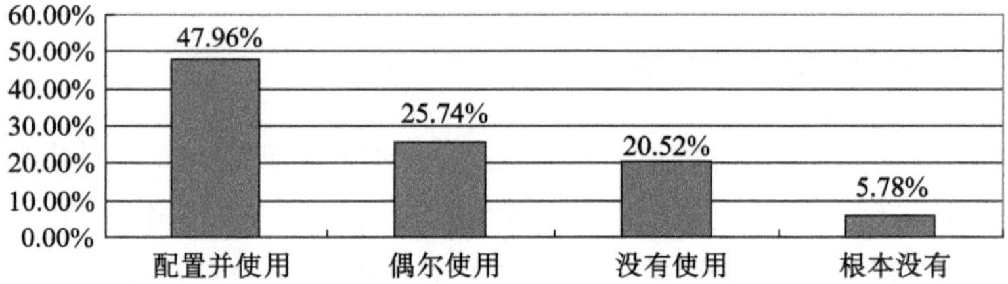

图 3－3 单位在日常编校工作中使用黑马软件的情况

2. 出版业技术素质整体较低，不能适应出版业国际化发展的需要

在技术素质方面，调查显示，高达 41.07% 的被调查者认为中国出版业整体技术素质落后，只有 13.47% 的被调查者认为中国出版业整体技术水平比较先进（如图 3－4 所示）；在关于各出版单位的技术水平的调查中，只有 2.14% 的被调查者表示自己单位的出版技术水平达到了国际领先水平，32.22% 的被调查者认为自己单位的出版技术水平仅仅可以算得上在国内比较先进，16.10% 的被调查者认为自己单位的出版技术水平落后于本地平均水平（比较落后为 13.11%，落后为 2.99%）（如图 3－5 所示）；在关于目前中国出版业技术素质能否适应国际出版竞争需要的调查中，调查结果显示，高达 61.78% 的被调查者认为不太适应，10.66% 的被调查者认为根本不能适应，仅有 28.56% 的被调查者认为中国目前的出版技术素质能够适应国际竞争环境（如图 3－6 所示）。由此可以得出结论，中国出版业技术水平较低，不能适应国际化竞争的需要。

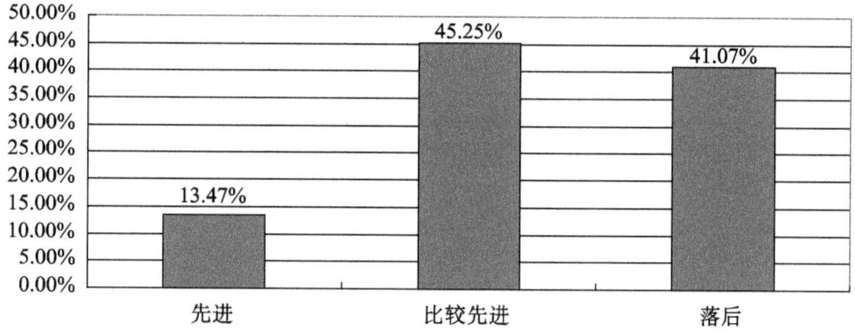

图 3-4　对中国出版业整体技术素质的评价

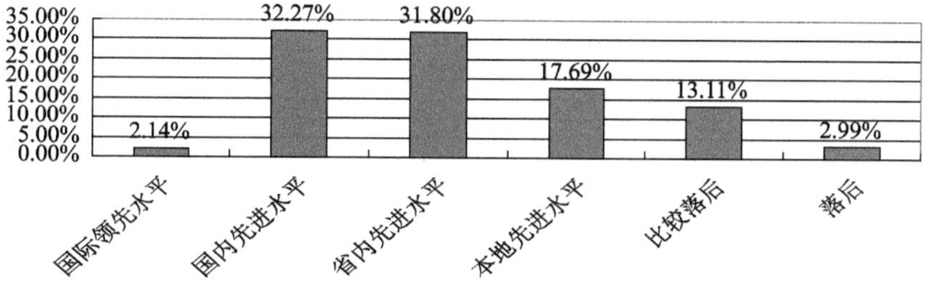

图 3-5　贵单位的技术水平

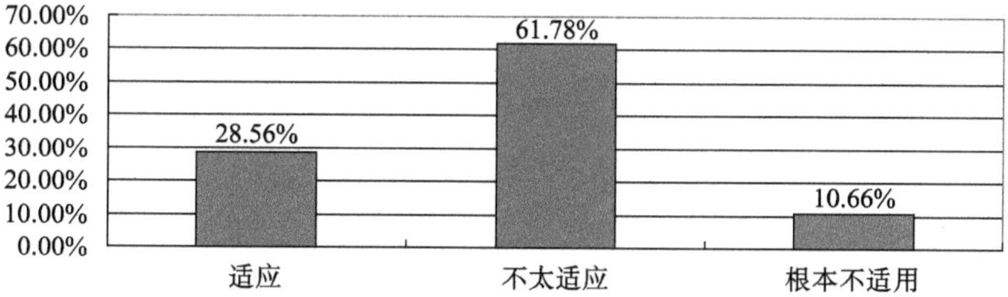

图 3-6　对目前出版业技术素质适应国际市场竞争情况的评价

3. 出版业数字化转型进程比较缓慢

数字化出版形式提供给读者的内容和出版物所占比例很低，出版单位用于数字出版技术的开发和研究投资较少。38.27% 的被调查者表示，自己单位只有低于 5% 的内容或出版物是以数字化出版的形式提供给读者的，仅有 12.65% 的被调查者表示自己单位的数字化出版物超过出版物总数的 40%（如图 3-7 所示）；关于出版单位对于数字出版技术开发的投资所占比例，调查结果显示，超过 8 成的出版单位在数字出版技术开发的投资占到经费总支出的 10% 以下，其中甚至有 23.47% 的单位支出不到 1%，而超过总支出比例25%的单位也仅仅占到2.70%（如图3－8所示），表明中国出版业数字化转型进程缓慢。

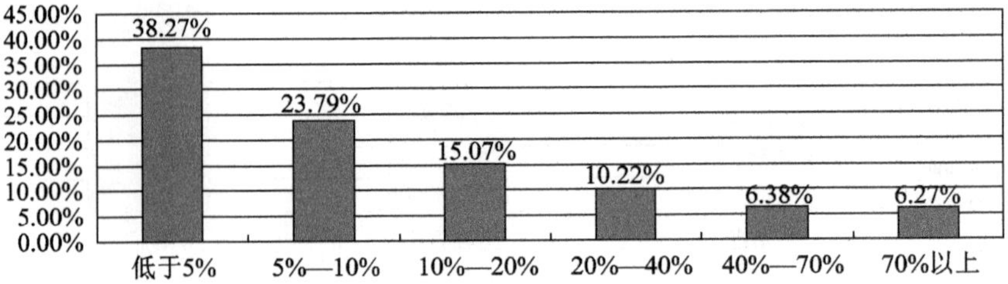

图3－7 单位数字化出版物的比重

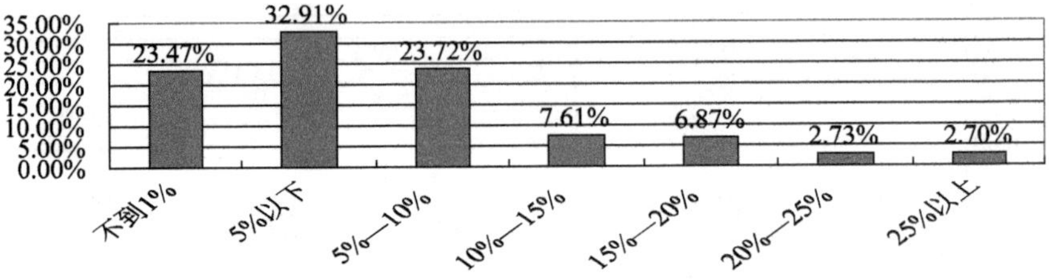

图3－8 单位每年用于数字出版技术开发的投资占经费总支出的比重

（二）技术人才缺乏、重视不够、国家相关政策不到位是造成困境的主要原因

1. 真正懂得数字技术的人才缺失

超过10%的被调查者认为自己的计算机信息技术水平不高（如图3－9所示），而几乎所有的被调查者都表示自己在使用现代化信息技术是有所欠缺的（其中网络技术的知识约占22%，电脑知识约占13%，专业软件知识与使用占到约46%，其他则占约19%）（如图3－10所示）。这表明中国出版从业人员新技术知识的普遍缺失，这一方面造成了出版业整体技术落后，另一方面又导致出版业数字化转型缓慢。由于企业对先进的出版技术不是非常了解，且缺少高素质的复合型人才，所以没有办法很好地利用新的数字技术，如果仅仅是跟风去购买和配置则会造成浪费。

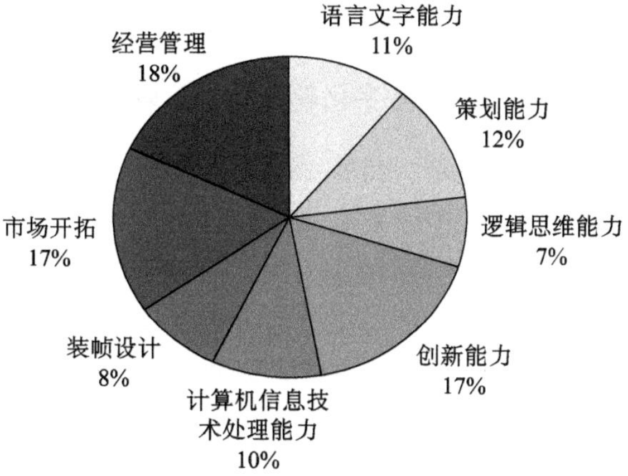

图 3－9　专业技能情况

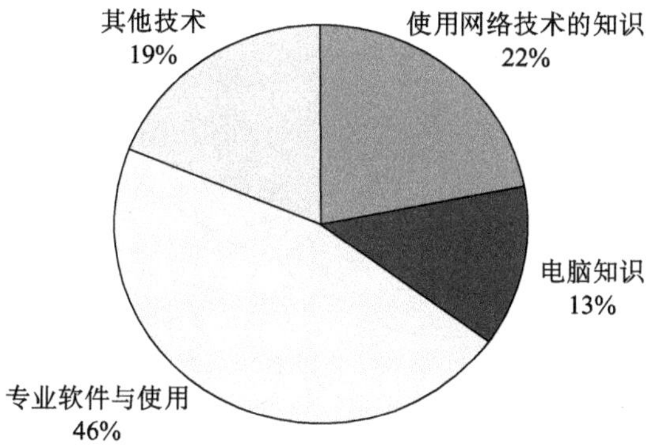

图 3－10　使用现代信息化手段的情况

2. 不少出版单位对提高技术水平重视不够

从各出版单位用于数字化转型的资金所占比重来看，不少出版单位对提高技术水平重视不够。出版产业一直以来都是“内容为王”，行业内普遍存在着轻视技术手段的现象。出版业数字化转型已经成为行业发展的大趋势，这不是出版单位愿意不愿意的问题，而是直接关系出版单位生死存亡的问题，因此，重视数字化技术是非常紧迫的一切事情。在转型升级后的数字出版业中，技术因素在产业发展中成为与内容产业并重的重要因素，在某些阶段甚至成为影响内容产业发展的重要因素。个人电脑的普及使互联网成为继报纸、广播、电视之后的第四种新的媒介形式。智能手机及平板电脑的诞生，使移动互联网成为一个发展前景广阔的新领域等。重视技术的创新与应用，对于出版业未来发展而言，具有十分重要的意义。

3. 国家出台的支持出版业数字化转型的相关政策不够完善

以出版社为例，调查显示，约有 28.92% 的被调查者表示自己所在单位从未享受过各级政府对出版产业发展或技术创新方面出台的鼓励和优惠政策（如图 3－11 所示）。一个产业的健康发展，必须有良好的市场环境，出版业技术发展也不例外。政府主管部门在推动出版业数字化转型、制定完善的提升出版单位技术水平政策方面仍需继续重视并逐步完善。

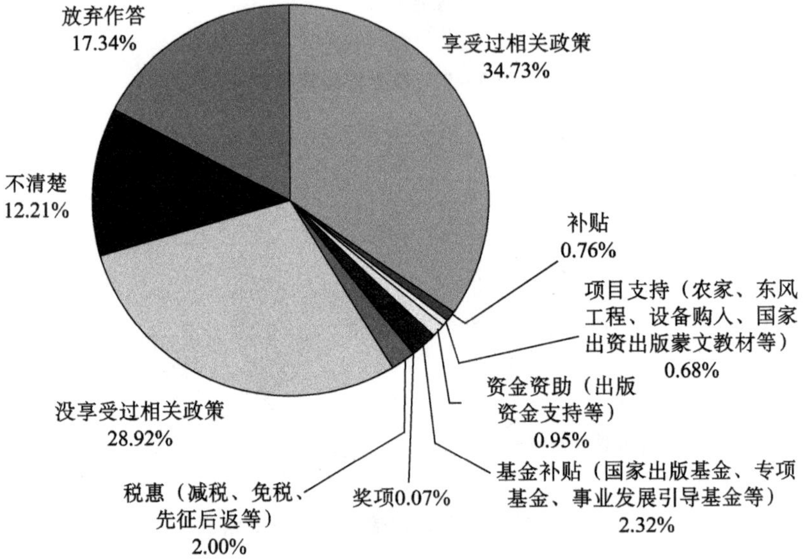

图 3－11 单位享受国家政策优惠的情况

（三）培养数字技术人才，加大出版业技改投资，建立健全国家财政支持体系，提高出版业整体技术素质

1. 加强数字出版技术人才的培养

在数字化浪潮席卷全球的大背景下，出版企业要彻底转变传统的人才观，出版人不仅仅只是一个内容编辑者和提供者，只懂得编辑知识是远远不

够的，还必须具备包括掌握数字技术等多方面知识和素养在内的专业能力，这是衡量一个出版人职业能力的重要维度。如何培养数字化技术人才，首先，在企业方面，应采取多种方式，加大力度对传统出版人进行数字出版知识的普及、教育和培训；其次，在政府层面，应尽力搭建传统出版企业与数字技术企业的桥梁，让编辑出版人才与数字技术人才进行交流与学习，建立培训机制和数字出版培训基地，对人才分层进行数字出版相关知识和技能的培训。

2. 国家要加大出版业技术改造的资金投入，建立健全国家财政支持体系

要切实提高出版单位的技术装备水平，推广应用数字化、网络化、智能化等先进技术装备；出版业装备技术升级要针对关键领域和薄弱环节，突破一批共性的关键技术，加快先进技术的产业化应用，提高核心技术的应用能力，促进出版企业技术创新能力的提升；要加大出版业技术发展的国家资金投入，在整合现有政策资源、充分利用现有资金渠道的基础上，争取设立出版业数字化水平提升和转型专项资金，建立健全国家财政支持体系，支持出版单位的数字化转型，要加大出版单位技术改造和技术创新投入力度，对具有明确市场前景的重点科技项目，建立由出版单位牵头组织、高等院校和科研机构共同参与实施的有效机制。依托骨干出版企业，围绕关键核心技术的研发、系统集成和成果转化，建设若干具有国际先进水平的数字出版内容聚合及资源展示与投送平台，发展一批出版单位主导、产学研用紧密结合的产业技术创新联盟。

3. 要加强出版单位的信息化建设，重视技术素质的提升

信息和网络技术的迅猛发展，给出版业带来的冲击和变革是革命性的，目前不少出版单位的工作依然主要依靠纸和笔，在纸上看稿改稿，一方面效率较低，另一方面也不利于及时地开发和增值性利用信息，这些都制约了传统出版业的数字化转型和发展。出版单位可以通过技术在选题和新闻线索方面，统筹规划、联合创意，实现资源共享，也可根据不同介质和受众特点对信息内容进行分类加工，实现“一次制作，多元发布”，形成多样化产品，满足受众多元化需求。

（执笔人：陈尼佳）

专题报告四

中国出版业管理素质低，不能适应企业长远发展的需要，科学化管理水平亟待提高

内容摘要：

- 高达三分之二的被调查者认为所在的出版企业依然受到行政和计划的干扰和调节，市场化程度低。
- 高达七成的被调查者认为上级主管部门的管理制度过多过死，不够科学，出版企业没有多大的自主权，强烈要求应该发挥市场调节的作用。
- 近三成的被调查者认为企业缺乏完整的管理制度，近一半的被调查者认为所在单位的专业技能培训体系不够完善。
- 高达三分之二的被调查者没有明确的职业规划，近四成的被调查者认为工作中团队合作状况不尽如人意。

近年来，伴随着经济体制改革的日益深化，中国出版管理体制也发生了巨大变革。一批出版单位朝着现代企业制度的方向迈进，并逐步实现了转企改制，出版业市场化进程进一步加速。但与此同时，由于涉及对传统管理体制的革命性变革，不论在思想层面、制度层面还是政策层面、方式方法层面，中国出版业在管理方面还或多或少地保留了旧有计划体制的痕迹，从政府管理机构到出版企业内部，管理体制和管理机制仍然没有跟上时代变化的

步伐，管理素质较低，制约着中国出版业的进一步发展。

（一）中国出版业管理素质低，不能适应企业长远发展的需要

1. 上级政府管理部门对中国出版企业行政干预过多，对出版单位管得过死，出版企业缺乏应有的自主权

调查显示，在“贵单位在出版经营过程中是否受到上级职能部门或相关部门的干预”的选项中，超过一半的被调查者选择了“是”（如图4－1所示）。而被调查者对于职能部门干预的评价却不尽相同（如图4－2所示），只有42.33%的被调查者对于政府职能部门的干预给了正面的评价，而其他的被调查者对于政府职能部门的行政干预表示不满。当对于上级政府主管部门对出版单位管理的评价时，有61%的被调查者选择了“管理制度过多过死，不够科学，出版企业无自主权，应该更多地发挥市场调节的作用”（如图4－3所示）。

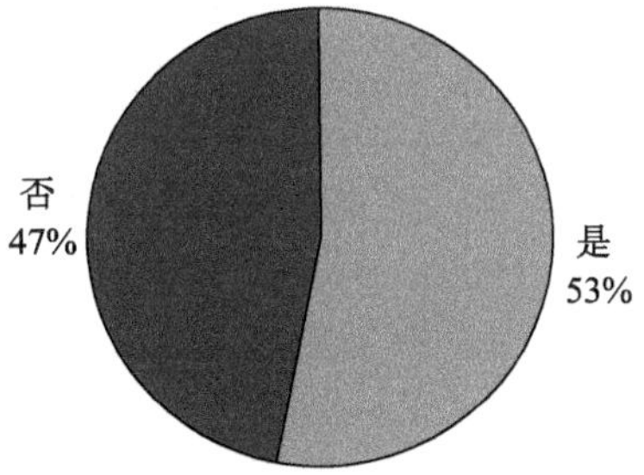

图4－1　出版经营中是否受到上级职能部门干预的情况

2. 中国出版企业管理制度不完善，缺乏专业技能培训体系和完整的培训制度，从业人员的团队意识淡薄、缺乏明确的职业规划

调查结果显示，三成左右被调查者认为所在的出版企业没有系统完整的管理制度，随意性很强，忽视管理制度对企业长远发展的重要作用（如图4－4所示）。仅有55.54%的出版从业人员对于本企业的职业技能培训体系的评价是满意的，超过四成的出版从业人员对于本企业的职业技能培训体系

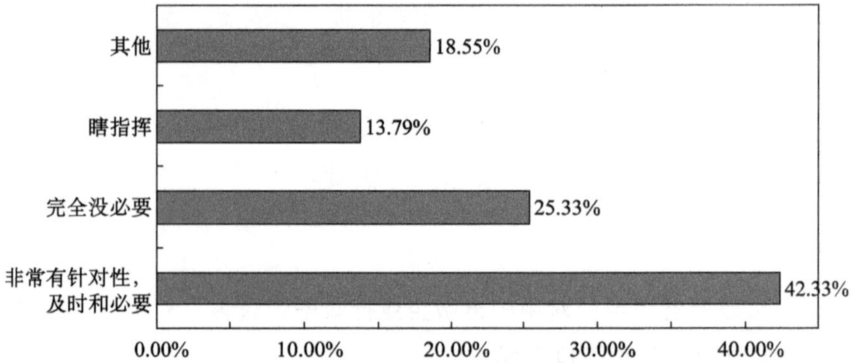

图 4－2　对职能部门干预的评价

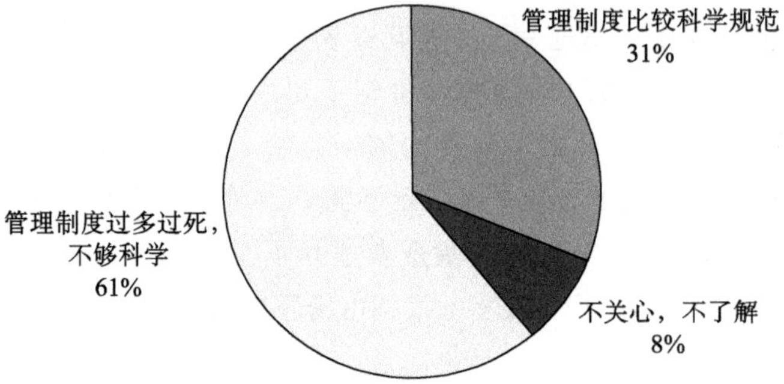

图 4－3　对政府主管部门管理出版单位的评价

表示不满意或不清楚（如图 4－5 所示）。四成多的出版从业人员认为本单位的团队合作状况“一般”、“不好”或“非常不好”（如图 4－6 所示）。另外在职业规划方面，从给出的调查数据可以看出，只有 31.41% 的出版从业人员选择了“明确”这一选项，有 68.60% 的出版从业人员表示自身没有明确的职业规划（如图 4－7 所示）。

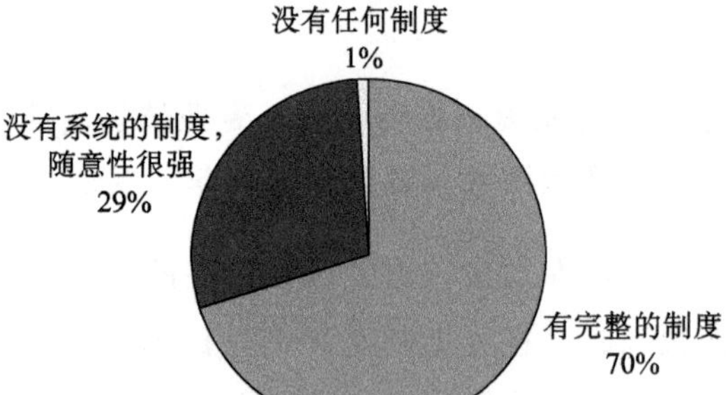

图 4－4　是否建立比较完备的管理制度或规定的情况

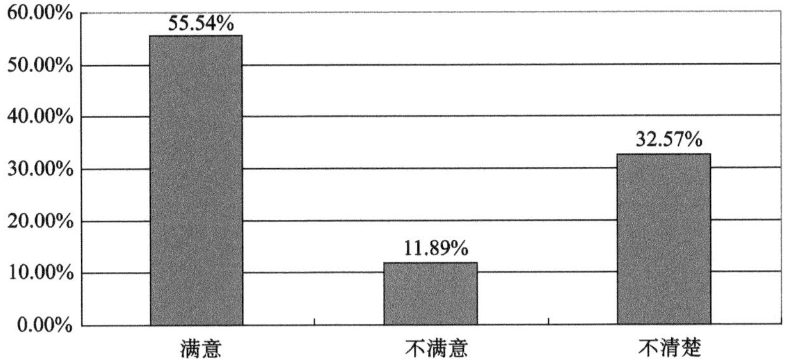

图 4－5　对单位专业技能培训体系的评价

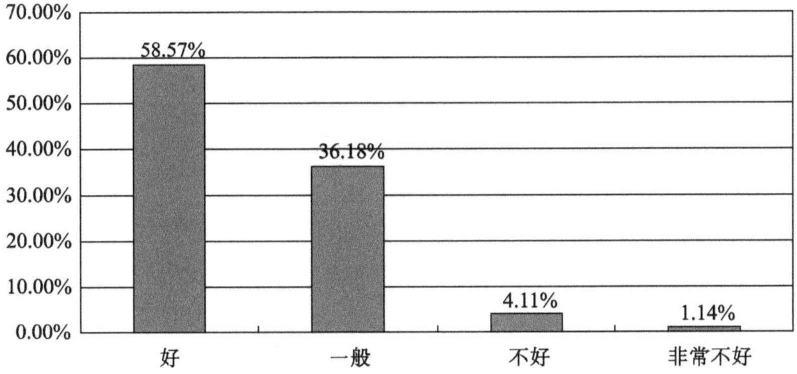

图 4－6　从业人员对工作中的团队合作状况的评价

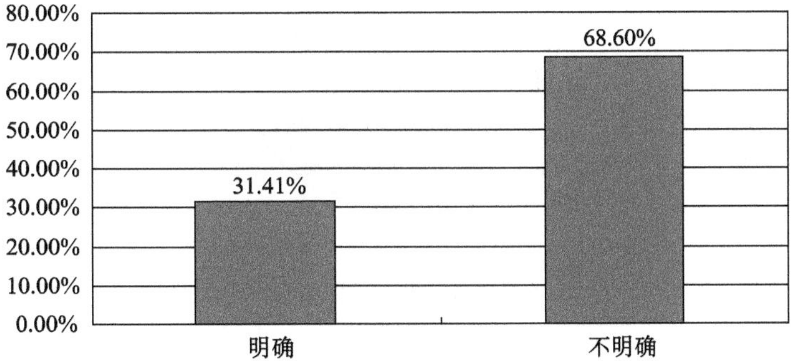

图 4－7　是否有明确的职业规划

3. 出版企业按需出版的意识不强，能力不足，主营业务市场化程度弱

调查结果显示，54.66%的出版企业有按需出版意识和能力，近半数的出版企业表示自己所在单位按需出版意识淡薄或按需出版能力较弱（如图4－8所示）。三分之一的出版企业表示自身主营业务的市场化程度低于20%，与建立现代企业制度的要求差距较大（如图4－9所示）。

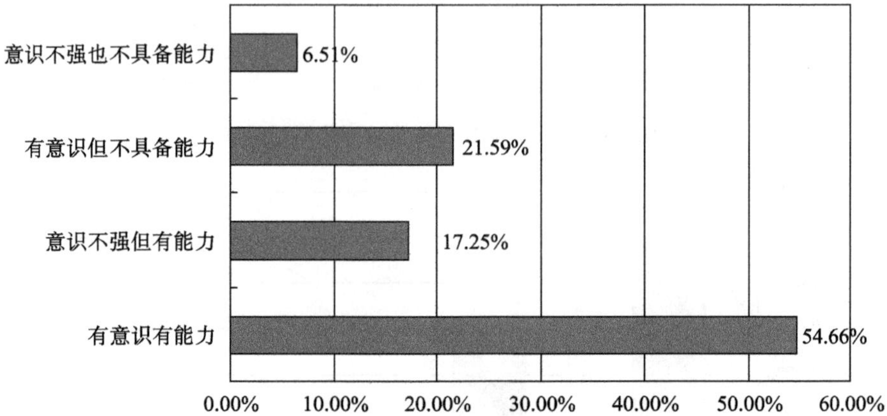

图4－8 贵单位是否有按需出版的意识和能力

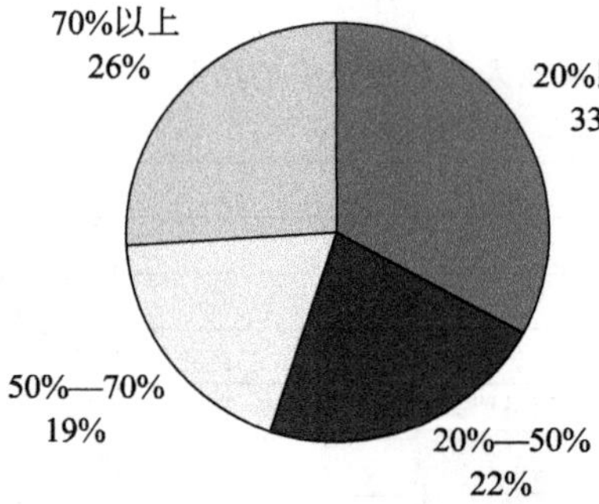

图4－9 主营业务市场化程度百分比

（二）中国出版业管理体制改革尚不到位，缺乏专业管理人员和科学合理的管理制度，培训体系和培训制度不够完善

1. 中国出版业尚未形成规范有序的出版物市场

改革开放38年以来，我国出版管理体制尽管进行了持续不断的改革，但国有资本依然是出版业的主体，行业运行和改革主要依靠行政单位的推动和整合，行业组织的生存空间比较有限。原因在于：来自政府部门的直接管理主要是按行政系统从上到下划分为一定的层次，层层设置管理机构，上一层次机构对下一层次机构实行直接指挥，管理权限集中在最高管理层，政府的直接指挥常常约束了企业自主的市场行为，在逐步向市场经济转型的进程中，原有的部门管理越来越不适应出版业市场化转型的需要。单纯的法律法规、市场制度和行政机构所建构的仍是一个单向性的、从上到下的权力导向型的管理体系，其缺陷在于管理者对市场信息反应迟钝，管理行为缺乏弹性和连续性且社会接受程度较低。

2. 出版企业缺乏有效的团队，缺乏明确的职业生涯规划

内部管理人员的素质不符合岗位的要求，缺乏经过正规培训的内部管理人员。很多内部管理人员在管理素质上不能达到实施科学管理的要求。管理者素质包括管理自己的素质和管理他人的素质及管理任务的素质，管理他人的素质很重要的一方面就包括人际关系和合作。在现代出版企业中，团队的作用越来越重要，离开了团队，一个人很难取得很大的成就。但现实情况是不少出版企业在日常管理中忽视团队建设，没有充分发挥管理者在团队中的领导作用，即使拥有先进的设备、精通业务的员工，也很难组建一个团结高效的管理者群体。另一方面，不少从业人员缺乏明确的职业生涯规划。职业规划一方面可以帮助员工明确自己在企业中所处的位置和职业发展方向，实现员工个人能力的提升，达成人与工作的完美结合。另一方面也可以保证企业获得人力资源的有效开发，以满足现在和未来所需，但有近七成的被调查者认为没有明确的职业规划，说明近七成的被调查者所在的出版企业的管理人员缺乏管理能力，管理水平低，不能适应建立现代企业制度。管理人员必须学习先进

的管理理论，并掌握专业的管理技能，才能开展各项管理活动。从调查数据得知，被调查者中拥有管理专业背景的只有9%（如图4－10所示），缺乏专业的管理人才是造成中国出版企业管理水平低的一个重要原因。另在“在基础知识方面认为存在欠缺”的提问中，近三分之一的被调查者选择了“管理科学方面”这一选项（如图4－11所示），表明出版企业管理素质落后的现状，管理理论知识亟待提高。

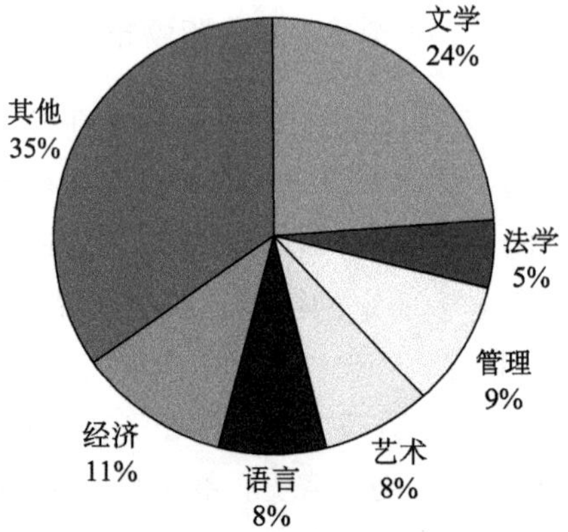

图4－10　我国出版社从业人员专业背景情况

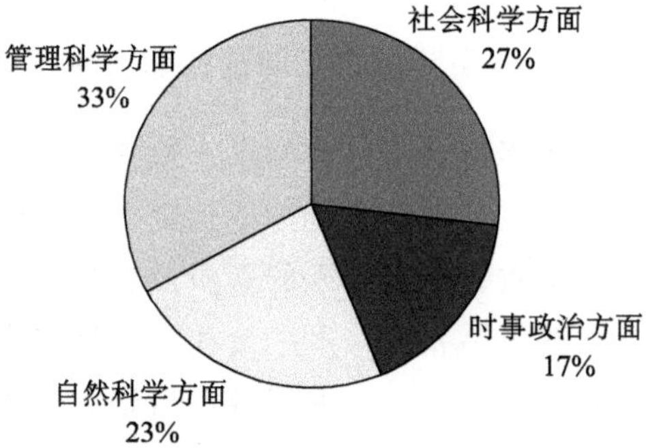

图4－11　基础知识欠缺的情况

3. 出版企业内部培训制度不成熟

主要表现在中国出版企业对于提升出版从业人员的专业技能不太重视，没有建立专业技能培训的规范制度。大多数出版企业只是注重短期经济效益，对于员工素质的提升认识不足，没有形成完备的培训体系和机制。调查结果显示（如图4－12所示），只有六成被调查者认为所在单位对于出版从业人员的专业技能比较重视，仍有近四成的被调查者所在出版企业没有充分认识到专业技能培训的重要性。即使出版企业认识到提高职业技能的重要性，但是管理人员因为太忙等理由而缺席培训。调查数据显示（如图 4 – 13 所示），有 22.04% 的管理人员因为工作太忙没有参加培训。

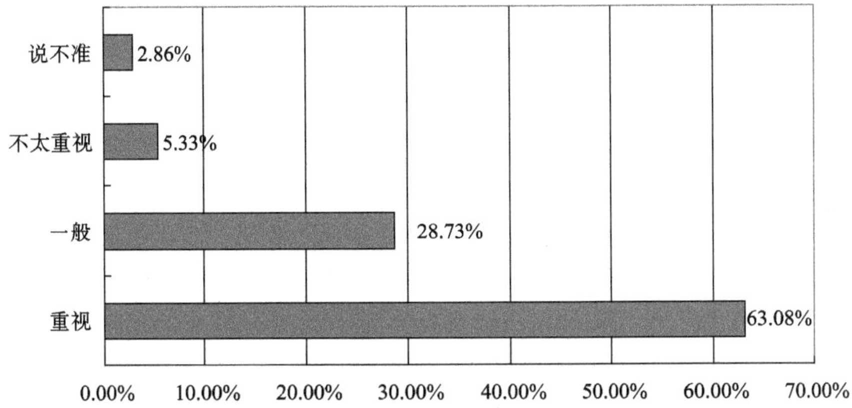

图 4 – 12　对所在单位提升出版从业人员专业技能的重视程度的评价

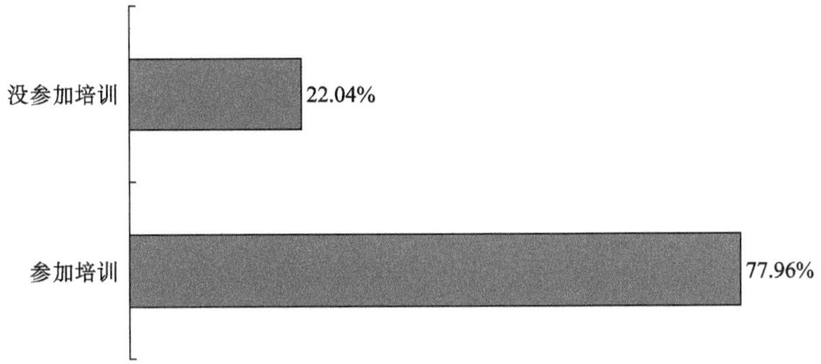

图 4 – 13　参加培训的情况

（三）加快管理体制改革，建立完备的管理和培训制度体系，提高出版业管理科学化水平

1. 加快管理体制改革，提高管理的科学化水平

出版企业改革的关键点在于政企关系和产权制度。能否做好产权明晰工

作，做到政企分开，直接关系到市场经济体制的基础是否稳定，关系到市场的有序运行。企业作为市场主体，不仅要使经营活动符合市场规律，还应该拥有对市场变化做出调整的权力，这也是企业成为市场经济活动主体的先决条件。因此，管理部门要进一步深化体制改革，加快政企分开改革的步伐，归还本属于企业自己的生产要素选择权、投资决策权、定价权等生产经营自主权。按照党的十八届三中全会深化改革的精神，减少行政部门干预，顺应市场经济体制的改革要求，发挥市场在竞争领域的决定性作用，加快出版业的市场化改革的步伐，提高出版企业的市场经营意识和适应市场的能力。

2. 健全并完善企业内部管理制度

企业内部管理制度是管理现代化的必然产物，是实现企业经营管理目标而制定和实施的一系列管理方法、措施和程序，它贯穿于企业经济活动的各个方面，建立并严格执行企业内部管理制度，有利于企业的资源合理配置，有利于提高经济效益。为此，出版企业应该建立一个涵盖企业内部各个部门、各项业务环节及每个员工及的内部管理制度，同时在实践中不断完善，形成一个科学的管理系统。

3. 加强管理人员培训，将培训纳入考核并与激励机制挂钩

管理素质是管理人员胜任管理工作所必须具备的包括自我管理、团队建设意识与能力及专业技能的一整套理念、风格与能力的综合。通过加强现有管理人员的管理知识和管理技术的培训来提高管理人员的素质，或者通过招聘具有管理学背景的专业人才来强化管理队伍的建设，使得出版企业的管理人员不仅有把企业搞好的美好愿望，也有管理的经济性、科学性、有效性等现代化的管理思想，同时还要有决策能力、处理市场以及销售渠道问题的能力；通过开展参与式管理，让员工参与管理活动、倾听他们的想法，可以使管理者很好地发现和发挥员工的能力和优势，提升发展、教导下属的能力；可以使管理者发现员工对于企业文化与制度的理解与误会，通过为他们讲解并采取改善手段，一方面消除误会、增进互信，另一方面提高管理者推广与落实企业文化与制度的能力；还可以使管理者发现员工的贡献与付出，加强以员工为本的意识与行动力，有利于培养其面对复杂问题保持冷静、理智分析、果断决策的能力；可以分享工作体会，这种自我总结、自我反省和自我发现的过程，有益于培养自我激励/自我发展的能力；通过管理者聚会的方式，看到“人外有人，山外有山”，可以拓宽眼界与心胸，培养起谦虚善学的态度，进而形成管理者脚踏实地的工作作风。在日常工作中，大多数管理人员很难有时间参加培训，最常见的原因是业务太忙，但有些人却是懒，还有些人则是根本不想改变。这就需要把培训纳入考核当中，强迫他接受。不参加培训，那么此项考核分数就很低，同时对其参加培训的表现给予综合评定，与某项考核挂钩，最终影响到晋升、薪酬等。另外，可以把培训与激励机制结合。如果管理人员参加培训，发生了很大转变，当然这种转变是有各种表现方式的，那么公司就要给予一些奖励，比如，给予出国培训的机会。如果没达到的，就象征性地罚款，作为一种惩罚。建立这样一种激励机制，也有助于管理人员产生参加培训的意愿。

4. 强化企业团队建设

出版企业按现代企业制度的要求实行公司制，绝不仅仅是名称的改变。除了明晰产权、建立法人财产制度和法人治理结构外，更重要的是按照现代企业制度的要求完善管理制度，包括参与国际竞争以占领国际国内市场为核心的经营制度，现代企业的技术改造与科研制度，以人为本的民主管理和员工培训、考核制度，资金管理制度，劳动工资制度，财务会计制度。按照建立现代企业管理制度的要求，出版企业在管理组织、管理手段、管理方法、管理方式方面必须进行变革。具体要求是：管理组织精干化、管理手段现代化、管理方法科学化、管理方式民主化、管理人员专业化。

（执笔人：刘飞）

专题报告五

中国出版企业上市后出现不少新问题 相关政策法规体系亟待建立和完善

内容摘要：

- 在中国出版领域，成功上市的企业不足全部出版企业的1%，七成左右的被调查者认为中国出版单位上市没有给企业的发展带来显著的变化。
- 九成左右的被调查者认为出版单位上市筹集来的资金没有用于扩大或强化主营业务，资金使用方向分散。
- 五成以上的被调查者认为出版企业的上市动机不明。

针对出版业历史上长期形成的行政色彩浓厚、产权单一的现状，推动出版业转企改制，实现政企分开、产权明晰的现代企业制度改革至今已有十多年的历史，具体历史线索为：2003 年 12 月 31 日，国务院办公厅发布《关于印发〈文化体制改革试点中支持文化产业发展和经营性文化事业单位转制为企业规定〉的通知》，拉开了中国出版业转企改制的序幕；2008 年 10 月 12 日，国务院办公厅《关于印发〈文化体制改革中经营性文化事业单位转制为企业和支持文化企业发展〉两个规定的通知》，要求尽快实现政企分开，建立现代企业制度，完善公司法人治理结构。截至目前，除全国和各省的人民出版社等少数公益性出版单位继续保留公益性事业单位性质之外，其他出版社，已经由事业单位转制成为经营性的企业，按照“产权明晰、权责明确、政企分开、管理科学”的要求，进行企业化运作。深化出版业体制改革的关键在于产权制度的变革，建立起产权明晰、激励和约束机制对称以及富于效率的现代企业制度是改革的目标，因此，推动出版企业上市融资成为必然选择，但对上市出版企业的调查研究表明，中国出版企业面临着上市困难、上市对企业发展产生的影响并不理想等问题。应高度重视出版企业上市的问题，完善政策法规体系，解决上市产生的一系列问题。

（一）我国出版单位上市需求强烈，但现实情况是上市公司数量不多，但问题不少

1. 出版企业对上市融资的需求强烈，但是真正成功上市的企业很少

企业上市不仅有利于企业筹集大量资金，增强进一步融资的实力，而且能够通过上市使股权具有很强的流动性，从而实现企业股权的多元化。中国出版企业为生产核心竞争产品，必实现纵向一体化经营，扩大规模，提高生存竞争力，达到真正的政企分开独立经营的目的。企业在建立产权明晰、激励和约束机制对称以及富于效率的现代企业制度过程中，对上市融资有强烈的渴望。调查结果显示（见图 5 –2），几乎所有被调查的出版企业都有强烈

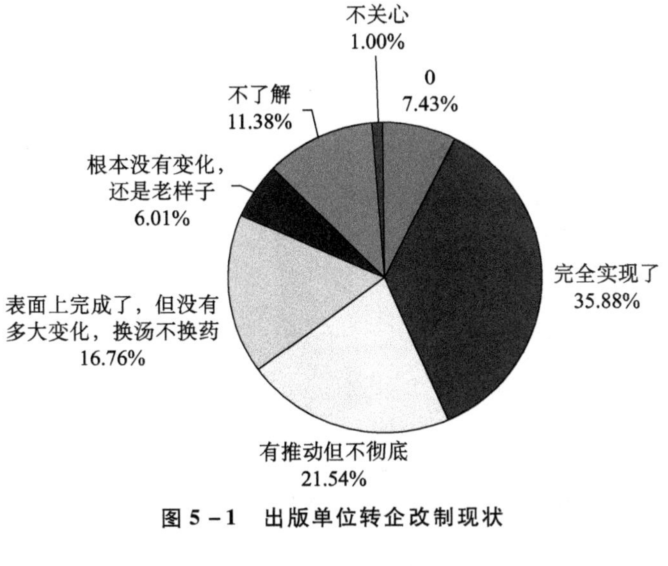

图 5 –1　出版单位转企改制现状

的上市融资的渴望。但是现实情况是，近七成的被调查者认为所在单位并没有真正完成彻底的转企改制，在完成转企改制的出版企业中，上市进行融资的出版企业比例很低。

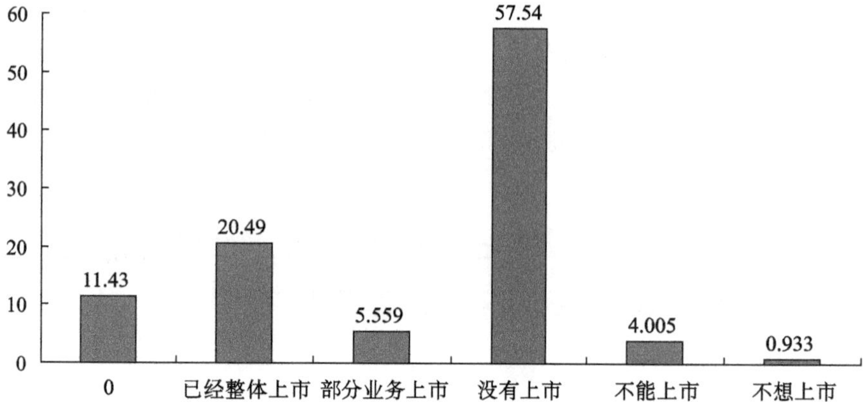

图 5－2　中国出版单位上市状况

2. 出版企业上市并没有给上市企业带来显著的变化

出版企业上市融资，能够实现企业价值最大，促进企业的成长，且适当的上市时机能够使企业成为投资者投资的热点，从而更好地利用社会资金加速新技术的应用和发展。调查结果显示（见图 5－3、图 5－4、图 5－5、图 5－6、图 5－7），近八成的被调查者认为上市后的出版企业在主营业务、经

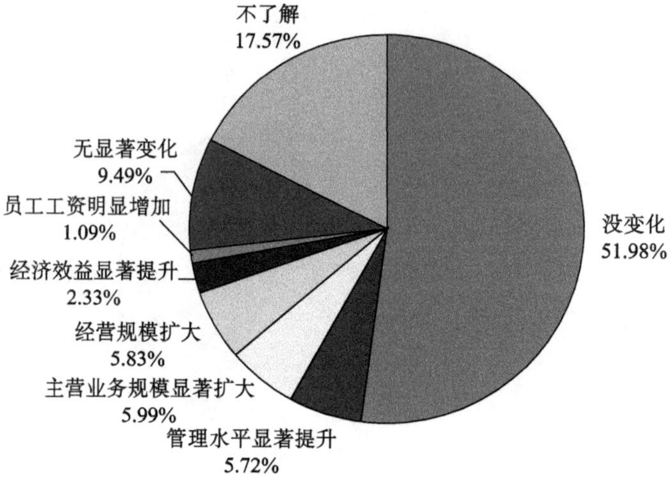

图 5－3　出版单位上市后的发展态势变化情况

济规模、经济效益及员工福利等方面并没有产生大的、好的变化。对中国出版企业上市筹集来的资金的用途调查表明，89.02%的被调查者认为上市筹集来的资金并没有用于主营业务的扩大，仅有10.98%的被调查者认为用于主营业务规模显著扩大。从筹资用途中，可以明显看到，上市并未给出版企业带来新的和巨大的变化。

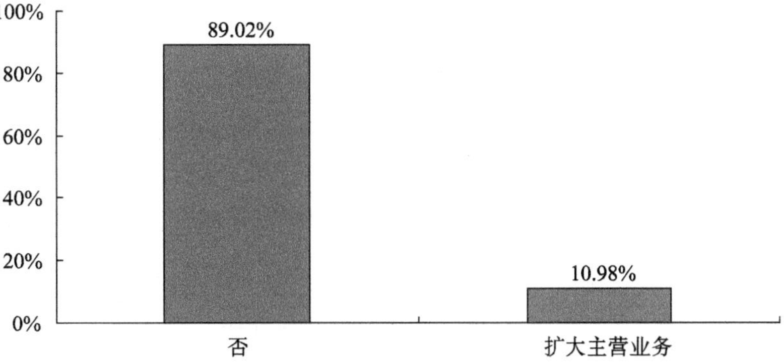

图5－4　上市单位用于扩大主营业务的筹集资金

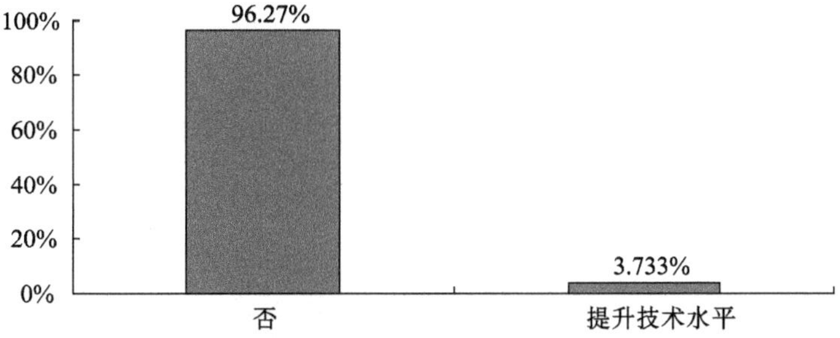

图5－5　上市单位用于提升技术水平的筹集资金

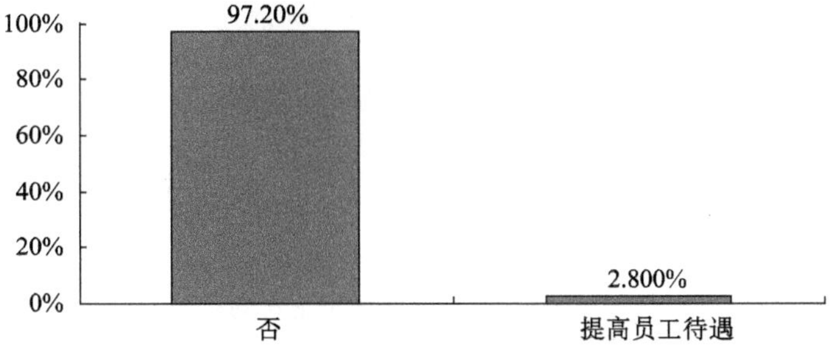

图5－6　上市单位用于提高员工待遇的筹集资金

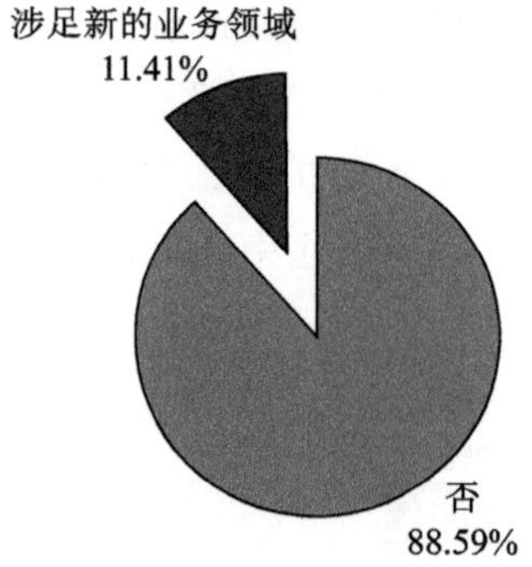

图 5－7　上市单位用于涉足新的业务领域的筹集资金

3. 出版企业上市动机不明，上市筹集来的资金并未用于扩大或强化主营业务

关于中国出版企业上市动机的调查结果显示（见图 5－8），19.64% 的被调查者不清楚或不了解上市动机，3.18% 的被调查者消极地认为出版企业上市的动机是为了圈钱，只有 24.07% 的被调查者认为出版企业上市是为了建立现代企业制度、拓展业务。中国出版业现如今正面临着“上市”的热潮，出版企业不能冷静地思考分析上市的利弊，无法客观看待上市融资。大多数企业都是盲目上市，渴望上市与上市动机的不明形成了鲜明的比对。这种现象不仅对中国出版业市场的健康发展不利，而且会损害中国投资者的利益。

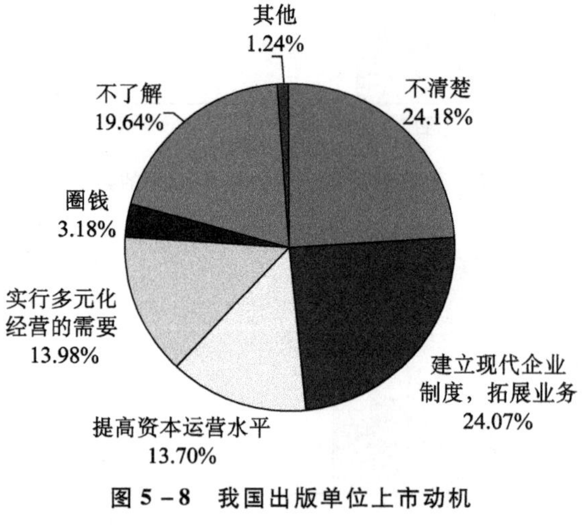

图 5－8　我国出版单位上市动机

另一方面，一般企业在上市融资后都会强化其主营业务，增强其核心竞争力，但对中国出版企业上市后筹集来的资金用途的调查表明，仅有

13.98%的被调查者认为上市后企业主营业务规模显著扩大，上市筹集来的资金并没有被用于扩大主营业务，现实中这些资金被用到什么地方去了是一个待解开的“谜”。

（二）上市动机不明、对筹集来的资金管理不科学、出版企业自身能力不足是影响中国出版企业上市的主要因素

1. 上市动机不明影响中国出版企业上市

企业上市是关乎其生存发展的重大举措，企业应该向员工清楚地说明上市的目标和动机。但调查结果显示，高达五成的被调查者都不清楚或不了解该出版企业的上市动机，其中近三成的被调查者对上市动机一项进行空白处理。上市是企业谋求发展的手段，而中国出版企业呈现出来的现象却是盲目地把上市作为优先发展目标，并没有认真考虑企业是否真的有上市的需求，也不清楚出版企业上市筹资的真正用途。当企业有了明确的发展规划，出于发展战略的需要，希望有雄厚的资金作为实现战略目标的支撑。在这样的前提下，上市筹集资金才有实际意义。反之，若没有实际的资金需求，只是为了上市而上市，盲目地把上市融资作为优先发展目标，甚至出现“圈钱”行为，先把钱“圈”到手，真正干什么却没有统筹考虑，不仅不利于出版企业的发展，而且还有损投资者的利益。

2. 企业对筹集来的资金的管理不科学影响中国出版企业上市

仅有一成左右的被调查者认为企业上市所筹集的资金用于扩大主营业务，不到五成的被调查者认为上市后中国出版企业在管理、经营、业务上有所改善。由此可见，中国出版企业上市后，无论是展现在外的经营能力还是对内的激励管理能力，并无明显变化。这表明中国出版企业筹资管理极不科学，企业内部人员对上市都表现出消极的态度，认为出版企业上市与自身并无直接的利益关系，而且不能带来企业好的发展。而投资者更是看不到企业上市后的作为，不清楚筹资用于建设了出版企业的哪一部分，用于发展了哪些方向。对于一只没有明晰的筹资动向、发展潜力和科学管理能力的企业股

票，其发展前景是令人担忧的。

3. 出版企业自身能力不足影响中国出版企业上市

首先，经营管理难以满足上市融资的条件。中国出版企业上市融资主要通过三种模式：借壳上市、H股市场的IPO、A股市场的整体上市。借壳上市需要企业具有优秀的再融资能力，要求企业近三年的净资产收益率平均不低于6%，才能进入二级市场进行配股和发行新股的方式进行再融资。而中国出版企业经营能力弱，不能有效地将自己的产业与壳产业组合起来，无法进行高于6%的净资产收益率的经营，这就导致能成功借壳上市并且成功再融资的出版企业少之又少。H股市场的IPO，H股市场是全球金融市场，上市后面临的风险较大，股票的各项指标波动也大，但出版企业刚刚转企改制，各项应对风险、直面国际市场竞争的能力还是很弱。此外，若在H股市场上市，由于信息的不对称，势必会出现企业折价发行的现象，对上市融资的结果大打折扣。A股市场整体上市，虽然避免了剥离上市的种种弊端，但是中国A股市场的股票发行定价机制目前尚不完善，难以体现发行公司与投资者之间公平合理的融资关系，且中国股票市场还不成熟，存在明显的制度性缺陷，这种不成熟的缺陷增大中国出版企业上市所面临的风险，而这些风险又不是中国出版企业现在能面对的。其次，由于出版业特殊的性质，从2003年至今仍没有实现彻底的转企改制，致使出版企业至今在股票市场中仍处于摸索阶段，缺乏与出版企业上市相关的专业人才，无论借壳上市，还是在A股、H股市场上的IPO，都要求出版企业有优秀的经营能力、直面应对金融市场各种风险的能力，而中国出版企业往往缺少能够支撑上市融资的能力，致使出版企业在上市前后会出现种种问题。

（三）完善政策法规体系、提高出版上市企业科学管理化水平是当务之急

1. 建立健全完善的政策法规体系

建立健全完善的政策法规体系是出版市场健康发展、出版企业成功上市的必要条件。首先，要加强政府对股票市场的监管，完善股票市场机制，建

立成熟的股票市场。减少出版企业在股票市场上市所面临的风险，同时培育为出版企业上市融资服务的特定中介机构，为出版企业上市提供更加专业具体的服务，提高上市效率，减少上市风险，降低委托代理问题。其次，完善出版上市企业的信息披露机制。完善信息披露机制，加强市场监管能力，能够直接提高出版企业筹集资金的使用效率，促进资源的最优配置，减少相关风险，降低对投资者利益的损害。再次，加强对出版企业的上市培训，对其进行系统全面的培训。在告知上市能带来融资、促进发展、实现与市场对接等优点的同时，要清楚地解释其伴随的上市成本高、分散公司控制权、组织成本增加、代理问题的出现及存在相当大的风险等缺点。警示盲目上市的出版企业，且鼓励优秀出版企业上市。避免由于跟风效应而产生的大量新股涌入市场造成供过于求而导致的股价下跌的现象。最后，提供扶持政策。为出版企业上市创造良好的政策环境和市场环境，保证出版企业上市更顺利，上市的发展更快。指导出版企业重视技术革新、发展高新技术产业和重视资本运营能力提升，保证可持续发展的竞争力。鼓励出版企业进行规范化公司制度改造，推动其市场化。建立扶持出版企业上市的激励机制，例如给予一些补贴、奖励、税费减免及相关政策的倾斜等，促使出版企业积极上市。

2. 重视出版企业长远发展

中国出版企业在上市时，并没有清晰的动机及发展规划。这对出版业的发展是十分不利的。应该重视出版企业的长远发展，制定企业长期发展规划。企业只有树立了长远发展的观念，才能够使发展更具有全局性、竞争性、系统性。要加强对高层人员长远发展观念的教育。政府应倡导并加强对长远观念的培养。此外，出版业应该组织高层人士参加相关讲座或研讨会及其他形式的活动，宣传长远发展的重要性，使长远发展观念深入出版行业。加强企业制定长远发展规划的能力，增加出版业高层人员制定发展规划能力的培训。制定规划终是要落到执行上去。科学的规划并不能保证满意的结果，根本原因在于执行。在执行过程中，要保证正确性和高效性。出版企业应加强对执行过程的控制和监管力度，保证顺利地执行规划，完成相关任务。提高企业执行长远规划的能力。出版企业应该及时了解内外部环境的变化，并根据变化的经济社会环境、条件，及时修订已有长期发展规划，保证企业的长期发展规划是可执行的、可实现的。

3. 提高出版上市企业科学管理化水平

中国出版企业的特性、政策壁垒、政府的过多干预和中国出版企业市场化的不足都与中国出版企业上市发展形成矛盾。在上市前，中国出版企业应该首先完成彻底的转企改制，彻底建立“产权明晰、权责明确、政企分开、管理科学”的现代企业制度，实行真正的企业化运营。

加强企业内部控制管理水平。内部控制往往还是企业容易忽视却是不容忽视的环节。目前，中国出版企业在内部控制中，主要存在着产权关系不明晰、股权单一造成的内部人控制现象严重、内部激励机制不完善的问题，没有一个系统全面的内部控制体系。为了拥有能够支撑上市融资行为的现代企业制度，出版企业应该建立内控责任明晰、标准明确、控制程序严谨、有效授权、监督约束机制。

加强企业经营管理水平。面对当今如此激烈的市场竞争，保持企业经营能力的持续提升，已经成为企业生存和发展的首要任务。首先，出版企业应该多渠道融资，深化自身资本结构。不把融资的需求集中于股权融资，在高效外源融资的同时，还要加强内源融资，从而实现真正的资本结构优化，以确保企业生存的根基，增强企业在出版行业中的竞争力，为企业长远的发展打下坚实的基础。其次，出版企业应提升自身能力，减少竞争导致的经营风险。要培养出版企业的核心竞争产品、扩大或强化其主营业务。最后，要提高企业的创新能力，应对多变的外部压力。

加强企业控制风险能力。出版企业上市前后会面临各种各样的风险，例如借壳上市时借壳失败的风险、经营能力不足时无法再融资的风险、信息不对称导致折价发行的风险等。对此，出版企业应该加强对风险的预防、控制和应对的能力。在上市过程中，预测各种可能面临的风险，并提出相应解决办法。控制各种风险，避免风险提高，带来无法补救的损失。风险出现前要及时识别风险，从而决定采取正确的手段来应对风险。

此外，加强改善筹资的使用。从调查数据中显示，中国出版企业筹资的使用是极不科学的。这种现象也说明了中国出版业上市的动机不明确，存在相当的盲目性。因为没有发展规划作指导，上市以后完全是随波逐流，没有方向。相关部门应加强对筹资使用情况的监督，确保筹资高效使用，规范出版业上市制度，保护投资者合法权益。

（执笔人：金萌萌）

附录

我国出版产业转型与素质调查问卷

尊敬的各位出版工作者：

您好！我们正在承担科技部的一项重大研究课题，旨在了解我国出版产业的基本情况、出版产业转型和发展现状以及出版产业人员素质、技术素质、制度与管理素质等方面的具体状况，以便向政府相关职能部门真实全面反映我国出版产业的现状与面临的问题，反映一线出版工作者的需求和建议，有针对性地提出推动我国出版产业彻底转型与素质升级的对策，特开展了此次调查问卷活动，希望您在百忙之中抽出宝贵时间如实填写本问卷。

我们非常真诚地感谢您能参与本次问卷调查的填写，并能真实反映您在工作中的需求和想法。您的意见和建议是形成我们调研报告的重要素材，回收汇集后将进行计算机处理，并对企业和您个人的相关信息予以保密，您的意见、要求和建议必将成为上级部门制定相关政策的借鉴和参考，我们期待着您的回答。

填写时，请注意以下几点：

①请根据本企业或您的实际情况如实填写。

②请您亲自填写，不要找人代填，也不要与他人商量后填写。

③请您逐题、逐项填写，不要遗漏。

谢谢您的合作与支持！

“中国出版业转型与升级战略研究”课题组

2013 年 6 月

A. 出版社（含图书、音像和电子出版机构）

一、基本情况及对出版业发展前景的看法

1. 单位全称：________________________________

2. 单位所在地：____________省（自治区、直辖市）______________市（地区）

3. 单位所有制性质是什么？（　　）

A. 公有制　　B. 非公有制

C. 外资　　D. 中外合资

E. 其他

4. 上级主管部门是________________________________。

5. 单位人员数量多少？（　　）

A. 数量<50　　B. 50≤数量<100

C. 100≤数量<300　　D. 300≤数量<500

E. 500≤数量<1000　　F. 1000≤数量<2000

G. 2000≤数量<5000　　H. 数量≥5000

6. 单位建筑面积多少平方米？（　　）

A. 面积<50　　B. 50≤面积<100

C. 100≤面积<500　　D. 500≤面积<1000

E. 1000≤面积<5000　　F. 5000≤面积<10000

G. 面积≥10000

7. 单位固定资产规模多少万元？（　　）

A. 金额<50　　B. 50≤金额<100

C. 100≤金额<500　　D. 500≤金额<1000

E. 1000≤金额<5000　　F. 5000≤金额<10000

G. 10000≤金额<50000　　H. 金额>50000

8. 单位年出版物品种数量如何？（　　）

A. 数量<100　　B. 100≤数量<500

C. 500≤数量<1000　　D. 1000≤数量<3000

E. 3000≤数量<5000　F. 数量≥5000

9. 单位年营业额多少（万元）?（　　）

A. 营业额<500　B. 500≤营业额<1000

C. 1000≤营业额<5000　D. 5000≤营业额<10000

E. 10000≤营业额<50000　F. 50000≤营业额<100000

G. 100000≤营业额<500000　H. 营业额≥500000

二、人员素质

10. 您的性别如何?（　　）

A. 男　B. 女

11. 您的年龄多大（岁）?（　　）

A. 年龄<20　B. 20≤年龄<30

C. 30≤年龄<40　D. 40≤年龄<50

E. 年龄≥50

12. 您现在工作部门是____________________。

13. 您的月收入是多少元?（　　）

A. 金额<3000　B. 3000≤金额<5000

C. 5000≤金额<7000　D. 金额≥7000

14. 您认为现有工资水平是否体现您的工作量?（　　）

A. 完全体现　B. 基本体现

C. 一般　D. 不完全体现

E. 完全没有体现

15. 您在出版行业中持续工作了多长时间（年）?（　　）

A. 年限<3　B. 3≤年限<5

C. 5≤年限<10　D. 10≤年限<15

E. 15≤年限<25　F. 年限≥25

16. 您的学历如何?（　　）

A. 高中及以下　B. 中专

C. 大专　D. 本科

E. 硕士　F. 博士及以上

17. 您的技术职称是什么?（　　）

A. 助理编辑（初级）　B. 编辑（中级）

C. 副编审（副高级）　D. 编审（正高级）

E. 其他__________

18. 您的专业背景如何？（　　）

A. 文学　B. 法学

C. 管理　D. 艺术

E. 语言　F. 经济

G. 工科　H. 哲学

I. 医学　J. 军事学

K. 农学　L. 教育学

M. 历史学　N. 其他（请注明）__________

19. 您目前的工作是什么？（　　）

A. 策划编辑　B. 销售或发行

C. 印务　D. 设计

E. 校对　F. 文字编辑

G. 行政管理　H. 其他

20. 您认为目前您所从事的岗位工作与您所学的专业匹配程度如何？（　　）

A. 完全匹配　B. 完全不匹配

C. 基本匹配　D. 说不清楚

21. 您认为现有的知识基础和职业技能能否满足工作岗位的要求？（　　）

A. 完全满足　B. 基本满足

C. 还很欠缺　D. 知识陈旧，满足不了

E. 说不准

22. 如果不能满足，您认为自己在知识基础和职业技能等方面存在哪些欠缺？（可多选）

（1）基础知识方面（　　）

A. 社会科学方面　B. 时事政治方面

C. 自然科学方面　D. 管理科学方面

（2）社会技能方面（　　）

A. 应对突发事件的能力　B. 组织协调任务能力

C. 适应工作环境变化的能力　D. 团队合作精神

E. 沟通能力　F. 其他（请注明）__________

（3）专业技能方面（　　）

A. 语言文字能力　　B. 策划能力

C. 逻辑思维方法　　D. 创新能力

E. 计算机信息技术处理能力　　F. 装帧设计

G. 市场开拓　　H. 经营管理

（4）使用现代信息化手段方面（　　）

A. 使用网络技术的知识　　B. 电脑知识

C. 专业软件知识与使用　　D. 其他技术

23. 您目前是否有参加各类培训学习方面的需求？（　　）

A. 有　　B. 没有

C. 说不清楚

24. 如果有，您最想培训学习哪方面的知识？（　　）

A. 政治理论知识　　B. 法律知识学习

C. 财务理论知识　　D. 营销理论知识

E. 编辑与校对　　F. 信息技术知识

G. 出版工艺的学习　　H. 宣传策划理论知识

I. 其他__________

25. 您目前主要通过哪些途径来解决现有知识基础和职业技能无法完全适应岗位需求的问题？（可多选）（如已满足岗位要求，则免填此项）（　　）

A. 参加工作和学习方法培训等短期培训课程

B. 国内进修　　C. 国外进修

D. 在职攻读大学专科、本科、硕士、博士等学历学位，提升知识能力

E. 参加职业资格考试，获取资格证书

F. 自己利用业余时间自学补充知识

G. 企业内部培训人员相互间交流学习方法和学习技能

H. 换一个自己适应的岗位

I. 脱产性技术培训　　J. 其他（请注明）__________

26. 您还希望通过哪些途径来缩小现有知识基础和职业技能与岗位需求的差距？（可多选）（　　）

A. 参加工作和学习方法培训等短期培训课程

B. 国内进修　　C. 国外进修

D. 攻读大学本专科、硕士、博士等学历学位，提升知识能力

E. 参加职业资格考试，获取资格证书

F. 自己利用业余时间补充知识

G. 企业内部人员相互间交流学习方法和学习技能

H. 换一个自己适应的岗位

I. 脱产性技术培训　　J. 其他（请注明）__________

27. 在您个人的职业发展中，迫切需要提高职业技能的原因和动力是什么？（可多选）（　　）

A. 个人经济收入提高和生活条件改善

B. 提高工作能力，为企业多做贡献

C. 更好的对外联系和渠道拓宽　　D. 自身职务、职称的提升

E. 提高自身业务素质　　F. 名誉、声望的提高

G. 转换工作岗位或跳槽　　H. 其他原因（请注明）__________

28. 您对自己承担一部分专业技能培训和学习费用认可态度如何？（　　）

A. 完全认可　　B. 较认可

C. 一般认可　　D. 不是很认可

E. 完全不认可

29. 如果需要个人承担一部分培训费用，您认为一年里累计的培训费用（包括多次累计）您最多能够承担多少（万元）？（　　）

A. 金额 <1　　B. $1\leqslant$ 金额 <2

C. $2\leqslant$ 金额 <3　　D. $3\leqslant$ 金额 <4

E. $4\leqslant$ 金额 <10　　F. 金额 $\geqslant 10$

30. 到目前为止，您提升专业技能的需求是否受到过某些国家政策的限制？（　　）

A. 有　　B. 没有

31. 如有，主要是哪些方面（可多选）？（　　）

A. 户口　　B. 档案

C. 职业准入　　D. 社会保险

E. 其他（请注明）__________

32. 您认为贵单位的从业人员在工作中的团队合作状况怎么样？（　　）

A. 非常好　　B. 很好

C. 一般　　D. 不好

E. 非常不好

33. 您所在单位对于在职员工的培训是否重视和常态化？（　　）

A. 领导非常重视，定期进行，常态化

B. 比较重视，但很随意　　C. 不够重视，不固定

D. 外出参加专业学习的机会很少

34. 您所在单位对于在职员工的培训是否制度化？（　　）

A. 常态工作，且有完整的制度　　B. 没有但也比较重视

C. 随意性很强　　D. 没有任何制度

35. 您所在的单位每隔多长时间提供一次培训？（　　）

A. 1—2 个月　　B. 3—4 个月

C. 半年一次　　D. 一年一次

E. 没有规律

F. 近 2 年来没有安排过培训

36. 你最近参加的培训是在多久之前？（　　）

A. 一个星期之前　　B. 一个月之前

C. 半年之前　　D. 一年之前

E. 三年以前

37. 您在参加培训后，专业技能水平与素养是否得到了提升？（　　）

A. 提升很大　　B. 有一定提升

C. 没有变化　　D. 说不清楚

38. 您是否具有明确的职业生涯规划？（　　）

A. 有且很明确　　B. 有但不明确

C. 没有规划

39. 您在工作中所需要的专业和技能信息和资讯从何处获得？（可多选）（　　）

A. 企业内部定期发布的各类信息报告

B. 参加学术会议

C. 自己读书、看报和专业性学习

D. 定期参加行业培训和交流获得信息

E. 来自于同学、亲友或者其他企业人员

F. 其他（请注明）＿＿＿＿＿＿

40. 您对贵单位从业人员整体素质（不包括思想政治素质方面）怎么评价？（　　）

A. 优秀　　　　　　　　　　B. 良好

C. 较差　　　　　　　　　　D. 很差

41. 您对我国从业人员整体素质（不包括思想政治素质方面）怎么评价？（　　）

A. 优秀　　　　　　　　　　B. 良好

C. 较差　　　　　　　　　　D. 很差

42. 就我国目前出版产业从业人员的素质现状（不包括思想政治素质方面），您认为在国际出版业竞争中是否有优势？（　　）

A. 有优势，不担忧　　　　　B. 较有优势

C. 一般　　　　　　　　　　D. 处于劣势，担忧

E. 说不清楚

43. 您认为我国出版业在应对国际同行竞争时，最缺乏什么样的出版人才？（可多选）（　　）

A. 具有国际视野和战略的人　　B. 精通出版业务的人

C. 精通外语的人　　　　　　　D. 有较强公关能力的人

E. 图书翻译人才　　　　　　　F. 熟悉国际法律知识的人才

G. 高技术人才　　　　　　　　H. 其他（请注明）＿＿＿＿＿＿

44. 您认为在发展数字出版的过程中，出版从业人员应该具有哪些能力？（可多选）（　　）

A. 重新整合专业资源的能力　　B. 个性化定制服务的能力

C. 数字技术方面的能力和知识

D. 具备执行数字化标准和开发运营数字化平台的能力

E. 其他（请注明）＿＿＿＿＿＿＿＿＿＿

三、技术素质

45. 您认为目前贵单位在出版技术运用上处于什么阶段？（　　）

A. 传统出版阶段　　　　　　B. 现代出版阶段

C. 介于两者之间

46. 贵单位给你配备了几台电脑？（　　）

A. 没有　　　　　　　　　　B. 一台

C. 两台　　　　　　　　　　D. 两台以上

47. 目前贵单位的电脑新旧程度如何？（　　）

A. 全新　　B. 新旧各占一半

C. 介于两者之间

48. 贵单位的硬件设备每几年更换一次（更新周期）？（　　）

A. 年限 <2　　B. 2≤年限 <5

C. 年限≥5

49. 贵单位的宽带网络、计算机硬件设备是否稳定、高效？（　　）

A. 非常稳定　　B. 稳定

C. 一般　　D. 不稳定

E. 非常不稳定

50. 贵单位在编辑校对方面处于以下哪个阶段？（　　）

A. 全部智能化编校　　B. 半智能化编校

C. 人工编校

51. 贵单位在日常编校工作中是否使用“黑马”等自动化软件？（　　）

A. 配置并经常使用　　B. 偶尔使用

C. 没有使用　　D. 根本没有

52. 如果使用“黑马”等软件编校，那么这些软件的版本情况如何？（　　）

A. 最新版　　B. 比较新

C. 先进　　D. 陈旧过时

53. 在使用新技术、新设备的过程中是否遇到过由于标准不同而影响工作的情况？（　　）

A. 经常遇到　　B. 偶尔遇到

C. 从没遇到过

54. 贵单位是否具有按需出版的意识和能力？（　　）

A. 有意识、也有能力　　B. 意识不强，但有能力

C. 有意识，但不具备能力　　D. 意识不强，也不具备能力

55. 在数字化转型过程中，贵单位在以下哪些基础性工作领域有所探索？（可多选）（　　）

A. 办公自动化（OA）　　B. 企业资源管理（ERP）

C. 编务管理信息系统　　D. 内容资源管理（CMS）

E. 电子商务　　F. 其他（请注明）__________

56. 贵单位有多大比例的内容或出版物是以数字化出版的形式提供给消

费者的？（　　）

A. 比例<5%　　B. 5%≤比例<10%

C. 10%≤比例<20%　　D. 20%≤比例<40%

E. 40%≤比例<70%　　F. 比例≥70%

57. 贵单位是否有数字版权保护的技术？（　　）

A. 有　　B. 没有

C. 不清楚

58. 贵单位现有的出版技术水平处在哪个阶段？（　　）

A. 国际领先水平　　B. 国内先进水平

C. 省内先进水平　　D. 本地先进水

E. 比较落后　　F. 落后

59. 贵单位现有的技术主要来源于何方？（　　）

A. 国际市场购买　　B. 国内市场购买

C. 自主研发　　D. 委托开发

E. 与国内大学或研究院所合作开发

F. 其他

60. 贵单位每年用于数字出版技术开发的投资占经费总支出的比例大约是多少？（　　）

A. 比例<1%　　B. 1%≤比例<5%

C. 5%≤比例<10%　　D. 10%≤比例<15%

E. 15%≤比例<20%　　F. 20%≤比例<25%

G. 比例≥25%

61. 贵单位是否在与其他数字技术提供商开展合作？（　　）

A. 是　　B. 否

62. 如果没有，是否在考虑与之合作？（　　）

A. 是　　B. 否

63. 您对中国出版产业整体技术素质怎么评价？（　　）

A. 很先进　　B. 先进

C. 比较先进　　D. 落后

E. 非常落后

64. 对我国目前出版产业的技术素质您认为是否能够适应国际出版业竞争的需要？（　　）

A. 非常适应　　B. 适应
C. 不太适应　　D. 根本不能适应

65. 若要适应国际竞争的需要您认为从哪些方面改善出版技术的现状？（可多选）（　　）
A. 加大研发资金投入　　B. 加强对新技术的敏锐感
C. 走产学研合作之路　　D. 加强与国外的交流合作
E. 完善文化科技创新环境　　F. 其他（请注明）________

四、制度与管理素质

66. 您对党和政府推动出版产业化、市场化、国际化的政策是否赞成？（　　）
A. 完全赞成　　B. 不赞成
C. 一般，不了解　　D. 不关心

67. 您对政府主管部门拟取消书号限制的政策所持的态度如何？（　　）
A. 完全赞成　　B. 不赞成
C. 不了解　　D. 不关心

68. 您认为近年来政府对出版业的改革取向是什么？（　　）
A. 政府的管控力进一步加强　　B. 市场对出版单位的作用日益突出
C. 计划经济的色彩进一步减弱　　D. 不关心
E. 不了解

69. 您对上级政府主管部门对出版单位管理的评价是什么？（　　）
A. 管理制度比较科学规范
B. 管理制度过多过死，不够科学
C. 对出版单位管得过死，出版企业无自主权
D. 应该发挥市场调节的作用
E. 不关心、不了解

70. 您目前所在单位是否实现了彻底的转企改制？（　　）
A. 完全实现了　　B. 有推动但不彻底
C. 表面上完成了，但没有多大变化，换汤不换药
D. 根本没有变化，还是老样子
E. 不了解　　F. 不关心

71. 通过转企改制，贵单位有了如下哪些变化？（可多选）（　　）

A. 对市场的依赖更强　　　　B. 对政府职能部门的依赖更强

C. 企业内部员工的压力更大，危机感更加强烈，工作积极性进一步激发和提高

D. 企业活力增强了　　　　E. 企业效益明显提升

F. 企业的应变能力进一步提高

G. 企业管理的科学化水平明显提高，效益显著提高

H. 员工的收入有了增加

I. 根本上没有多大变化，还是老样子

J. 不了解　　　　K. 不关心

72. 贵单位目前的主要业务是否主要依靠市场调节？（　　）

A. 是　　　　B. 没有

C. 主要依靠政府的支持和扶持

D. 政府主管部门和市场同时发挥作用

73. 贵单位是否在实行新的版税制的付酬方式？（　　）

A. 是　　　　B. 没有

C. 两者相结合

74. 贵单位目前主营业务市场化程度或比例是多少？（　　）

A. 比例 $<10\%$　　　　B. $10\% \leqslant$ 比例 $<20\%$

C. $20\% \leqslant$ 比例 $<50\%$　　　　D. $50\% \leqslant$ 比例 $<70\%$

E. 比例 $\geqslant 70\%$

75. 贵单位的出版业务是否能满足市场和读者的需求？

A. 完全能　　　　B. 基本能

C. 不能　　　　D. 完全不能

76. 贵单位目前有无开展同外国出版单位的合作和交流？（　　）

A. 有　　　　B. 没有

C. 不了解

77. 贵单位目前与国外出版单位的业务联系方式主要有哪些？（可多选）（　　）

A. 版权输出　　　　B. 版权引进

C. 合作出版　　　　D. 合资建立新的出版单位

E. 人员方面的交流　　　　F. 管理经验的交流

G. 其他领域的交流与合作

78. 您认为我国出版业在国际竞争中面临的主要问题有哪些方面？（可多选）（　　）

A. 营销策划方面　　B. 版权贸易方面

C. 法律方面　　D. 技术设备方面

E. 科学管理方面　　F. 人才方面

G. 资金方面　　H. 其他（请注明）__________

79. 您对我国出版业的整体素质怎么看？（　　）

A. 很强　　B. 比较强

C. 很弱

D. 不能适应国际竞争的需要，缺乏竞争力

80. 近年来，各级政府对出版产业的发展和或技术创新方面出台了一系列的鼓励和优惠支持政策，贵单位是否享受过？（　　）

A. 是　　B. 否

若是，享受过的具体政策是__________

81. 若否，您认为是受到以下哪些因素的限制？（多选）（　　）

A. 企业规模　　B. 企业性质

C. 经营范围　　D. 地区差异

E. 市场准入　　F. 其他__________

82. 贵单位在出版经营过程中是否受到上级职能部门或相关部门的干预？（　　）

A. 是　　B. 否

83. 若是，您对这些职能部门干预的评价是什么？（可多选）（　　）

A. 非常有针对性，及时和必要　　B. 完全没有必要

C. 瞎指挥　　D. 其他__________

84. 若是，主要受到哪些职能部门的影响（可多选）（　　）

A. 新闻出版行政主管部门　　B. 公安部门

C. 工商管理部门　　D. 税务部门

E. 文化市场管理部门　　F. 劳动部门

G. 土地部门　　H. 其他部门__________

85. 您对这些部门在推动出版产业发展的效能方面的看法？（　　）

A. 非常满意　　B. 比较满意

C. 一般　　D. 不满意

E. 完全不满意

86. 您是否了解党和国家有关提升出版从业者素质的相关政策？（　　）

A. 非常了解　　B. 比较了解

C. 完全不知道

87. 您对党和国家提升出版从业者职业技能水平的相关政策感到满意吗？（　　）

A. 非常满意　　B. 比较满意

C. 一般　　D. 不满意

E. 非常不满意

88. 贵单位是否拥有比较完备的管理制度或规定？（　　）

A. 有完整的制度　　B. 没有系统的管理制度

C. 随意性很强　　D. 没有任何制度

89. 您对贵单位管理的科学化水平评价是什么？（　　）

A. 很科学　　B. 科学

C. 基本科学　　D. 不科学

E. 传统的经验管理

90. 贵单位的财务管理制度、人事制度、激励制度等是否科学合理？（　　）

A. 非常科学　　B. 科学

C. 基本科学　　D. 不科学

91. 你认为贵单位在同行中的竞争力如何？（　　）

A. 很强，领袖地位　　B. 已形成一定的优势

C. 一般　　D. 很差

92. 你认为贵单位出版的主要大类图书产品市场占有率多少？（　　）

A. 占有率 $< 5\%$　　B. $5\% \leq$ 占有率 $< 15\%$

C. $15\% \leq$ 占有率 $< 30\%$　　D. 占有率 $\geq 30\%$

93. 您认为贵单位对于提升出版从业人员的专业技能的重视程度如何？（　　）

A. 非常重视　　B. 比较重视

C. 一般　　D. 不太重视

E. 说不准

94. 贵单位拥有对出版从业人员进行专业技能培训的规范培训制度吗？

（　　）

A. 有　　B. 没有

C. 不清楚

95. 您对贵单位的专业技能培训体系的评价是？（　　）

A. 非常满意　　B. 满意

C. 不清楚　　D. 不满意

E. 非常不满意

96. 您认为现在贵单位出版专业技能培训体系存在哪些缺陷？（可多选）（　　）

A. 培训经费投入不足

B. 专业技能培训走形式，没有实质内容

C. 行业和外部培训太少，企业内部培训过多

D. 理论性培训太多，实务性培训不足

E. 编辑人员缺少参加培训的机会

F. 培训内容与实际需求错位，无法解决现实问题

G. 工作太忙，没时间参加培训

H. 缺乏有能力、高水平的培训教师

I. 国家政策对于技能培训的重视不够

J. 技能培训渠道过于单一

K. 出版单位缺乏职业技能提升的相关激励制度

L. 其他（请注明）____________

97. 您认为目前公司的薪酬状况对您是否有激励作用？（　　）

A. 有很大的激励作用　　B. 有一些激励作用

C. 没有激励作用

98. 如果没有激励作用，以下选项您认为哪些对您更有激励作用？（可多选）（　　）

A. 晋升的机会　　B. 挑战性的工作

C. 自我价值的实现　　D. 更多的培训和学习机会

E. 领导的认可　　F. 灵活的工作时间

G. 其他（请注明）________________________

五、资本化、国际化等方面

99. 贵单位目前是否通过上市发行股票筹集发展过程中所需的资本？(　　)

A. 已经整体上市　　B. 部分业务上市
C. 没有上市　　D. 不能上市
E. 不想上市

100. 贵单位上市的动机是什么？(　　)

A. 实行现代企业制度，筹集业务拓展所需资本
B. 提高资本运营水平　　C. 实行多元化经营的需要
D. 圈钱　　E. 不了解
F. 其他______________________

101. 贵单位上市前后发展态势有什么变化？(　　)

A. 管理水平显著提升　　B. 主营业务规模显著扩大
C. 经营领域扩大　　D. 经济效益显著提升
E. 员工工资明显增加　　F. 无显著变化
G. 不了解

102. 贵单位上市前后发展态势有什么变化？(　　)

A. 管理水平显著提升　　B. 主营业务规模显著扩大
C. 经营领域扩大　　D. 经济效益显著提升
E. 员工工资明显增加　　F. 无显著变化

103. 贵单位上市筹集来的资金主要用于哪些方面？(　　)

A. 扩大主营业务　　B. 涉足新的业务领域
C. 提高员工待遇　　D. 改善办公条件
E. 提升技术水平　　F. 总体竞争力显著增强
G. 没变化　　H. 不了解

104. 贵单位目前与国外出版单位的业务联系方式主要有哪些？（可多选）(　　)

A. 版权输出　　B. 版权引进
C. 合作出版　　D. 合资建立新的出版单位
E. 人员方面的交流　　F. 管理经验的交流
G. 其他领域的交流与合作

105. 您认为中国出版业在国际竞争中面临的主要问题有哪些方面？（可多选）（　　）

A. 营销策划方面　　B. 版权贸易方面

C. 法律方面　　D. 技术设备方面

E. 科学管理方面　　F. 人才方面

G. 资金方面　　H. 其他（请注明）＿＿＿＿＿

106. 您对中国出版业的整体素质怎么看？（　　）

A. 很强　　B. 比较强

C. 很弱

D. 不能适应国际竞争的需要，缺乏竞争力

107. 您对国际范围内出版业发展的前景如何判断？（　　）

A. 朝阳产业，发展前景非常好　　B. 一般

C. 衰退　　D. 暗淡，没有希望

108. 您对中国出版业发展的前景如何判断？（　　）

A. 朝阳产业，发展前景非常好　　B. 一般

C. 衰退　　D. 暗淡，没有希望

109. 您对中国出版业发展的宏观环境如何评价？（　　）

A. 非常好　　B. 好

C. 一般　　D. 非常差，亟待改善

B. 期刊杂志社

一、单位基本情况

1. 单位全称：________________________________

2. 刊物名称：________________________________

3. 单位所在地：____________省（自治区、直辖市）______________市（地区）

4. 上级主管部门是________________________________

5. 单位的所有制性质是什么？（　　）

A. 公有制　　B. 非公有制

C. 外资　　D. 中外合资

E. 其他

6. 单位类型是什么？（　　）

A. 事业　　B. 企业

C. 刚刚实现转企改制，改为企业　　D. 其他

7. 贵单位主办单位是谁？（　　）

A. 独立的期刊社（独立法人）　　B. 出版传媒机构下属

C. 高校、学会、科研机构主办　　D. 群众社团、行业协会主办

E. 政府机构主办　　F. 其他

8. 贵单位期刊数量多少种？（　　）

A. 1 种　　B. 2—5 种

C. 6—10 种　　D. 11 种及以上

9. 期刊发行周期如何？（　　）

A. 周刊　　B. 旬刊

C. 半月刊　　D. 月刊

E. 双月刊　　F. 季刊

G. 其他

10. 如果经营多种期刊，其中影响力最大的期刊属于哪类？（　　）

A. 周刊　　B. 旬刊

C. 半月刊　　D. 月刊

E. 双月刊　　F. 季刊

G. 其他

11. 期刊学科属性如何？（　　）

A. 自然科学（科学和学术）　　B. 自然科学（科学普及）

C. 社会科学（学术与专业）　　D. 社会科学（大众人文类期刊）

E. 其他

12. 如属学术期刊，则是何类别？（　　）

A. SCI 期刊　　B. EI 期刊

C. CSSCI　　D. 其他

13. 期刊服务的对象主要属于国民经济哪个产业？（　　）

A. 第一产业（农业）　　B. 第二产业（工业）

C. 第三产业　　D. 其他

14. 贵单位是否为独立法人？（　　）

A. 是　　B. 否

15. 若否？贵单位是否为独立法人内部的一个二级单位？（　　）

A. 是　　B. 否

16. 贵单位的办刊经费来源状况如何？（　　）

A. 完全的市场化，依靠出版产品的发行收入

B. 依靠所在单位的财政经费补贴

C. 向作者适当收取版面费补贴　　D. 依靠刊登广告

E. 社会赞助与捐赠　　F. 其他

17. 单位人员数量多少（人）？（　　）

A. 人数 <5　　B. $5\leqslant$ 人数 <10

C. $10\leqslant$ 人数 <30　　D. $30\leqslant$ 人数 <50

E. $50\leqslant$ 人数 <100　　F. $100\leqslant$ 人数 <300

G. 人数 $\geqslant 300$

18. 单位固定资产建筑面积多少平方米？（　　）

A. 面积 <50　　B. $50\leqslant$ 面积 <100

C. $100\leqslant$ 面积 <500　　D. $500\leqslant$ 面积 <1000

E. $1000\leqslant$ 面积 <5000　　F. $5000\leqslant$ 面积 <10000

G. 面积 $\geqslant 10000$

19. 期刊年发行数量多少万册？（　　）

A. 1≤数量<5　　B. 5≤数量<10

C. 10≤数量<20　　D. 20≤数量<50

E. 50≤数量<100　　F. 数量≥100

20. 刊物发行量在同类刊物中的排名如何？（　　）

A. 前10名　　B. 11—50名

C. 51—100名　　D. 100名以外

21. 刊物在同类刊物中的影响力如何？（　　）

A. 前10名　　B. 11—50名

C. 51—100名　　D. 100名以外

22. 单位固定资产规模多少万元？（　　）

A. 金额<50　　B. 50≤金额<100

C. 100≤金额<500　　D. 500≤金额<1000

E. 1000≤金额<5000　　F. 5000≤金额<10000

G. 10000≤金额<50000　　H. 金额≥50000

23. 单位年营业额多少万元？（　　）

A. 营业额<50　　B. 50≤营业额<100

C. 100≤营业额<500　　D. 500≤营业额<1000

E. 1000≤营业额<5000　　F. 5000≤营业额<10000

G. 10000≤营业额<50000　　H. 营业额≥50000

24. 您对贵社发展的前景如何判断？（　　）

A. 上升成长期，发展前景非常好　　B. 饱和期，成长性一般

C. 衰退期，暗淡，没有希望　　D. 说不清楚，不关心

25. 您对我国报刊业发展的前景如何判断？（　　）

A. 发展前景非常好　　B. 一般

C. 出现衰退迹象，需要及时振兴　　D. 暗淡，没有希望

26. 您对国际范围内报刊业发展的前景如何判断？（　　）

A. 发展前景非常好　　B. 一般

C. 衰退　　D. 暗淡，没有希望

27. 您对我国报刊业发展的宏观环境如何评价？（　　）

A. 非常好　　B. 好

C. 一般　　D. 非常差，亟待改善

二、人员素质

28. 您的性别如何？（ ）

A. 男 B. 女

29. 您的年龄多大（岁）？（ ）

A. 年龄<20 B. 20≤年龄<30

C. 30≤年龄<40 D. 40≤年龄<50

E. 年龄≥50

30. 您现在工作部门是____________

31. 您的学历是什么？（ ）

A. 高中及以下 B. 中专

C. 大专 D. 本科

E. 硕士 F. 博士及以上

32. 您的技术职称是什么？（ ）

A. 助理（初级） B. 编辑（中级）

C. 副编审（副高级） D. 编审（高级）

E. 其他（请注明）______

33. 您的专业背景是什么？（ ）

A. 文学 B. 法学

C. 管理 D. 艺术

E. 语言 F. 经济

G. 工科 H. 哲学

I. 医学 J. 军事学

K. 农学 L. 教育学

M. 历史学 N. 其他（请注明）______

34. 您目前的工作是什么？（ ）

A. 策划编辑 B. 销售或发行

C. 印务 D. 设计

E. 校对 F. 文字编辑

G. 行政管理 H. 经营或财务管理

I. 其他（请注明）______

35. 您认为目前您所从事的岗位工作与您所学的专业匹配程度如何？

(　　)

A. 完全匹配　　B. 完全不匹配

C. 基本匹配　　D. 说不清楚

36. 您在期刊行业中持续工作了多长时间(年)?(　　)

A. 年限<3　　B. 3≤年限<5

C. 5≤年限<10　　D. 10≤年限<15

E. 15≤年限<25　　F. 年限≥25

37. 您认为现有的知识基础和专业技能能满足工作岗位要求的程度如何?(　　)

A. 完全满足　　B. 基本满足

C. 还很欠缺　　D. 不能满足

E. 说不准

38. 如果不能满足,您认为自己在知识基础和专业技能等方面存在哪些欠缺?(可多选)

(1) 基础知识方面(　　)

A. 社会科学方面　　B. 时事政治方面

C. 自然科学方面　　D. 管理科学方面

(2) 社会技能方面(　　)

A. 应对突发事件的能力　　B. 组织协调任务能力

C. 适应工作环境变化的能力　　D. 团队合作精神

E. 沟通能力　　F. 其他(请注明) ____________

(3) 专业技能方面(　　)

A. 语言文字能力　　B. 策划能力

C. 逻辑思维方法　　D. 创新能力

E. 信息技术处理能力　　F. 装帧设计

G. 市场开拓　　H. 经营管理

(4) 使用现代信息化手段方面(　　)

A. 使用网络技术的知识　　B. 电脑知识

C. 专业软件知识与使用　　D. 其他技术

39. 您目前是否有参加各类出版方面培训的需求?(　　)

A. 有　　B. 没有

C. 说不清楚

40. 如果有，您最想培训学习哪方面的知识？（　　）

A. 政治理论知识　　B. 法律知识学习

C. 财务理论知识　　D. 营销理论知识

E. 编辑与校对　　F. 信息技术知识

G. 版面设计　　H. 宣传策划理论知识

I. 其他（请注明）__________

41. 您目前主要通过哪些途径来解决现有知识基础和专业技能无法完全适应岗位需求的问题？（可多选）（如已满足岗位要求，则免填此项）（　　）

A. 参加工作和学习方法培训等短期培训课程

B. 国内进修　　C. 国外进修

D. 攻读大学本专科、硕士、博士等学历学位，提升知识能力

E. 参加职业资格考试，获取资格证书

F. 自己利用业余时间自学补充知识

G. 企业内部培训人员相互间交流学习方法和学习技能

H. 换一个自己适应的岗位

I. 脱产性技术培训　　J. 其他（请注明）__________

42. 您希望通过哪些途径缩小现有知识基础和专业技能与岗位需求的差距？（可多选）（　　）

A. 参加工作和学习方法培训等短期培训课程

B. 国内进修　　C. 国外进修

D. 攻读大学本专科、硕士、博士等学历学位，提升知识能力

E. 参加职业资格考试，获取资格证书

F. 自己利用业余时间补充知识

G. 企业内部人员相互间交流学习方法和学习技能

H. 换一个自己适应的岗位

I. 脱产性技术培训　　J. 其他（请注明）__________

43. 在您个人的职业发展中，迫切需要提高专业技能的原因和动力是？（可多选）（　　）

A. 个人经济收入提高和生活条件改善

B. 提高工作能力，为企业多做贡献

C. 对外联系的渠道拓宽　　D. 自身职务、职称的提升

E. 提高自身业务素质　　F. 名誉、声望的提高

G. 转换工作岗位或跳槽　　H. 其他原因（请注明）__________

44. 您认为贵单位的从业人员在工作中的团队合作状况怎么样？（　　）

A. 非常好　　B. 很好

C. 一般　　D. 不好

E. 非常不好

45. 您是否具有明确的职业生涯规划？（　　）

A. 很明确　　B. 有，但是不明确

C. 没有规划

46. 您所在单位对于在职员工的培训是否制度化？（　　）

A. 有完整的制度　　B. 没有但也比较重视

C. 随意性很强　　D. 没有任何制度

47. 您所在单位对于在职员工的培训是否常态化？（　　）

A. 定期进行，常态化　　B. 很随意

C. 不固定但比较重视　　D. 培训机会很少

E. 从来没有机会外出参加学习和培训的机会

48. 您所在的单位每隔多长时间提供一次培训？（　　）

A. 1—2 个月　　B. 3—4 个月

C. 半年一次　　D. 一年一次

E. 没有规律　　F. 近 2 年来没有安排过培训

49. 你最近参加的培训是在多久之前？（　　）

A. 一个星期之前　　B. 一个月之前

C. 半年之前　　D. 一年之前

E. 三年以前

50. 您在参加专业技能培训后，专业技能水平是否得到了提升？（　　）

A. 提升很大　　B. 有一定提升

C. 没有变化　　D. 说不清楚

51. 参加完专业技能培训后，专业技能提升是否满足了您个人发展的目的？（　　）

A. 完全满足　　B. 满足

C. 一般　　D. 没有满足

E. 完全没有满足

52. 您在工作中所需要的专业技能信息和资讯从何处获得？（可多选）

（ ）

A. 企业内部定期发布的各类信息报告

B. 参加学术会议

C. 自己读书、看报和专业性学习

D. 定期参加行业培训和交流获得信息

E. 来自于同学、亲友或者其他企业人员

F. 其他（请注明）__________

53. 您对我国期刊业从业人员整体素质（不包括思想政治素质方面）怎么评价？（ ）

A. 优秀　　B. 良好

C. 较差　　D. 很差

54. 就我国目前期刊业从业人员的素质现状（不包括思想政治素质方面），您认为在国际期刊业竞争中是否有优势？（ ）

A. 不担忧，有优势　　B. 较有优势

C. 一般　　D. 较差

E. 非常差

55. 您认为我国期刊业在应对国际同行竞争时，最缺乏什么样的人才？（可多选）（ ）

A. 具有国际视野和战略的人　　B. 精通期刊业务的人

C. 精通外语的人　　D. 有较强公关能力的人

E. 外语翻译人才　　F. 熟悉国际法律知识的人才

G. 高技术人才　　H. 封面与版式设计人才

I. 其他（请注明）__________

56. 您认为数字出版对期刊业产生哪些方面的影响？

A. 期刊内容方面　　B. 期刊表现形式方面

C. 期刊读者群的阅读习惯方面　　D. 期刊阅读人群的数量方面

E. 竞争更加激烈，读者数量显著减少，市场容量下降

F. 没有产生明显的影响　　G. 其他（请注明）__________

57. 您认为期刊从业人员应该具有哪些能力？（可多选）（ ）

A. 重新整合专业资源的能力　　B. 个性化定制服务的能力

C. 数字技术方面的能力和知识

D. 具备执行数字化标准和开发运营数字化平台的能力

E. 市场推广的能力　　F. 其他（请注明）__________

三、技术素质

58. 您认为目前贵单位在出版技术使用上处于什么阶段？(　　)

A. 传统出版阶段　　B. 现代出版阶段

C. 介于两者之间

59. 贵单位的人均电脑数量如何？(　　)

A. 不到一台　　B. 一台

C. 两台　　D. 两台以上

60. 贵单位的硬件设备每几年更换一次？

A. 2 年以下　　B. 2—5 年

C. 5 年以上

61. 贵单位的宽带网络、计算机硬件设备是否稳定、高效？(　　)

A. 非常稳定　　B. 稳定

C. 一般　　D. 不稳定

E. 非常不稳定

62. 贵单位在编辑校对方面处于以下哪个阶段？(　　)

A. 全部智能化编校　　B. 半智能化编校

C. 人工编校

63. 贵单位在日常编校工作中是否使用黑马等自动化软件吗？(　　)

A. 配置并经常使用　　B. 偶尔使用

C. 没有使用　　D. 根本没有

64. 如果使用黑马等软件编校，那么这些软件的版本情况如何？(　　)

A. 最新版　　B. 比较新

C. 先进　　D. 陈旧过时

65. 在使用新技术、新设备的过程中是否遇到过由于标准不同而影响工作的情况？(　　)

A. 经常遇到　　B. 偶尔遇到

C. 从没遇到过

66. 贵单位是否具有按需出版的能力？(　　)

A. 有　　B. 没有

67. 在数字化转型过程中，贵单位在以下哪些基础性工作领域中有所探

索？（可多选）（ ）

A. 办公自动化（OA） B. 企业资源管理（ERP）
C. 编务管理信息系统 D. 内容资源管理（CMS）
E. 电子商务 F. 其他__________

68. 贵单位有多大比例的内容或期刊是以数字化出版的形式提供给消费者的？（ ）

A. 比例<5% B. 5%≤比例<10%
C. 10%≤比例<20% D. 20%≤比例<40%
E. 40%≤比例<70% F. 比例≥70%

69. 贵单位是否有数字版权保护的技术？（ ）

A. 有 B. 没有
C. 不清楚

70. 贵单位现有的技术水平处在哪个阶段？（ ）

A. 国际领先水平 B. 国内先进水平
C. 省内先进水平 D. 本地先进水平
E. 比较落后 F. 落后

71. 贵单位现有的技术主要来源于哪些方面？（ ）

A. 国际市场购买 B. 国内市场购买
C. 自主研发 D. 委托开发
E. 与国内大学或研究院所合作开发 F. 其他

72. 贵单位每年用于数字出版技术开发的投资占经费总支出的比例大约是多少？（ ）

A. 比例<1% B. 1%≤比例<5%
C. 5%≤比例<10% D. 10%≤比例<15%
E. 15%≤比例<20% F. 20%≤比例<25%
G. 比例≥25%

73. 贵单位是否在与其他数字技术提供商开展战略合作？（ ）

A. 是 B. 否

74. 如果没有，是否在考虑与之合作？（ ）

A. 是 B. 否

75. 您对中国出版产业整体技术素质怎么评价？（ ）

A. 很先进 B. 先进

C. 比较先进　　D. 落后

E. 非常落后

76. 您认为我国目前出版产业的技术素质是否适应国际出版业的竞争？(　　)

A. 非常适应　　B. 适应

C. 一般　　D. 根本不能适应

77. 您认为要适应国际竞争的需要应从哪些方面改变出版技术现状？(可多选)(　　)

A. 加大研发资金投入　　B. 加强对新技术的研发

C. 走产学研合作之路　　D. 加强与国外的交流合作

E. 完善文化科技创新环境　　F. 其他（请注明）______________

四、制度与管理素质

78. 您对党和政府推动出版产业化、市场化、国际化的政策是否赞成？(　　)

A. 完全赞成　　B. 不赞成

C. 不了解　　D. 不关心

79. 您认为近年来政府对出版业的改革取向是什么？(　　)

A. 政府的管控力进一步加强　　B. 市场对出版单位的作用日益突出

C. 计划经济的色彩进一步减弱　　D. 不关心

E. 不了解

80. 您对上级政府主管部门对出版单位管理的评价是什么？(　　)

A. 管理制度比较科学规范　　B. 管理制度过多过死，不够科学

C. 对出版单位管得过死，出版企业无自主权

D. 应该发挥市场调节的作用　　E. 不关心、不了解

81. 您目前所在单位是否实现了彻底的转企改制？(　　)

A. 完全实现了　　B. 有推动但不彻底

C. 表面上完成了，但没有多大变化，换汤不换药

D. 根本没有变化，还是老样子

E. 不了解　　F. 不关心

82. 通过转企改制，贵单位有了如下一些变化？(可多选)(　　)

A. 对市场的依赖更强　　B. 对政府职能部门的依赖更强

C. 企业内部员工的压力更大，危机感更加强烈，工作积极性进一步提高

D. 企业活力增强了　　E. 企业效益明显提升

F. 企业的应变能力进一步提高

G. 企业管理的科学化水平明显提高，效益显著提高

H. 员工的收入有了增加

I. 根本上没有多大变化，还是老样子

J. 不了解　　K. 不关心

83. 贵单位目前的主要业务是否主要依靠市场调节？（　　）

A. 是　　B. 没有

C. 主要依靠政府的支持和扶持

D. 政府主管部门和市场同时发挥作用

84. 贵单位是否在实行新的稿酬方式？（　　）

A. 是　　B. 没有

C. 两者相结合

85. 贵单位目前主营业务的市场化程度或比例是多少？（　　）

A. 比例 < 10%　　B. 10% ≤ 比例 < 20%

C. 20% ≤ 比例 < 50%　　D. 50% ≤ 比例 < 70%

E. 比例 ≥ 70%

86. 贵单位的出版业务是否能满足市场的需求？

A. 完全能　　B. 基本能

C. 不能　　D. 完全不能

87. 贵单位目前有无开展和外国出版单位的合作和交流？（　　）

A. 有　　B. 没有

C. 不了解

88. 贵单位目前与国外出版单位的业务联系方式主要有哪些？（可多选）（　　）

A. 版权输出　　B. 版权引进

C. 合作出版　　D. 合资建立新的出版单位

E. 人员方面的交流　　F. 管理经验的交流

G. 其他领域的交流与合作

89. 您认为中国出版业在国际竞争中面临的主要问题有哪些方面？（可多选）（　　）

A. 营销策划方面　　B. 版权贸易方面
C. 法律方面　　D. 技术设备方面
E. 科学管理方面　　F. 人才方面
G. 其他（请注明）__________

90. 您对中国出版业的整体素质怎么看？（　　）
A. 很强　　B. 比较强
C. 很弱
D. 不能适应国际竞争的需要，缺乏竞争力

91. 近几年，各级政府对出版产业的发展和或技术创新方面都出台了一系列的鼓励和优惠政策，贵单位是否享受过？（　　）
A. 是　　B. 否

92. 若否，您认为是受到以下哪些因素的限制？（多选）（　　）
A. 企业规模　　B. 企业性质
C. 经营范围　　D. 地区差异
E. 市场准入　　F. 其他（请注明）__________

93. 贵单位在生产经营过程中是否受到上级职能部门或相关部门的干预？（　　）
A. 是　　B. 否

94. 若是，主要受到哪些职能部门的影响？（可多选）（　　）
A. 新闻出版行政主管部门　　B. 公安部门
C. 工商管理部门　　D. 税务部门
E. 文化市场管理部门　　F. 劳动部门
G. 土地部门　　H. 其他部门（请注明）__________

95. 您对这些部门在推动出版产业发展的效能方面看法如何？（　　）
A. 非常满意　　B. 比较满意
C. 一般　　D. 不满意
E. 完全不满意

96. 您是否了解党和国家有关提升出版从业者素质的相关政策？（　　）
A. 非常了解　　B. 比较了解
C. 完全不知道

97. 您对党和国家提升出版从业者职业技能水平的相关政策感到满意吗？（　　）

A. 非常满意　　B. 比较满意

C. 一般　　D. 不满意

E. 非常不满意

98. 贵单位是否拥有比较完备的管理制度或规定?(　　)

A. 有完整的制度　　B. 没有但也比较重视

C. 随意性很强　　D. 没有任何制度

99. 您对贵单位管理的科学化水平评价是什么?(　　)

A. 很科学　　B. 科学

C. 基本科学　　D. 不科学

E. 传统的经验管理

100. 贵单位的财务管理制度、人事制度、激励制度等是否科学合理?(　　)

A. 非常科学　　B. 科学

C. 基本科学　　D. 不科学

101. 贵单位在同行中的竞争力如何?(　　)

A. 很强　　B. 领袖地位

C. 一般　　D. 很差

102. 贵单位期刊在同类刊物中的市场占有率多少?(　　)

A. 占有率 $<5\%$　　B. $5\% \leqslant$ 占有率 $<15\%$

C. $15\% \leqslant$ 占有率 $<30\%$　　D. 占有率 $\geqslant 30\%$

103. 贵单位对于提升出版从业人员的职业技能的重视程度如何?(　　)

A. 非常重视　　B. 比较重视

C. 一般　　D. 不太重视

E. 说不准

104. 贵单位是否有对出版从业人员进行职业技能培训的规范培训制度?(　　)

A. 有　　B. 没有

C. 不清楚

105. 您对贵单位的职业技能培训体系的评价是?(　　)

A. 非常满意　　B. 满意

C. 不清楚　　D. 不满意

E. 非常不满意

106. 您认为现在的企业职业技能培训体系存在哪些缺陷？（可多选）（　　）

A. 培训经费投入不足

B. 职业技能培训走形式，没有实质内容

C. 行业和外部培训太少，企业内部培训过多

D. 理论性培训太多，实务性培训不足

E. 编辑人员缺少参加培训的机会

F. 培训内容与实际需求错位，无法解决现实问题

G. 工作太忙，没时间参加培训

H. 缺乏有能力、高水平的培训教师

I. 国家政策对于技能培训的重视不够

J. 技能培训渠道过于单一

K. 企业缺乏职业技能提升的相关激励制度

L. 其他（请注明）__________

107. 您对自己承担一部分职业技能培训和学习费用认可态度如何？（　　）

A. 完全认可　　B. 较认可

C. 一般认可　　D. 不是很认可

E. 完全不认可

108. 如果需要个人承担一部分培训费用，您认为一年里累计的培训费用（包括多次累计）您最多能够承担多少元？（　　）

A. 5000≤费用<10000　　B. 1000≤费用<2000

C. 2000≤费用<3000　　D. 3000≤费用<4000

E. 4000≤费用<10000　　F. 费用≥10000

109. 到目前为止，您提升职业技能的需求是否受到过某些国家政策的限制？（　　）

A. 有　　B. 没有

110. 如有，主要是哪些方面（可多选）？（　　）

A. 户口　　B. 档案

C. 职业准入　　D. 社会保险

E. 其他（请注明）__________

111. 您的月收入是多少元？（　　）

A. 收入＜3000　　B. 3000≤收入＜5000

C. 5000≤收入＜7000　　D. 收入≥7000

112. 您认为现有工资水平是否体现您的工作量？（　　）

A. 完全体现　　B. 基本体现

C. 一般　　D. 不完全体现

E. 完全没有体现

113. 您认为目前杂志社的薪酬状况对您是否有激励作用？

A. 有很大的激励作用　　B. 有一些激励作用

C. 没有激励作用

114. 如果没有激励作用，以下选项您认为哪些对您更有激励作用？（可多选）（　　）

A. 晋升的机会　　B. 挑战性的工作

C. 自我价值的实现　　D. 更多的培训和学习机会

E. 领导的认可　　F. 其他

C. 报　　社

一、单位基本情况

1. 单位全称：________________________________

2. 单位所在地：_____________省（自治区、直辖市）_______________市（地区）

3. 单位所有制性质是什么？（　　）

A. 公有制　　B. 非公有制

C. 外资　　D. 中外合资

E. 其他

4. 贵单位主营业务是什么？（　　）

A. 日报　　B. 晨报

C. 晚报　　D. 都市报

E. 其他

5. 贵报专业领域属于什么？（　　）

A. 大众类　　B. 专业类

C. 经济　　D. 文化、生活、服务

E. 体育、健康　　F. 科技

G. 国防、军事　　H. 教育

6. 上级主管部门是________________________________

7. 贵报社是否为独立法人？（　　）

A. 是　　B. 否

8. 贵报社是否为独立法人内部的一个二级单位？（　　）

A. 是　　B. 否

9. 支撑贵单位生存的财务资金来源状况如何？（　　）

A. 完全的市场化，依靠出版产品的收入维持生存

B. 依靠所在单位的经费补贴

C. 向作者收取版面费

D. 依靠刊登广告

E. 与企业及其他单位合作，获得赞助

F. 其他（请注明）______________________________

10. 单位人员数量是多少？（　　）

A. 人数 <5　　B. 5≤人数 <10

C. 10≤人数 <30　　D. 30≤人数 <50

E. 50≤人数 <100　　F. 100≤人数 <200

G. 人数≥200

11. 其中：正式编制的员工人数是多少？（　　）

A. 人数 <5　　B. 5≤人数 <10

C. 10≤人数 <30　　D. 30≤人数 <50

E. 50≤人数 <100　　F. 100≤人数 <200

G. 人数≥200

12. 单位办公建筑面积为多少平方米？（　　）

A. 面积 <50　　B. 50≤面积 <100

C. 100≤面积 <500　　D. 500≤面积 <1000

E. 1000≤面积 <5000　　F. 5000≤面积 <10000

G. 面积≥10000

13. 单位年报纸品种数量多少？（　　）

A. 品种数 <5　　B. 5≤品种数 <10

C. 品种数≥10

14. 报纸年发行数量多少万份？（　　）

A. 数量 <1　　B. 1≤数量 <5

C. 5≤数量 <10　　D. 10≤数量 <30

E. 30≤数量 <50　　F. 50≤数量 <100

G. 数量≥100

15. 报社固定资产规模多少万元？（　　）

A. 金额 <50　　B. 50≤金额 <100

C. 100≤金额 <500　　D. 500≤金额 <1000

E. 1000≤金额 <5000　　F. 5000≤金额 <10000

G. 10000≤金额 <50000　　H. 金额≥50000

16. 单位年营业额多少万元？（　　）

A. 营业额 <50　　B. 50≤营业额 <100

C. 100≤营业额<500　　D. 500≤营业额<1000

E. 1000≤营业额<5000　　F. 5000≤营业额<10000

G. 10000≤营业额<50000　　H. 营业额≥50000

二、人员素质

17. 您的性别如何？（　　）

A. 男　　B. 女

18. 您的年龄多大（岁）？（　　）

A. 年龄<20　　B. 21≤年龄<30

C. 31≤年龄<40　　D. 41≤年龄<50

E. 年龄≥50

19. 您现在工作部门是＿＿＿＿＿。

20. 您的学历如何？（　　）

A. 高中及以下　　B. 中专

C. 大专　　D. 本科

E. 硕士　　F. 博士及以上

21. 您的技术职称是什么？（　　）

A. 助理编辑　　B. 编辑（中级）

C. 副编审（副高）　　D. 编审（高级）

E. 其他＿＿＿＿＿

22. 您的专业背景如何？（　　）

A. 文学　　B. 法学

C. 管理　　D. 艺术

E. 语言　　F. 经济

G. 工科　　H. 哲学

I. 医学　　J. 军事学

K. 农学　　L. 教育学

M. 历史学　　N. 其他＿＿＿＿＿

23. 您目前的工作是什么？（　　）

A. 策划编辑　　B. 销售或发行

C. 印务　　D. 设计

E. 校对　　F. 文字编辑

G. 行政管理　　H. 财务会计

I. 其他

24. 您认为目前您所从事的岗位工作与您所学的专业匹配程度如何？(　　)

A. 完全匹配　　B. 完全不匹配

C. 基本匹配　　D. 说不清楚

25. 您在报纸行业中持续工作了多长时间（年）？(　　)

A. 年限 <3　　B. 3≤年限 <5

C. 5≤年限 <10　　D. 10≤年限 <15

E. 15≤年限 <25　　F. 年限≥25

26. 您认为现有的知识基础和职业技能能否满足工作岗位的要求？(　　)

A. 完全满足　　B. 基本满足

C. 还很欠缺　　D. 不太满足

E. 说不准

27. 如果不能满足，您认为自己在知识基础和职业技能等方面存在哪些欠缺？(可多选)

(1) 基础知识方面 (　　)

A. 社会科学方面　　B. 时事政治方面

C. 自然科学方面　　D. 管理科学方面

(2) 社会技能方面 (　　)

A. 应对突发事件的能力　　B. 组织协调任务能力

C. 适应工作环境变化的能力　　D. 团队合作精神

E. 沟通能力　　F. 其他（请注明）____________

(3) 专业技能方面 (　　)

A. 语言文字能力　　B. 策划能力

C. 逻辑思维方法　　D. 创新能力

E. 信息技术处理能力　　F. 装帧设计

G. 市场开拓　　H. 经营管理

(4) 使用现代信息化手段方面 (　　)

A. 使用网络技术的知识　　B. 电脑知识

C. 专业软件知识与使用　　D. 其他技术

28. 您目前是否有参加各类培训学习方面的需求？(　　)

A. 有　　　　B. 没有

C. 说不清楚

29. 如果有，您最想培训学习哪方面的知识？（　　）

A. 政治理论知识　　　　B. 法律知识学习

C. 管理知识　　　　D. 发行理论知识

E. 编辑与校对　　　　F. 信息技术知识

G. 出版工艺的学习　　　　H. 宣传策划理论知识

I. 其他＿＿＿＿＿＿

30. 您目前主要通过哪些途径来解决现有知识基础和职业技能无法完全适应岗位需求的问题？（可多选）（如已满足岗位要求，则免填此项）（　　）

A. 参加工作和学习方法培训等短期培训课程

B. 国内进修　　　　C. 国外进修

D. 攻读大学本专科、硕士、博士等学历学位，提升知识能力

E. 参加职业资格考试，获取资格证书

F. 自己利用业余时间自学补充知识

G. 企业内部培训人员相互间交流学习方法和学习技能

H. 换一个自己适应的岗位

I. 脱产性技术培训　　　　J. 其他（请注明）＿＿＿＿＿＿

31. 您还希望通过哪些途径来缩小现有知识基础和职业技能与岗位需求的差距？（可多选）（　　）

A. 参加工作和学习方法培训等短期培训课程

B. 国内进修　　　　C. 国外进修

D. 攻读大学本专科、硕士、博士等学历学位，提升知识能力

E. 参加职业资格考试，获取资格证书

F. 自己利用业余时间补充知识

G. 企业内部人员相互间交流学习方法和学习技能

H. 换一个自己适应的岗位

I. 脱产性技术培训　　　　J. 其他（请注明）＿＿＿＿＿＿

32. 在您个人的职业发展中，迫切需要提高职业技能的原因和动力是？（可多选）（　　）

A. 个人经济收入提高和生活条件改善

B. 提高工作能力，为企业多做贡献

C. 对外联系的渠道拓宽　　D. 自身职务、职称的提升

E. 提高自身业务素质　　F. 名誉、声望的提高

G. 转换工作岗位或跳槽　　H. 其他原因（请注明）＿＿＿＿＿＿

33. 您认为贵单位的从业人员在工作中的团队合作状况怎么样？（　　）

A. 非常好　　B. 很好

C. 一般　　D. 不好

E. 非常不好

34. 您所在单位对于在职员工的培训是否制度化？（　　）

A. 有完整的制度　　B. 没有但也比较重视

C. 随意性很强　　D. 没有任何制度

35. 对于工作，您是否具有明确的职业生涯规划？（　　）

A. 有，很明确　　B. 有，但是不明确

C. 没有规划

36. 您所在单位对于在职员工的培训是否常态化？（　　）

A. 定期进行，常态化　　B. 很随意

C. 不固定但比较重视　　D. 从来没有机会外出参加学习

37. 您所在的单位每隔多久提供一次培训？（　　）

A. 1—2 个月　　B. 3—4 个月

C. 半年一次　　D. 一年一次

E. 没有规律　　F. 近 2 年来没有安排过培训

38. 您最近参加完一次培训是在多久之前？（　　）

A. 一个星期之前　　B. 一个月之前

C. 半年之前　　D. 一年之前

E. 三年以前

39. 您在参加专业技能培训后，职业技能水平是否得到了提升？（　　）

A. 提升很大　　B. 有一定提升

C. 没有变化　　D. 说不清楚

40. 参加完专业技能培训后，专业技能提升是否满足了您个人发展的目标或要求？（　　）

A. 完全满足　　B. 满足

C. 一般　　D. 没有满足

E. 完全没有满足

41. 您对自己承担一部分职业技能培训和学习费用认可态度如何？（　　）

A. 完全认可　　B. 较认可

C. 一般认可　　D. 不是很认可

E. 完全不认可

42. 如果需要个人承担一部分培训费用，您认为一年里累计的培训费用（包括多次累计）您最多能够承担多少元？（　　）

A. 费用<0.5 万　　B. 0.5 万≤费用<1 万

C. 1 万≤费用<2 万　　D. 2 万≤费用<3 万

E. 3 万≤费用<4 万　　F. 4 万≤费用<10 万

G. 费用≥10 万

43. 您的月收入是多少元？（　　）

A. 收入<3000　　B. 3000≤收入<5000

C. 5000≤收入<10000　　D. 收入≥10000

44. 您认为现有工资水平是否体现您的工作量？（　　）

A. 完全体现　　B. 基本体现

C. 一般　　D. 不完全体现

E. 完全没有体现

45. 您认为目前公司的薪酬状况对您是否有激励作用？（　　）

A. 有很大的激励作用　　B. 有一些激励作用

C. 没有激励作用

46. 如果没有激励作用，以下选项您认为哪些对您更有激励作用？（可多选）（　　）

A. 晋升的机会　　B. 挑战性的工作

C. 自我价值的实现　　D. 更多的培训和学习机会

E. 领导的认可　　F. 其他____________

47. 您在工作中所需要的职业技能信息和资讯从何处获得？（可多选）（　　）

A. 企业内部定期发布的各类信息报告

B. 参加学术会议

C. 自己读书、看报和专业性学习

D. 定期参加行业培训和交流获得信息

E. 来自于同学、亲友或其他企业人员

F. 网络学习　　G. 其他（请注明）__________

48. 您对我国报业从业人员整体素质（不包括思想政治素质方面）怎么评价？（　　）

A. 优秀　　B. 良好

C. 一般　　D. 较差

E. 很差

49. 就我国目前报业从业人员的素质现状（不包括思想政治素质方面）您认为在国际出版业竞争中是否拥有优势？（　　）

A. 有优势，不担忧　　B. 较有优势

C. 一般　　D. 无优势，非常担忧

E. 不清楚

50. 您认为我国报业在应对国际同行竞争时，最缺乏什么样的人才？（可多选）（　　）

A. 具有国际视野和战略的人　　B. 精通出版业务的人

C. 精通外语的人　　D. 有较强公关能力的人

E. 图书翻译人才　　F. 熟悉国际法律知识的人才

G. 高技术人才　　H. 其他（请注明）__________

51. 您认为在发展数字出版的过程中，我国报业从业人员应该具有哪些能力？（可多选）（　　）

A. 重新整合专业资源的能力　　B. 个性化定制服务的能力

C. 数字技术方面的能力和知识

D. 具备执行数字化标准和开发运营数字化平台的能力

E. 其他____________________

三、技术素质

52. 您认为目前贵报社在出版技术应用上处于什么阶段？（　　）

A. 传统出版阶段　　B. 现代出版阶段

C. 介于两者之间

53. 贵单位的人均电脑数多少？（　　）

A. 不到一台　　B. 一台

C. 两台　　D. 两台以上

54. 贵单位的硬件技术设备每几年更换一次？（　　）

A. 2 年以下　　B. 2—5 年

C. 5 年以上

55. 贵单位的宽带网络、计算机硬件设备是否稳定、高效？（　　）

A. 非常稳定　　B. 稳定

C. 一般　　D. 不稳定

E. 非常不稳定

56. 贵单位在编辑校对方面处于以下哪个阶段？（　　）

A. 全部智能化编校　　B. 半智能化编校

C. 人工编校

57. 贵单位在日常编校工作中是否使用黑马等自动化软件？（　　）

A. 配置并经常使用　　B. 偶尔使用

C. 没有使用　　D. 根本没有

E. 没有听说过

58. 如果使用黑马等软件编校，那么这些软件的版本情况如何？（　　）

A. 最新版　　B. 比较新

C. 先进　　D. 陈旧过时

59. 在使用新技术、新设备的过程中是否遇到过由于标准不同而影响工作的情况？（　　）

A. 经常遇到　　B. 偶尔遇到

C. 从没遇到过

60. 在数字化转型过程中，贵单位在以下哪些基础性工作领域中有所探索？（可多选）（　　）

A. 办公自动化（OA）　　B. 企业资源管理（ERP）

C. 编务管理信息系统　　D. 内容资源管理（CMS）

E. 电子商务　　F. 其他（请注明）__________

61. 贵报社有多大比例的内容或出版物是以数字化的形式提供给消费者的？（　　）

A. 比例 $<5\%$　　B. $5\% \leqslant$ 比例 $<10\%$

C. $10\% \leqslant$ 比例 $<20\%$　　D. $20\% \leqslant$ 比例 $<40\%$

E. $40\% \leqslant$ 比例 $<70\%$　　F. 比例 $\geqslant 70\%$

62. 贵报社是否使用数字版权保护技术？（　　）

A. 有，使用　　B. 没有，从来未使用

C. 不清楚

63. 贵报社现有的出版技术水平属于？（　　）

A. 国际领先水平　　B. 国内先进水平

C. 省内先进水平　　D. 本地先进水平

E. 比较落后　　F. 落后

64. 请问贵单位现有技术的主要来源在哪里？（　　）

A. 国际市场购买　　B. 国内市场购买

C. 自主研发　　D. 委托开发

E. 与国内大学或研究院所合作开发

F. 其他

65. 贵单位每年用于数字出版技术开发的投资占经费总支出的比例多大？（　　）

A. 比例 $<1\%$　　B. $1\% \leqslant$ 比例 $<5\%$

C. $5\% \leqslant$ 比例 $<10\%$　　D. $10\% \leqslant$ 比例 $<15\%$

E. $15\% \leqslant$ 比例 $<20\%$　　F. $20\% \leqslant$ 比例 $<25\%$

G. 比例 $\geqslant 25\%$

66. 贵单位是否在与其他数字技术提供商开展战略合作？（　　）

A. 是　　B. 否

C. 不清楚

67. 如果没有，是否在考虑与之合作？（　　）

A. 是　　B. 否

C. 不清楚

68. 您对我国报业整体技术素质怎么评价？（　　）

A. 很先进　　B. 先进

C. 比较先进　　D. 落后

E. 非常落后

69. 您认为我国目前报业的技术素质能否适应国际出版业的竞争？（　　）

A. 非常适应　　B. 适应

C. 一般　　D. 根本不能适应

70. 您认为要适应国际竞争的需要应从哪些方面改变出版技术的现状？（可多选）（　　）

A. 加大研发资金投入　　B. 加强对新技术的消化与吸收

C. 走产学研合作之路　　　　D. 加强与国外的交流合作
E. 完善文化科技创新环境　　　　F. 其他（请注明）____________

四、制度与管理素质

71. 您对党和政府推动出版产业化、市场化、国际化的政策是否赞成？（　　）

A. 完全赞成　　　　B. 不赞成
C. 不了解　　　　D. 不关心

72. 您是否赞成政府主管部门彻底放开对报纸的管控？（　　）

A. 完全赞成　　　　B. 不赞成
C. 反对　　　　D. 不关心

73. 您对政府主管部门取消书号限制的政策所持的态度是？（　　）

A. 完全赞成　　　　B. 不赞成
C. 反对　　　　D. 不关心

74. 您认为近年来政府对出版业的改革取向是什么？（　　）

A. 政府的管控力进一步加强
B. 市场对出版单位的调控作用日益突出
C. 计划经济的色彩进一步减弱
D. 不关心　　　　E. 不了解

75. 您对上级政府主管部门对出版单位管理的评价是什么？（　　）

A. 管理制度比较科学规范　　　　B. 管理制度过多过死，不够科学
C. 对出版单位管得过死，出版企业无自主权，应该发挥市场调节的作用
D. 不关心、不了解

76. 您目前所在报社是否实现了彻底的转企改制？（　　）

A. 完全实现了　　　　B. 有推动但不彻底
C. 表面上完成了，但没有多大变化，换汤不换药
D. 根本没有变化，还是老样子
E. 不了解　　　　F. 不关心

77. 贵报社通过转企改制发生了哪些变化？（可多选）（　　）

A. 对市场的依赖性更强　　　　B. 对政府职能部门的依赖性更强
C. 企业内部员工的压力更大，危机感更加强烈，工作积极性进一步提高
D. 企业活力增强了　　　　E. 企业效益明显提升

F. 企业的应变能力进一步提高

G. 企业管理的科学化水平明显提高，效益显著提高

H. 员工的收入有了增加

I. 根本上没有多大变化，还是老样子

J. 不了解　　K. 不关心

78. 贵报社目前的主要业务依靠市场调节的程度有多大？（　　）

A. 非常大　　B. 主要依靠市场调控

C. 主要依靠政府的支持和扶持

D. 政府主管部门和市场同时发挥作用

79. 贵报社是否在实行新的版税制付酬方式？（　　）

A. 是　　B. 没有

C. 两者相结合

80. 贵报社目前主营业务的市场化程度或比例是多少？（　　）

A. 比例 <10% 以下　　B. 10% ≤比例 <20%

C. 20% ≤比例 <50%　　D. 50% ≤比例 <70%

E. 比例≥70%

81. 贵报社的出版业务是否能满足市场的需求？

A. 完全能　　B. 基本能

C. 不能　　D. 完全不能

82. 贵报社目前有无开展和国外出版单位的合作和交流？（　　）

A. 有　　B. 没有

C. 不了解

83. 贵报社目前与国外出版单位的业务联系方式主要有哪些？（可多选）（　　）

A. 版权输出　　B. 版权引进

C. 合作出版　　D. 合资建立新的出版单位

E. 人员方面的交流　　F. 管理经验的交流

G. 其他领域的交流与合作

84. 您认为我国报业在国际竞争中面临的主要问题有哪些方面？（可多选）（　　）

A. 营销策划方面　　B. 版权贸易方面

C. 法律方面　　D. 技术设备方面

E. 科学管理方面　　F. 人才方面

G. 其他__________

85. 您对我国报业的整体综合素质怎么评价？（　　）

A. 很强　　B. 比较强

C. 很弱

D. 不能适应国际竞争的需要，缺乏竞争力

86. 近几年，各级政府对出版产业的发展和或技术创新方面都出台了一系列的鼓励和优惠政策，贵单位是否享受过？（　　）

A. 是　　B. 否

C. 不清楚

87. 若否，您认为是受到以下哪些因素的限制？（多选）（　　）

A. 企业规模　　B. 企业性质

C. 经营范围　　D. 地区差异

E. 市场准入　　F. 其他__________

88. 贵报社在生产经营过程中是否受到上级职能部门或相关部门的干预？

A. 是　　B. 否

C. 不清楚

89. 若是，主要受到哪些职能部门的影响？（可多选）（　　）

A. 新闻出版行政主管部门　　B. 公安部门

C. 工商管理部门　　D. 税务部门

E. 文化市场管理部门　　F. 劳动部门

G. 土地部门　　H. 其他部门__________

90. 您对以上部门在推动出版产业发展的效能方面的看法？

A. 非常满意　　B. 比较满意

C. 一般　　D. 不满意

E. 完全不满意

91. 您是否了解党和国家有关提升出版从业者素质的相关政策？（　　）

A. 非常了解　　B. 比较了解

C. 完全不知道

92. 您对党和国家提升出版从业者职业技能水平的相关政策感到满意吗？（　　）

A. 非常满意　　B. 比较满意

C. 一般　　D. 不满意

E. 非常不满意

93. 贵单位是否拥有比较完备的管理制度或规定？（　　）

A. 有完整的制度　　B. 没有但也比较重视

C. 随意性很强　　D. 没有任何制度

94. 您对贵单位管理的科学化水平评价是什么？（　　）

A. 很科学　　B. 科学

C. 基本科学　　D. 不科学

E. 传统的经验管理

95. 贵单位的财务管理制度、人事制度、激励制度等是否科学合理？（　　）

A. 非常科学　　B. 科学

C. 基本科学　　D. 不科学

96. 您认为贵单位在同行业中的竞争力如何？（　　）

A. 很强　　B. 领袖地位

C. 一般　　D. 很差

97. 贵单位出版物（报纸）在本区域范围内的市场占有率多大？（　　）

A. 占有率 $<5\%$　　B. $5\% \leqslant$ 占有率 $<15\%$

C. $15\% \leqslant$ 占有率 $<30\%$　　D. 占有率 $\geqslant 30\%$

98. 您认为贵单位对于提升报纸从业人员职业技能的重视程度如何？（　　）

A. 非常重视　　B. 比较重视

C. 一般　　D. 不太重视

E. 说不准

99. 贵报社是否拥有对出版从业人员进行职业技能培训的规范制度？（　　）

A. 有　　B. 没有

C. 不清楚

100. 您对贵报社的职业技能培训体系的评价是什么？（　　）

A. 非常满意　　B. 满意

C. 不清楚　　D. 不满意

E. 非常不满意

101. 您认为现在的企业职业技能培训体系存在哪些缺陷？（可多选）（　　）

A. 培训经费投入不足

B. 职业技能培训走形式，没有实质内容

C. 行业和外部培训太少，企业内部培训过多

D. 理论性培训太多，实务性培训不足

E. 编辑人员缺少参加培训的机会

F. 培训内容与实际需求错位，无法解决现实问题

G. 工作太忙，没时间参加培训

H. 缺乏有能力、高水平的培训教师

I. 国家政策对于技能培训的重视不够

J. 技能培训渠道过于单一

K. 企业缺乏职业技能提升的相关激励制度

L. 其他（请注明）__________

102. 您对国际范围内纸质报纸的发展前景如何判断？（　　）

A. 发展前景非常好　　B. 一般

C. 衰退　　D. 暗淡，没有希望

103. 您对我国报业发展的前景如何判断？（　　）

A. 发展前景非常好　　B. 一般

C. 衰退　　D. 暗淡，没有希望

104. 您对我国报业发展的宏观环境前景如何评价？（　　）

A. 非常好　　B. 好

C. 一般　　D. 非常差，亟待改善

D. 图书发行：含新华书店、民营书商

一、单位基本情况

1. 单位全称：________________________________

2. 单位所在地：_____________省（自治区、直辖市）_______________市（地区）

3. 单位所有制性质是什么？（　　）

A. 公有制　　B. 非公有制

C. 外资　　D. 中外合资

E. 其他

4. 贵书店主营业务是什么？（　　）

A. 图书　　B. 图书、期刊、报纸

C. 图书报刊与音像制品均有　　D. 综合性书店

5. 书店上级主管部门是________________________________

6. 书店是否为独立法人？（　　）

A. 是　　B. 否

7. 书店人员数量有多少？（　　）

A. 人数 <5　　B. $6\leqslant$ 人数 <10

C. $10\leqslant$ 人数 <30　　D. $30\leqslant$ 人数 <50

E. $50\leqslant$ 人数 <100　　F. $100\leqslant$ 人数 <200

G. 人数 $\geqslant200$

8. 书店建筑面积是多少平方米？（　　）

A. 面积 <50　　B. $50\leqslant$ 面积 <100

C. $100\leqslant$ 面积 <500　　D. $500\leqslant$ 面积 <1000

E. $1000\leqslant$ 面积 <5000　　F. $5000\leqslant$ 面积 <10000

G. 面积 $\geqslant10000$

9. 书店固定资产规模多少万元？（　　）

A. 金额 <50　　B. $50\leqslant$ 金额 <100

C. $100\leqslant$ 金额 <500　　D. $500\leqslant$ 金额 <1000

E. 1000≤金额 <5000

F. 5000≤金额 <10000

G. 10000≤金额 <50000

H. 金额≥50000

10. 书店年营业额多少万元？（　　）

A. 金额 <50

B. 50≤金额 <100

C. 100≤金额 <500

D. 500≤金额 <1000

E. 1000≤金额 <5000

F. 5000≤金额 <10000

G. 10000≤金额 <50000

H. 金额≥50000

11. 您对国际范围内图书发行业发展的前景如何判断？（　　）

A. 发展前景非常好

B. 一般

C. 衰退

D. 暗淡，没有希望

12. 您对我国图书发行业发展的前景如何判断？（　　）

A. 发展前景非常好

B. 一般

C. 衰退

D. 暗淡，没有希望

13. 您对我国图书发行业发展的宏观环境如何评价？（　　）

A. 非常好

B. 好

C. 一般

D. 非常差，亟待改善

二、人员素质

14. 您的性别如何？（　　）

A. 男

B. 女

15. 您的年龄多少岁？（　　）

A. 年龄 <20

B. 21≤年龄 <30

C. 30≤年龄 <40

D. 40≤年龄 <50

E. 年龄≥50

16. 您现在工作部门是______________________。

17. 您的学历是什么？（　　）

A. 高中及以下

B. 中专

C. 大专

D. 本科

E. 硕士

F. 博士及以上

18. 您的技术职称是什么？（　　）

A. 初级发行员

B. 中级发行员

C. 高级发行员

D. 其他（请注明）__________

D. 图书发行：含新华书店、民营书商

一、单位基本情况

1. 单位全称：______________________________

2. 单位所在地：____________省（自治区、直辖市）____________市（地区）

3. 单位所有制性质是什么？（　　）

A. 公有制　　B. 非公有制

C. 外资　　D. 中外合资

E. 其他

4. 贵书店主营业务是什么？（　　）

A. 图书　　B. 图书、期刊、报纸

C. 图书报刊与音像制品均有　　D. 综合性书店

5. 书店上级主管部门是______________________________

6. 书店是否为独立法人？（　　）

A. 是　　B. 否

7. 书店人员数量有多少？（　　）

A. 人数<5　　B. 6≤人数<10

C. 10≤人数<30　　D. 30≤人数<50

E. 50≤人数<100　　F. 100≤人数<200

G. 人数≥200

8. 书店建筑面积是多少平方米？（　　）

A. 面积<50　　B. 50≤面积<100

C. 100≤面积<500　　D. 500≤面积<1000

E. 1000≤面积<5000　　F. 5000≤面积<10000

G. 面积≥10000

9. 书店固定资产规模多少万元？（　　）

A. 金额<50　　B. 50≤金额<100

C. 100≤金额<500　　D. 500≤金额<1000

E. 1000≤金额<5000 F. 5000≤金额<10000

G. 10000≤金额<50000 H. 金额≥50000

10. 书店年营业额多少万元？（ ）

A. 金额<50 B. 50≤金额<100

C. 100≤金额<500 D. 500≤金额<1000

E. 1000≤金额<5000 F. 5000≤金额<10000

G. 10000≤金额<50000 H. 金额≥50000

11. 您对国际范围内图书发行业发展的前景如何判断？（ ）

A. 发展前景非常好 B. 一般

C. 衰退 D. 暗淡，没有希望

12. 您对我国图书发行业发展的前景如何判断？（ ）

A. 发展前景非常好 B. 一般

C. 衰退 D. 暗淡，没有希望

13. 您对我国图书发行业发展的宏观环境如何评价？（ ）

A. 非常好 B. 好

C. 一般 D. 非常差，亟待改善

二、人员素质

14. 您的性别如何？（ ）

A. 男 B. 女

15. 您的年龄多少岁？（ ）

A. 年龄<20 B. 21≤年龄<30

C. 30≤年龄<40 D. 40≤年龄<50

E. 年龄≥50

16. 您现在工作部门是____________________。

17. 您的学历是什么？（ ）

A. 高中及以下 B. 中专

C. 大专 D. 本科

E. 硕士 F. 博士及以上

18. 您的技术职称是什么？（ ）

A. 初级发行员 B. 中级发行员

C. 高级发行员 D. 其他（请注明）__________

19. 您目前的工作岗位是什么？（　　）

A. 营销人员

B. 物流人员（含进货、分发、库存等环节）

C. 财务人员　　D. 行政管理与后勤保障人员

E. 计算机管理人员　　F. 其他（请注明）__________

20. 您认为目前您所从事的岗位工作与您所学的专业匹配程度？（　　）

A. 完全匹配　　B. 基本匹配

C. 完全不匹配　　D. 说不清楚

21. 您在发行行业中持续工作了多少年？（　　）

A. 年限 <3　　B. 3≤年限 <5

C. 5≤年限 <10　　D. 10≤年限 <15

E. 15≤年限 <25　　F. 年限≥25

22. 您认为现有的知识基础和职业技能能否满足工作岗位的要求？（　　）

A. 完全满足　　B. 基本满足

C. 还很欠缺　　D. 不太满足

E. 说不准

23. 如果不能满足，您认为自己在知识基础和职业技能等方面存在哪些欠缺？（可多选）

（1）基础知识方面（　　）

A. 社会科学方面　　B. 时事政治方面

C. 自然科学方面　　D. 管理科学方面

（2）社会技能方面（　　）

A. 应对突发事件的能力　　B. 组织协调任务能力

C. 适应工作环境变化的能力　　D. 团队合作精神

E. 沟通能力　　F. 其他__________________

（3）专业技能方面（　　）

A. 语言文字能力　　B. 策划能力

C. 逻辑思维方法　　D. 创新能力

E. 信息技术处理能力　　F. 装帧设计

G. 市场开拓　　H. 经营管理

（4）使用现代信息化手段方面（　　）

A. 使用网络技术的知识　　B. 电脑知识

C. 专业软件知识与使用　　D. 其他技术

24. 您目前是否有参加各类培训学习方面的需求？（　　）

A. 有　　B. 没有

C. 说不清楚

25. 如果有，您最想培训学习哪方面的知识？（　　）

A. 政治理论知识　　B. 法律知识学习

C. 财务理论知识　　D. 营销理论知识

E. 编辑与校对　　F. 信息技术知识

G. 出版工艺的学习　　H. 宣传策划理论知识

I. 其他（请注明）__________

26. 您目前主要通过哪些途径来解决现有知识基础和职业技能无法完全适应岗位需求的问题？（可多选）（如已满足岗位要求，则免填此项）（　　）

A. 参加工作和学习方法培训等短期培训课程

B. 国内进修　　C. 国外进修

D. 攻读大学本专科、硕士、博士等学历学位，提升知识能力

E. 参加职业资格考试，获取资格证书

F. 自己利用业余时间自学补充知识

G. 企业内部培训人员相互间交流学习方法和学习技能

H. 换一个自己适应的岗位

I. 脱产性技术培训　　J. 其他（请注明）__________

27. 您还希望通过哪些途径来缩小现有知识基础和职业技能与岗位需求的差距？（可多选）（　　）

A. 参加工作和学习方法培训等短期培训课程

B. 国内进修　　C. 国外进修

D. 攻读大学本专科、硕士、博士等学历学位，提升知识能力

E. 参加职业资格考试，获取资格证书

F. 自己利用业余时间补充知识

G. 企业内部人员相互间交流学习方法和学习技能

H. 换一个自己适应的岗位

I. 脱产性技术培训　　J. 其他（请注明）__________

28. 在您个人的职业发展中，迫切需要提高职业技能的原因和动力是？（可多选）（　　）

A. 个人经济收入提高和生活条件改善

B. 提高工作能力，为企业多做贡献

C. 对外联系的渠道拓宽　　D. 自身职务、职称的提升

E. 提高自身业务素质　　F. 名誉、声望的提高

G. 转换工作岗位或跳槽　　H. 其他原因（请注明）__________

29. 您认为贵单位的从业人员在工作中的团队合作状况怎么样？（　　）

A. 非常好　　B. 很好

C. 一般　　D. 不好

E. 非常不好

30. 您所在单位对于在职员工的培训是否制度化？（　　）

A. 有完整的制度　　B. 没有但也比较重视

C. 随意性很强　　D. 没有任何制度

31. 对于工作，您是否具有明确的职业生涯规划？（　　）

A. 有且很明确　　B. 有但是不明确

C. 没有规划　　D. 说不清楚

32. 您所在单位对于在职员工的培训是否常态化？（　　）

A. 定期进行，常态化　　B. 很随意

C. 不固定但比较重视　　D. 从来没有机会外出参加学习

33. 您所在的单位每隔多长时间提供一次培训（　　）

A. 1—2 个月　　B. 3—4 个月

C. 半年一次　　D. 一年一次

E. 没有规律　　F. 近 2 年来没有安排过培训

34. 你最近参加的培训是在多久之前？（　　）

A. 一个星期之前　　B. 一个月之前

C. 半年之前　　D. 一年之前

E. 三年以前

35. 您在参加专业技能培训后，职业技能水平是否得到了提升？（　　）

A. 提升很大　　B. 有一定提升

C. 没有变化　　D. 说不清楚

36. 参加专业技能培训后，专业技能提升是否满足了您个人发展的目的？（　　）

A. 完全满足　　B. 满足

C. 一般　　　　　　　　　　D. 没有满足

E. 完全没有满足

37. 您在工作中所需要的职业技能信息和资讯从何处获得？（可多选）（　　）

A. 企业内部定期发布的各类信息报告

B. 参加学术会议　　　　　　C. 自己读书、看报和专业性学习

D. 定期参加行业培训和交流获得信息

E. 来自于同学、亲友或者其他企业人员

F. 其他（请注明）＿＿＿＿＿＿

38. 您对我国发行业从业人员整体素质（不包括思想政治素质方面）怎么评价？（　　）

A. 优秀　　　　　　　　　　B. 良好

C. 一般　　　　　　　　　　D. 较差

E. 很差

39. 就我国目前发行业从业人员的素质现状（不包括思想政治素质方面）您认为同国际同行竞争时是否有竞争力？（　　）

A. 竞争力强　不担忧　　　　B. 较有竞争力

C. 一般，担忧　　　　　　　D. 很差，非常担忧

40. 您认为我国发行业在应对国际同行竞争时，最缺乏什么样的出版人才？（可多选）（　　）

A. 具有国际视野和战略的人　　B. 精通出版业务的人

C. 精通外语的人　　　　　　　D. 有较强公关能力的人

E. 图书翻译人才　　　　　　　F. 熟悉国际法律知识的人才

G. 高技术人才　　　　　　　　H. 其他

三、技术素质

41. 贵单位的人均电脑数如何？（　　）

A. 不到一台　　　　　　　　B. 一台

C. 两台　　　　　　　　　　D. 两台以上

42. 贵单位的硬件设备每几年更换一次？（　　）

A. 2 年以下　　　　　　　　B. 2—5 年

C. 5 年以上

43. 贵单位的宽带网络、计算机硬件设备是否稳定、高效？（　　）

A. 非常稳定　　B. 稳定

C. 一般　　D. 不稳定

E. 非常不稳定

44. 贵单位在图书库存管理方面处于以下哪个阶段？（　　）

A. 全部智能化管理　　B. 半智能化管理

C. 人工与高技术结合　　D. 人工管理

45. 贵单位是否具有按需供货的能力？（　　）

A. 有　　B. 没有

C. 不清楚

46. 贵单位现有的图书物流技术水平属于？（　　）

A. 国际领先水平　　B. 国内先进水平

C. 省内先进水平　　D. 本地先进水

E. 比较落后　　F. 落后

47. 您对我国发行业整体技术素质怎么评价？（　　）

A. 很先进　　B. 先进

C. 比较先进　　D. 落后

E. 非常落后

48. 您认为我国目前发行业的技术素质能否适应国际出版业竞争？（　　）

A. 非常适应　　B. 适应

C. 一般　　D. 根本不能适应

49. 您认为要适应国际竞争应从哪些方面改变图书发行技术的现状？（可多选）（　　）

A. 加大研发资金投入　　B. 加强对新技术的消化与吸收

C. 走产学研合作之路　　D. 加强与国外的技术交流合作

E. 完善文化科技创新环境　　F. 其他（请注明）__________

四、制度与管理素质

50. 您对党和政府推动出版产业化、市场化、国际化的政策是否赞成？（　　）

A. 完全赞成　　B. 较赞成

C. 一般　　D. 不赞成，不关心

E. 完全不赞成

51. 您认为近年来政府对发行业的改革取向是什么？（可多选）（　　）

A. 政府的管控力进一步加强　　B. 市场对出版单位的作用日益突出

C. 计划经济的色彩进一步减弱　　D. 不关心

E. 不了解

52. 您对上级政府主管部门对出版发行单位管理的评价是什么？（　　）

A. 管理制度比较科学规范　　B. 管理制度过多过死，不够科学

C. 对出版单位管得过死，出版企业无自主权

D. 应该发挥市场调节的作用　　E. 不关心、不了解

53. 贵单位目前的主要业务是否主要依靠市场调节？（　　）

A. 是　　B. 没有

C. 主要依靠政府的支持和扶持

D. 政府主管部门和市场同时发挥作用

54. 贵单位目前的主营业务市场化程度或比例是多少？（　　）

A. 比例 < 10%　　B. 10% ≤ 比例 < 20%

C. 20% ≤ 比例 < 50%　　D. 50% ≤ 比例 < 70%

E. 比例 ≥ 70%

55. 贵单位的发行业务是否能满足市场的需求？

A. 完全能　　B. 基本能

C. 不能　　D. 完全不能

56. 贵单位目前有无开展和外国出版发行单位的合作和交流？（　　）

A. 有　　B. 没有

C. 不了解

57. 贵单位目前与国外出版单位的业务联系方式主要有哪些？（可多选）（　　）

A. 版权输出　　B. 版权引进

C. 合作出版　　D. 合资建立新的出版单位

E. 人员方面的交流　　F. 管理经验的交流

G. 其他领域的交流与合作

58. 您认为我国出版发行业在国际竞争中面临的主要问题有哪些方面？（可多选）（　　）

A. 营销策划方面　　B. 版权贸易方面

C. 法律方面　　D. 技术设备方面

E. 科学管理方面　　F. 人才方面

G. 其他（请注明）__________

59. 您对我国出版发行业的整体素质怎么看？（　　）

A. 很强　　B. 比较强

C. 很弱

D. 不能适应国际竞争的需要，缺乏竞争力

60. 贵单位在生产经营过程中是否受到上级职能部门或相关部门的干预？（　　）

A. 是　　B. 否

61. 若是，主要受到哪些职能部门的影响？（可多选）（　　）

A. 新闻出版行政主管部门　　B. 公安部门

C. 工商管理部门　　D. 税务部门

E. 文化市场管理部门　　F. 劳动部门

G. 土地部门　　H. 其他部门（请注明）__________

62. 您对这些部门在推动出版产业发展的效能方面的表明看法？（　　）

A. 非常满意　　B. 比较满意

C. 一般　　D. 不满意

E. 完全不满意

63. 您是否了解党和国家有关提升出版发行业从业者素质的相关政策？（　　）

A. 非常了解　　B. 比较了解

C. 完全不知道

64. 您对党和国家提升出版发行从业者职业技能水平的相关政策感到满意吗？（　　）

A. 非常满意　　B. 比较满意

C. 一般　　D. 不满意

E. 非常不满意

65. 贵单位是否拥有比较完备的管理制度或规定？（　　）

A. 有完整的制度　　B. 没有但也比较重视

C. 随意性很强　　D. 没有任何制度

66. 您对贵单位管理的科学化水平评价是什么？（　　）

A. 很科学　　B. 科学

C. 基本科学　　D. 不科学

E. 传统的经验管理

67. 您认为贵单位的财务管理制度、人事管理制度、激励制度等是否科学合理？（　　）

A. 非常科学　　B. 科学

C. 基本科学　　D. 不科学

68. 你认为贵单位在同行中的竞争力如何？（　　）

A. 很强　　B. 领袖地位

C. 一般　　D. 很差

69. 您认为贵单位对于提升发行从业人员的职业技能的重视程度如何？（　　）

A. 非常重视　　B. 比较重视

C. 一般　　D. 不太重视

E. 说不准

70. 贵单位拥有对发行从业人员进行职业技能培训的规范培训制度吗？（　　）

A. 有　　B. 没有

C. 不清楚

71. 您对贵单位的职业技能培训体系的评价是？（　　）

A. 非常满意　　B. 满意

C. 不清楚　　D. 不满意

E. 非常不满意

72. 您认为现在的企业职业技能培训体系存在哪些缺陷？（可多选）（　　）

A. 培训经费投入不足

B. 职业技能培训走形式，没有实质内容

C. 行业和外部培训太少，企业内部培训过多

D. 理论性培训太多，实务性培训不足

E. 编辑人员缺少参加培训的机会

F. 培训内容与实际需求错位，无法解决现实问题

G. 工作太忙，没时间参加培训

H. 缺乏有能力、高水平的培训教师

I. 国家政策对于技能培训的重视不够

J. 技能培训渠道过于单一

K. 企业缺乏职业技能提升的相关激励制度

L. 其他（请注明）＿＿＿＿＿＿

73. 您对自己承担一部分职业技能培训和学习费用认可态度如何？（　　）

A. 完全认可　　B. 较认可

C. 一般认可　　D. 不是很认可

E. 完全不认可

74. 如果需要个人承担一部分培训费用，您认为一年里累计的培训费用（包括多次累计）您最多能够承担多少元？（　　）

A. 费用＜0.5 万　　B. 0.5 万≤费用＜1 万

C. 1 万≤费用＜2 万　　D. 2 万≤费用＜3 万

E. 3 万≤费用＜4 万　　F. 4 万≤费用＜10 万

G. 费用≥10 万

75. 您的月收入是多少元？（　　）

A. 收入＜3000 元　　B. 3000≤收入＜5000

C. 5000≤收入＜10000　　D. 费用≥10000

76. 您认为现有工资水平是否体现您的工作量？（　　）

A. 完全体现　　B. 基本体现

C. 一般　　D. 不完全体现

E. 完全没有体现

77. 您认为目前公司的薪酬状况对您是否有激励作用？

A. 有很大的激励作用　　B. 有一些激励作用

C. 没有激励作用

78. 如果没有激励作用，以下选项您认为哪些对您更有激励作用？（可多选）（　　）

A. 晋升的机会　　B. 挑战性的工作

C. 自我价值的实现　　D. 更多的培训和学习机会

E. 领导的认可　　F. 其他＿＿＿＿＿＿＿＿

E. 新闻出版主管部门

一、基本情况

1. 单位全称：________________________________

2. 单位所在地：____________省（自治区、直辖市）______________市

3. 贵局主管业务涉及出版领域的是什么？（　　）

A. 出版社　　B. 报纸

C. 期刊　　D. 图书发行

E. 多个出版领域　　F. 印刷等

4. 贵局的主要职责是什么？（　　）

A. 制定新闻出版业的方针政策

B. 制定新闻出版事业和产业发展规划、调控目标及产业政策并指导实施，推进新闻出版业的体制机制改革

C. 负责新闻出版单位进行行业监管，按规定实施准入和退出管理

D. 负责全省出版物内容监管图书发行

E. 拟订全省出版物市场的调控政策、措施并指导实施，组织、指导对出版物市场经营活动的监管工作

F. 负责新闻出版和著作权管理人才队伍建设规划并组织实施，负责新闻出版从业人员职业资格管理和职业技能鉴定工作

G. 其他（请注明）___________

5. 贵局编制内的人数是多少？（　　）

A. 人数 <30　　B. $30\leqslant$ 人数 <50 人

C. $50\leqslant$ 人数 <100　　D. $100\leqslant$ 人数 <200

E. 人数 $\geqslant200$

6. 贵局主管区域的图书及音像出版单位有多少家？（　　）

A. 数量 <20　　B. $20\leqslant$ 数量 <30

C. $30\leqslant$ 数量 <50　　D. $50\leqslant$ 数量 <100

E. 数量 $\geqslant100$

7. 贵局主管区域的报社单位有多少家？（　　）

A. 数量<20
B. 20≤数量<50
C. 50≤数量<100
D. 100≤数量<300
E. 300≤数量<500
F. 数量≥500

8. 贵局主管区域的期刊有多少种？（　　）

A. 数量<20
B. 20≤数量<50
C. 50≤数量<100
D. 100≤数量<300
E. 数量≥300

9. 贵局主管区域的各类书店有多少家？（　　）

A. 数量<20
B. 20≤数量<50
C. 50≤数量<100
D. 100≤数量<300
E. 数量≥300

10. 贵省（区、市）新闻出版业目前年产值多少亿元？（　　）

A. 产值<100
B. 100≤产值<300
C. 300≤产值<500
D. 500≤产值<1000
E. 产值≥1000

11. 贵省（区、市）新闻出版业从业人员数量多少人？（　　）

A. 人数<5 万
B. 5 万≤人数<10 万
C. 10 万≤人数<20 万
D. 20 万≤人数<30 万
E. 人数≥30 万

12. 您对国际范围内出版业发展的前景如何判断？（　　）

A. 发展前景非常好
B. 一般
C. 衰退
D. 暗淡，没有希望

13. 您对我国出版发展的宏观环境如何评价？（　　）

A. 非常好
B. 好
C. 一般
D. 非常差，亟待改善

二、个人情况

14. 您的性别是什么？（　　）

A. 男
B. 女

15. 您的年龄是多少岁？（　　）

A. 年龄<20
B. 20≤年龄<30
C. 30≤年龄<40
D. 40≤年龄<50

E. 年龄≥50

16. 您现在工作部门是____________________。

17. 您的学历是什么？（　　）

A. 高中及以下　　B. 中专

C. 大专　　D. 本科

E. 硕士　　F. 博士及以上

18. 您的技术职称是什么？（　　）

A. 助理编辑（初级）　　B. 编辑（中级）

C. 副编审（副高）　　D. 编审（高级）

E. 其他__________

19. 您的行政职务是什么？（　　）

A. 科级　　B. 副处级

C. 处级　　D. 处级以上

E. 其他__________

20. 您的专业背景是什么？（　　）

A. 文学　　B. 法学

C. 管理　　D. 艺术

E. 语言　　F. 经济

G. 工科　　H. 哲学

I. 医学　　J. 军事学

K. 农学　　L. 教育学

M. 历史学　　N. 其他__________

21. 您在出版行业中持续工作了多长时间（年）？（　　）

A. 年限<3　　B. 3≤年限<5

C. 5≤年限<10　　D. 10≤年限<15

E. 15≤年限<25　　F. 年限≥25

22. 您目前是否有参加各类培训学习方面的需求？（　　）

A. 有　　B. 没有

C. 说不清楚

23. 如果有，您最想培训学习哪方面的知识？（　　）

A. 政治理论知识　　B. 法律知识学习

C. 财务理论知识　　D. 营销理论知识

E. 编辑与校对　　F. 信息技术知识

G. 出版工艺的学习　　H. 宣传策划理论知识

I. 其他__________

24. 您所在单位对于在职员工的培训是否常态化？（　　）

A.. 定期进行，常态化　　B. 很随意

C. 不固定但比较重视　　D. 从来没有机会外出参加学习

25. 您所在的单位每隔多久提供一次培训？（　　）

A. 1—2 个月　　B. 3—4 个月

C. 半年一次　　D. 一年一次

E. 没有规律　　F. 近 2 年来没有安排过培训

26. 你最近参加的一次培训是在多久之前？（　　）

A. 一个星期之前　　B. 一个月之前

C. 半年之前　　D. 一年之前

E. 三年以前

27. 您对中国出版产业从业人员整体素质（不包括思想政治素质方面）怎么评价？（　　）

A. 优秀　　B. 良好

C. 较差　　D. 很差

28. 您认为我国目前出版产业从业人员的素质现状（不包括思想政治素质方面）在国际出版业竞争中是否有优势？（　　）

A. 不担忧，完全有优势　　B. 较有优势

C. 一般　　D. 较差

E. 非常差

29. 您认为中国出版业在应对国际同行竞争时，最缺乏什么样的出版人才？（可多选）（　　）

A. 具有国际视野和战略的人　　B. 精通出版业务的人

C. 精通外语的人　　D. 有较强公关能力的人

E. 图书翻译人才　　F. 熟悉国际法律知识的人才

G. 高技术人才　　H. 其他__________

30. 您认为在发展数字出版的过程中，我国出版从业人员应该具有怎样的能力？（可多选）（　　）

A. 重新整合专业资源的能力　　B. 个性化定制服务的能力

C. 数字技术方面的能力和知识

D. 具备执行数字化标准和开发运营数字化平台的能力

E. 其他____________________

三、思想观念

31. 您认为中国新闻出版业由传统的计划经济体制向市场经济体制改革的目标取向是否正确？（　　）

A. 正确　　B. 不正确

C. 说不清

32. 您认为中国新闻出版业市场化改革能否取得成功？（　　）

A. 成功　　B. 不成功

C. 说不清

33. 贵局管辖区域内的新闻出版业转企改制的任务是否按期完成？（　　）

A. 完成　　B. 未完成

C. 说不清

34. 通过市场化改革，新闻出版业出现的情况是什么？（　　）

A. 加速发展，整体实力显著增强　　B. 没有变化

C. 出现衰退

35. 贵省（区、市）新闻出版业目前市场化程度或比例如何？（　　）

A. 比例＜30%　　B. 30%≤比例＜50%

C. 50%≤比例＜80%　　D. 比例≥80%

E. 不清楚

36. 你对中国出版业产业化改革的价值取向是否认同？（　　）

A. 是　　B. 否

C. 说不清

37. 您认为出版业转型改制的难点是什么？（可多选）（　　）

A. 产权改革　　B. 公司治理机制的构建

C. 激励机制　　D. 资本运作

E. 人员队伍　　F. 企业家队伍

G. 其他

38. 您认为目前制约出版企业上市的因素是什么？（可多选）（　　）

A. 制度供给不足　　B. 产权不明晰

C. 产品结构不合理　　D. 职业经理人匮乏

E. 融资能力低　　F. 战略投资者缺乏

G. 内部人控制　　H. 其他

39. 你认为目前制约中国出版业竞争力的主要因素是什么？（　　）

A. 管理体制　　B. 运行机制

C. 人员素质　　D. 技术落后

E. 信息化水平　　F. 资本融通

G. 其他因素

40. 您对我国出版业走出国门的前景如何判断？（　　）

A. 前景乐观，充满信心　　B. 比较乐观

C. 一般　　D. 不乐观

E. 说不清楚

41. 贵省（区、市）目前有多少家新闻出版单位已经走出国门，开展国际范围的合作交流？（　　）

A. 数量 < 10　　B. 10 ≤ 数量 < 50

C. 50 ≤ 数量 < 100　　D. 100 ≤ 数量 < 300

E. 数量 ≥ 300　　F. 不清楚

42. 贵省（区、市）新闻出版业中是否已经有国外的同行进入？（　　）

A. 有　　B. 没有

C. 不清楚　　D. 其他__________

43. 您认为目前制约省（区、市）出版业走出去的主要因素是什么？（可多选）（　　）

A. 制度安排　　B. 外语与翻译水平

C. 版权贸易专业人才　　D. 出版产品

E. 经营管理　　F. 技术手段

G. 其他__________

44. 贵省（区、市）新闻出版单位是否与外国出版商开展战略合作？（　　）

A. 是　　B. 否

45. 如果没有，是否有出版单位正在或计划考虑与之合作？（　　）

A. 是　　B. 否

46. 您对中国出版从业人员整体素质怎么评价？（　　）

A. 很高　　B. 较高
C. 一般　　D. 低
E. 非常低

47. 您对中国出版产业整体技术素质怎么评价？（　　）

A. 很先进　　B. 先进
C. 比较先进　　D. 落后
E. 非常落后

48. 您认为我国目前出版产业的技术素质能否适应国际出版业竞争？（　　）

A. 非常适应　　B. 适应
C. 一般　　D. 根本不能适应

49. 您认为要适应国际竞争应从哪些方面改变出版技术的现状？（可多选）（　　）

A. 加大研发资金投入　　B. 加强对新技术的敏锐感
C. 走产学研合作之路　　D. 加强与国外的交流合作
E. 完善文化科技创新环境　　F. 其他＿＿＿＿＿＿

50. 对我国目前出版业的整体管理水平怎么评价？（　　）

A. 非常高　　B. 一般
C. 低　　D. 很低，亟待改善

51. 若要提升中国出版业整体素质，您认为应当从哪些方面入手？（可多选）（　　）

A. 从业人员素质　　B. 管理者素质
C. 管理体制　　D. 技术水平
E. 信息化水平　　F. 国际交流与合作
G. 其他方面

四、制度与管理素质

52. 您对党和政府推动出版产业化、市场化、集团化、资本化、国际化的政策是否赞成？（　　）

A. 完全赞成　　B. 不赞成
C. 不了解　　D. 不关心

53. 贵省（区、市）有无出版类企业上市融资？（　　）

A. 有　　B. 无

C. 不了解

54. 若有出版类企业上市，具体有几家？（　　）

A. 数量 <3　　B. $3\leqslant$ 数量 <5

C. $5\leqslant$ 数量 <10　　D. 数量 $\geqslant 10$

55. 从实际效果来看，出版企业上市后出现了哪些变化？（　　）

A. 管理水平显著提升　　B. 主营业务规模显著扩大

C. 经营领域扩大　　D. 经济效益显著提升

E. 员工工资明显增加　　F. 综合竞争力显著增强

G. 无显著变化　　H. 不了解

56. 出版企业上市筹集来的资金主要用于哪些方面？（　　）

A. 扩大主营业务

B. 强化了与出版主营业务密切相关领域的业务

C. 涉足了与出版不相关新的业务领域

D. 提高员工待遇　　E. 改善办公条件

F. 提升技术水平　　G. 不了解

57. 您对党和政府推动出版公共服务体系建设的政策是否赞成？（　　）

A. 完全赞成　　B. 不赞成

C. 不了解　　D. 不关心

58. 您对政府主管部门取消书号限制的政策所持的态度是？（　　）

A. 完全赞成　　B. 较赞成

C. 一般　　D. 不赞成

E. 说不清楚

59. 您认为近年来政府对出版业的改革取向是什么？（　　）

A. 政府的管控力进一步加强　　B. 市场对出版单位的作用日益突出

C. 计划经济的色彩进一步减弱　　D. 不关心

E. 不了解

60. 贵省（区、市）目前出版领域的主要经营业务是否主要依靠市场调节？（　　）

A. 是　　B. 没有

C. 主要依靠政府的支持和扶持

D. 政府主管部门和市场同时发挥作用

61. 贵省、区、市目前与国外出版单位的业务联系方式主要有哪些？（可多选）（　　）

A. 版权输出　　B. 版权引进

C. 合作出版　　D. 合资建立新的出版单位

E. 人员方面的交流　　F. 管理经验的交流

G. 其他领域的交流与合作

62. 您认为中国出版业在国际竞争中面临的主要问题有哪些方面？（可多选）（　　）

A. 营销策划方面　　B. 版权贸易方面

C. 法律方面　　D. 技术设备方面

E. 科学管理方面　　F. 人才方面

G. 出版物内容方面的问题　　H. 其他____________

63. 您对中国出版业的整体素质怎么评价？（　　）

A. 很强　　B. 比较强

C. 很弱

D. 不能适应国际竞争的需要，缺乏竞争力

64. 您对党和国家提升出版从业者职业技能水平的相关政策的满意度如何？（　　）

A. 非常满意　　B. 比较满意

C. 一般　　D. 不满意

E. 非常不满意

参考文献

[1] 尹琨．数字出版业：从“滩涂”进入“蓝海”［N］．中国新闻出版广电报，2015－11－24.

[2] 王晓晖．推动文化产业成为国民经济支柱性产业［J］．求是，2015（23）.

[3] 郭建宁．建设社会主义文化强国［J］．前线，2015（12）.

[4] 邹韧．版权产业：“潜力股”升为“绩优股”［J］．中国新闻出版广电报，2015－2－23.

[5] 魏芳．走出去，国际舞台讲好中国故事［J］．中国新闻出版广电报，2015－12－29.

[6] 张玉玲，鲁元珍．“文化＋”蓄势发力——2015年中国文化产业发展报告［N］．光明日报，2015－12－29.

[7] 郭永辉．“文化＋”与文化产业的崛起［N］．光明日报，2015－11－23.

[8] 温源．2015年文化产业关键词［N］．光明日报，2015－12－29.

[9] 王飚．2015年数字出版：收官之年亮点频现［N］．中国

新闻出版广电报，2015 - 12 - 24.

[10] 赵自芳，严红枫. 以文创产业促经济转型升级——访杭州市委常委、宣传部长翁卫军 [N]. 光明日报，2015 - 11 - 26.

[11] 李娜，刘国亮. 打破传统产业升级的路径依赖 [N]. 人民日报，2014 - 12 - 26.

[12] 章红雨. 新闻出版对文化强国建设作用凸显 [N]. 中国新闻出版广电报，2015 - 11 - 16.

[13] 国家新闻出版广电总局. 深化新闻出版体制改革实施方案，2014 - 10 - 11.

[14] 2010—2014 年各年度《新闻出版产业分析报告》.

[15] 2014 年新闻出版产业分析报告综述 [EB/OL]. 中国出版网，2015 - 07 - 16. http://cips.chinapublish.com.cn/chinapublish/yw/201507/t20150716_168590.html.

[16] 蔡健. 从硅谷转型发展看南京出版业转型升级 [J]. 科技与经济，2012 (5): 107 - 110.

[17] 蔡骐. 移动互联网时代的阅读变迁 [J]. 新闻记者，2013 (9).

[18] 陈晓宏. 传统出版向数字出版转型的思考 [J]. 中共福建省委党校学报，2009 (1).

[19] 陈昕. 从美国数字出版现状看产业未来走向 [N]. 中国知识产权报，2008 - 02 - 29.

[20] 从走出去到走进去："十二五"以来新闻出版走向世界新变. 国家版权局网站，2015 - 03 - 25. http://www.gapp.gov.cn/chinacopyright/contents/518/247176.html.

[21] 代杨. 新技术环境下出版企业的数字转型 [J]. 出版科学，2008 (5).

[22] 第八次至第十二次"全国国民阅读调查"报告.

[23] 董铁鹰. 对专业出版社向数字出版转型的思考 [J]. 科技与出版，2007 (7).

[24] 杜永红. 促进数字出版产业发展的对策研究 [J]. 科技管理研究，2013 (2)：166 - 170.

[25] 耿相新. 出版的革命 [J]. 现代出版，2013 (5).

[26] 国务院关于推进文化创意和设计服务与相关产业融合发展的若干意见，国发〔2014〕10 号.

[27] 郝振省等. 中国数字出版产业发展的规模、态势及趋势分析 [J]. 出版发行研究 2013 (7)：41 - 47.

[28] 李慧. 文化"走出去"如何讲好中国故事 [N]. 光明日报，2014 - 10 - 23.

[29] 李慧. 文化产业对经济增长贡献率今年有望超 5.5% [N]. 光明日报，2014 - 11 - 27.

[30] 李治堂. 我国出版产业转型问题研究综述与展望 [J]. 中国出版，2012 (4)：3 - 5.

[31] 柳斌杰. 高举旗帜 改革创新——推动中国特色社会主义新闻出版业大发展，中国出版业变革三十年 [M]. 人民出版社，2009 年.

[32] 齐峰. 出版转型的时代特征与发展趋势 [J]. 山西大学学报 (哲学社会科学版)，2007 (3).

[33] 齐福斌. 数字出版与传统出版数字化转型 [J]. 印刷世界. 2012 (1)：4.

[34] 宋永刚. 大数据时代加快出版业转型升级的思考 [J]. 中国编辑，2013 (5)：13 - 17.

[35] 王关义，顾萱. 我国出版业市场化转型分析与思考 [J]. 中国出版，2014 (8).

[36] 王关义，梁明月. 数字技术环境中出版产业素质升级对策 [J]. 中国出版，2013 (24).

[37] 王关义，王莞朕. 从新制度经济学角度看我国出版业体制改革的动力及特征 [J]. 中国出版，2012 (6).

[38] 王关义. 对体制转换与出版强国建设的宏观思考 [J].

科技与出版，2011（5）.

[39] 王关义．我国出版业战略转型及产业素质升级的思考[J]．中国出版，2010（18）.

[40] 韦英平．从知识生产角度看出版业未来使命[J]．中国出版，2014（6）：3－7.

[41] 武齐．转型期中国出版社的竞争战略[J]．对外经济贸易大学学报，2003（2）.

[42] [日] 星野涉．日本出版产业的结构变化——杂志类媒体的低迷与数码技术的影响[J]．中国编辑，2008（5）：90－96.

[43] 杨毅．数字出版的勃兴与中国出版业的转型升级[J]．现代出版，2013（6）：38－40.

[44] 姚德全．观念创新：出版业发展的先导[J]．新闻出版交流．2002：15.

[45] 于友先．文化变革与现代出版产业的发展[J]．中国图书评论，2003（7）：4－7.

[46] 余博．文化全球化语境下我国文化产业的转型升级[J]．北京印刷学院学报，2014（3）.

[47] 余婷．美国中小型报纸如何在数字中赢利[N]．光明日报，2014－03－15.

[48] 张弛．传统出版向数字出版发展的路径探析[J]．中国管理信息化．2013，04（8）：62.

[49] 张福海．新闻出版走出去的七个“什么”[N]．中国新闻出版报，2013－6－20.

[50] 张霞．跨媒体经营——出版产业结构调整新走向[J]．图书情报知识，2005（1）：10－11.

[51] 张志林等．出版人应适应传媒转型变革浪潮[J]．北京印刷学院学报，2007（5）.

[52] 中国出版科学研究所．出版改革与出版发展战略研究[M]．北京：中国书籍出版社，1998：209.

[53] 中国出版社转企改制走出关键一步 [EB/OL]. 中国新闻网, 2011 - 01 - 13. http: //www. chinanews. com/cj/2011/01 - 13/2785842. shtml.

[54] 中国数字出版产业年度报告课题组. 融合发展之年的中国数字出版——2014—2015 中国数字出版产业年度报告 (摘要) [J]. 出版发行研究, 2015 (8): 5 - 10.

[55] 周莉华. 新阅读时代传统出版业的转型升级 [J]. 中国高校科技, 2013 (7): 77 - 78.

[56] 周蔚华. 后现代阅读方式的兴起与出版转型 [J]. 中国人民大学学报, 2007 (2).

[57] 周蔚华. 从美国大学社看我国大学社改革和发展 [J]. 出版参考, 2009 (3): 10 - 11.

[58] 周蔚华. 我国出版业的改革: 回顾、经验和当前的重点 [J]. 中国出版, 2003 (4): 17 - 21.

[59] 周蔚华. 中国出版产业集团化: 问题、对策和发展趋势 [J]. 中国出版, 2003 (2): 15 - 18.

[60] 王关义等. 中国出版业管理科学化案例研究 [N]. 北京: 经济管理出版社, 2009.

[61] 王关义等. 无形资产与版权 [N]. 北京: 北京艺术与科学电子出版社, 2007.

[62] 王关义等. 中国出版业体制改革研究 [N]. 北京: 中国财政经济出版社, 2008.

[63] 王关义等. 中国出版业绩效评估研究 [N]. 北京: 中国财政经济出版社, 2009.

[64] 王关义. 中国出版业改革: 理论思考与探索 [N]. 北京: 中国财政经济出版社, 2009.

[65] 王关义等. 中国出版业发展若干问题研究 [N]. 北京: 中国财政经济出版社, 2012.

[66] 范军等. 出版文化与产业专题研究 [M]. 上海: 华中

师范大学出版社，2012.

[67] 李治堂等．中国出版业创新与发展 [M]．北京：印刷工业出版社，2009.

[68] 张养志等．大家谈出版传媒 [M]．北京：印刷工业出版社，2011.

[69] 蔡详等．我们出版的方向——深化出版体制改革问题研究 [M]．北京：中国传媒大学出版社，2014.

[70] 施俊玲．引导资本有序进入是关键 [N]．光明日报，2015-11-12.

[71] 李慧．文化产业：如何与社会资本“共舞” [N]．光明日报，2015-11-12.

后 记

文化是启动人类社会文明进程的钥匙，也是人类社会文明进步的驱动机。在人类文明进程的历史长河中，文化始终是增强民族凝聚力、向心力和内生动力的重要元素。人类社会的发展和进步赋予劳动者更高的文化素养，赋予生产资料更多的文化元素，所有这些都会推动人类社会文明进步。

文化也是推动经济增长的引擎。随着科学技术的进步和变革，人类发展进入了信息社会时代，文化已渗入经济社会的方方面面，全球范围内的生产方式发生了巨大变化，新崛起的文化产业成为进一步刺激社会消费、满足社会文化需求的有效手段和经济的新增长点，文化产业成为推动经济增长的引擎，文化软实力已成为国家间竞争战略中的重要因素。习近平总书记指出："一个国家、一个民族的强盛，总是以文化兴盛为支撑的，中华民族伟大复兴需要以中华文化发展繁荣为条件"。《中共中央关于制定国民经济和社会发展第十三个五年规划的建议》指出："推动物质文明和精神文明协调发展。坚持两手抓、两手都要硬，坚持社会主义先进文化前进方向，坚持把社会效益放在首位、社会效益和经济效益相统一，坚定文化自信，增强文化自觉，加快文化改革发展，加强社会主义精神文明建设，建设社会主义文化强国。

我国于“十五”时期正式提出发展文化产业的思想。2000年《中共中央关于制定国民经济和社会发展第十个五年计划的建议》中第一次提出发展文化产业的意见，由此拉开了我国文化产业发展的序幕。2003年，中央启动了文化体制的改革，2009年7月国家颁布《文化产业振兴规划》，标志着文化产业上升为国家战略性产业。2011年10月18日，党的十七届六中全会审议通过的《中共中央关于深化文化体制改革推动社会主义文化大发展大繁荣若干重大问题的决定》提出要促使“文化产业成为国民经济支柱性产业，整体实力和国际竞争力显著增强，公有制为主体、多种所有制共同发展的文化产业格局全面形成”，并提出了建设文化强国的伟大号召，这表明党和国家把发展文化产业，提高文化软实力上升到国家战略的高度，也标志着党和国家的工作向以文化建设为中心的新阶段的转变。

当前，我国在经济总量上已稳居世界第二位，成为名副其实的经济大国，国际影响力显著增强。与经济方面形成的影响力相比，文化领域在全球的影响力则逊色很多，很难与经济大国的地位相匹配。因此，必须从战略层面重视扩大中华文化的国际影响力，大力发展包括出版业在内的文化产业。

出版产业作为文化产业的核心组成部分，具有经济和文化双重属性。伴随着社会主义市场经济体制的逐步完善和改革的不断深化，我国出版业也进入了艰难的产业转型和升级时期。立足于数字技术对传统出版业产生的冲击以及面对新的出版生态，面对出版业市场化、数字化、现代化和国际化等发展趋势，结合文化体制改革以及建设出版强国的战略目标，目前的出版产业素质已经不能满足其持续发展的需要，出版产业升级迫在眉睫。众所周知，体制机制改革是牵引中国出版业发展的“火车头”。改革开放38年以来，与经济体制改革的总体目标相一致，我国出版管理体制也进行了一系列重大体制机制改革并取得重大突破。中国出版业逐步摆脱了传统计划经济条件下的发展模式，无论是经营性出版单位转企改制还是出版事业单位内部的机制改革，中国出版业正在经历由成长期向成熟期的跨越，发展的动力也逐渐从投资驱动转向消费需求市场拉动，发展方式逐步从数量规模型转向质量效益型，出版物市场已从总体上的“短缺状态”转向“短缺”与“过剩”状况并存，出版物品种日益丰富，出书品种和出版码洋持续增长，以出版业为核心的文化产业对GDP增长的贡献率以及对国民经济增长的促进作用日益明显。近年来，伴随着我国经济发展的新常态，新闻出版业也进入了转型升级的关键阶段。

从理论层面看，出版业转型和升级问题是出版产业研究的前沿领域，从实践方面看，面对出版业转型和发展的实际，目前不论是理论界还是产业界，乃至政府层面，都比较重视改革的实质性推进。然而，对出版业已经或正在出现的转型和升级却缺乏理论上的总结和梳理，而且对出版业转型与升级规律的研究也不多见。缺乏理论指导的实践是盲目的实践，同样，缺乏总结的改革实践也是不能持久的。因此，基于当前的现实，迫切需要从出版企业、市场培育、技术变革和政府宏观层面等多角度认识出版业转型，重视优化产业结构、提高产业创新能力，从而提升我国出版产业素质。也正是基于这种认识，作者提出推动出版产业素质升级的具体对策，供政府相关职能部门制定政策时参考，并通过研究为顺利推进我国出版业转型提供思路。

《中国出版业转型与升级战略研究》一书是由国家软科学重大项目——“中国出版业转型与升级战略研究”的成果经修改而成。该项研究以对全国28个省、市、自治区出版从业人员的问卷调查得来的数据为支撑。全书共包括绪论、总报告、专题报告和附录四个部分。绪论部分从大力发展文化产业、建设出版强国的战略高度，论述了推动包括出版产业在内的文化产业成为国民经济支柱性产业的重要意义，总报告在介绍并梳理了国内外相关理论文献的基础上，对我国出版业发展的现状进行了比较系统的分析和评估，剖析了发展中存在的问题，论述了开展中国出版业转型与升级战略研究的背景、理论和实践意义，对中国出版业转型与升级的内容与过程、转型与升级战略模式进行了比较全面的分析，在此基础上提出了推动中国出版业转型与升级的战略和政策建议，希望能给政府相关职能部门在制定推动出版业素质升级相关政策时提供参考。

“中国出版业转型与升级战略研究”（项目编号：2013GXS2B013）课题主持人为王关义和李建臣，课题组成员包括周忠、冀东琛、谢巍、芦世玲、顾萱、鲜跃琴、刘希、张文琪、梁明月、刘飞、王梦、陈尼佳、关杰羡、杨爱华等。参与课题调研以及资料分析整理工作的成员有王关义、刘硕、何志勇、李琴、张文琪、刘希、鲜跃琴、方信、梁明月、李慧君、顾萱、王乐鹃、吴杰羡、丁凯、王梦、赵辉、刘洪兰、陈尼佳、刘飞、杨爱华、金萌萌。课题立项之后，课题组成立了调查小组，先后有30多人赴全国28个省区市调研，发放调查问卷，进行交流和访谈，取得了大量第一手资料，经过系统分析，形成了本书的论述依据和分析前提。本书的具体分工为：王关义教授负责课题及全书的整体研究设计和结构安排，承担了绪论和总报告各部分的撰写，谢巍副教授参与总报告各部分的修改和完善工作，专题报告分别由吴杰羡、杨爱华、陈尼佳、刘飞、金萌萌撰写，书中的观点仅代表课题组的研究发现和理论认知，相应文责当由作者自负。

在课题调研过程中，许多单位的领导为本课题的研究提供了鲜活的、丰富的来自产业第一线的资料和数据，对课题组给予无私的支持和帮助，在此一并致谢！他们分别是：

新疆自治区新闻出版局原党委书记石永强、人事处处长杜若芳；新疆人民出版社党委书记张新泰；乌鲁木齐新华书店总经理毛建新；西藏自治区新闻出版局副局长王喜凯；国家新闻出版广电总局培训中心副主任季守利；贵阳市新华书店总经理胡萍；陕西省新闻出版局处长张光荣；江苏省新闻出版局办公室副主任黄勇；广东省新闻出版局处长苏毅；辽宁省新闻出版局处长李霞；内蒙古自治区新闻出版局办公室主任袁新春；河南省新闻出版局处长张新；河北省新闻出版局办公室吕伟；湖北省新闻出版局处长胡国祥；天津市新闻出版局副局长梁淳久；湖南省新闻出版局副局长苏仁进；四川省新闻出版局人事处处长张蓉；山东省出版集团总编辑张成新；甘肃读者集团总编陈泽奎；山东志鸿书业董事长任志鸿；电子工业出版社敖然社长、人力资源部部长赵晨阳；河北出版传媒集团董事长杜金卿；北京中医药出版社社长王国臣；机械工业出版社百万庄图书大厦经理缪立进；北京京南图书城总经理车中华；北京艺术与科学电子出版社社长张彬；北京印刷学院宣传部部长张晓新；北京印刷学院学报编辑部编审王冬冬、编审邱林华；宁夏银川市新华书店总经理王军；甘肃兰州市新华书店党委书记刘本淑；安徽新华发行集团总经理王焕然；黑龙江哈尔滨市新华书店总经理李玉滨；人民日报社编辑何民捷；人民邮电出版社社长季中华、人力资源部部长许睿；中央编译出版社编辑王丽芳；机械工业出版社社长王文斌、编辑胡延斌、编辑唐晓亮；新华文轩编辑杨永龙、编辑舒宜文；人民论坛杂志社编辑韩冰晰。

本书能够付梓，首先要感谢科技部和北京市教委对本研究的慷慨资助，同时也要感谢中国科学技术发展战略研究院科研办主任邵学清、机械工业出版社社长王文斌、电子工业出版社原社长敖然、中国新闻出版研究院院长兼书记魏玉山、中国新闻出版集团编辑杨晓芳等主管部门和出版单位的领导和专家对课题所给予的支持；也衷心感谢北京印刷学院刘益教授、张新华教授、刘硕博士、芦世玲博士、徐英杰老师以及中国财政经济出版社周桂元编审为本书出版所提供的帮助和付出的辛勤劳动。

在研究和写作过程中，课题组参阅了大量相关研究文献，吸收和引用了同行专家学者的部分研究成果，这里对这些文献的作者一并表示衷心感谢。由于调查问卷设计以及调研有限等方面的原因，加之作者研究水平所限，书中可能存在疏漏和不足之处，恳请各位专家和读者批评指正。衷心希望本研究成果能够为政府相关职能部门制定推动我国出版业转型升级战略和对策及促进出版产业发展的相关政策产生启发和借鉴之效。

王关义
北京印刷学院
2016年3月26日